中國歷代書目題跋叢書

〔清〕阮元 撰
王愛亭 趙嫄 點校
杜澤遜 審定

文選樓藏書記

圖書在版編目(CIP)數據

文選樓藏書記/(清)阮元撰;王愛亭,趙嫄點校;杜澤遜審定.—上海:上海古籍出版社,2019.4
(中國歷代書目題跋叢書)
ISBN 978-7-5325-9148-0

Ⅰ.①文… Ⅱ.①阮… ②王… ③趙… ④杜… Ⅲ.①藏書楼—圖書目録—中國—清代 Ⅳ.①Z842.49

中國版本圖書館CIP數據核字(2019)第047354號

中國歷代書目題跋叢書
文選樓藏書記
[清]阮元 撰
王愛亭 趙嫄 點校
杜澤遜 審定
上海古籍出版社出版發行
(上海瑞金二路272號 郵政編碼200020)
(1)網址:www.guji.com.cn
(2)E-mail:guji1@guji.com.cn
(3)易文網網址:www.ewen.co
蘇州越洋印刷有限公司印刷
開本850×1168 1/32 印張20.25 插頁5 字數431,000
2019年4月第1版 2019年4月第1次印刷
印數:1—2,100
ISBN 978-7-5325-9148-0
G·706 定價:88.00元

《中國歷代書目題跋叢書》出版説明

漢代劉向、劉歆父子編撰《别録》《七略》，目録之學自此濫觴，在傳統學術中發揮了重要作用。歷代典籍浩繁龐雜，官私藏書目録依類編次，繩貫珠聯，所謂「類例既分，學術自明」（《通志·校讎略》），學者自可「即類求書，因書究學」（《校讎通義·互著》），實爲讀書治學之門户。而我國典籍屢經流散之厄，許多圖書真容難睹，甚至天壤不存，書目題跋所録書名、撰者、卷數、版本、内容即爲訪書求古的重要綫索。至於藏書家於題跋中校訂版本異同、考述版本淵源、判定版本優劣、追述藏弆流傳，更是不乏真知灼見，足以津逮後學。

我社素重書目題跋著作的出版，早在二十世紀五十年代，我社就排印出版了歷代書目題跋著作二十二種，後彙編爲《中國歷代書目題跋叢書》第一輯。此後，我社又與學界通力合作，精選歷代有代表性和影響較大的書目題跋著作，約請專家學者點校整理。至二〇一五年，先後推出《中國歷代書目題跋叢書》第二至四輯，共收書目題跋著作四十六種，加上第一輯的二十二種，計六十八種，極大地普及了版本目録之學。面對廣大讀者的需求，我社將該叢書陸續重版，並訂正所發現的錯誤，以饗讀者。

上海古籍出版社

二〇一八年八月

點校説明

《文選樓藏書記》六卷，清阮元撰。

阮元（一七六四—一八四九）字伯元，號雲臺（又作芸臺）、雷塘庵主，晚號怡性老人、揅經老人。清江蘇儀徵人。生於乾隆二十九年，少年時即篤志墳典，乾隆五十一年中舉人，五十四年成進士，改翰林院庶吉士。散館授編修，逾年擢少詹事，入值南書房。後歷任山東學政、浙江學政、兵部侍郎、禮部侍郎、户部侍郎、浙江巡撫、福建巡撫、河南巡撫、江西巡撫、湖廣總督、兩廣總督、雲貴總督等職。道光十二年遷協辦大學士，十五年擢體仁閣大學士，兼署都察院左都御史。十八年加太子太保致仕。二十六年晉太傅銜。道光二十九年卒，年八十六歲，謚文達。

阮元身歷乾、嘉、道三朝，自謂「三朝閣老，九省疆臣」。他仕宦特達又不廢學問，於經史、小學、曆算、輿地、金石、校勘，靡不精通。一生撰述編纂可謂宏富。其所著有《詩書古訓》六卷、《曾子注釋》四卷、《考工記車制圖解》二卷、《儀禮石經校勘記》四卷、《十三經注疏校勘記》二百四十五卷、《積古齋鐘鼎彝器款識》十卷、《華山碑考》四卷、《四庫未收書提要》五卷、《疇人傳》四十六卷、《廣陵詩事》十卷、《石渠隨筆》八卷、《小滄浪筆談》四卷、《兩浙輶軒録》四十卷、《揅經室集》五十八卷等。輯録有《經籍籑詁》一百六卷、《山左金石志》二十四卷、《兩浙金石志》十八卷、《淮海英靈集》二十四卷等。編刻有《十三經注疏》四百十六卷、《皇清經解》一千四百卷、《詁經精舍文集》十四卷、《學海堂初集》十六卷等。其中《疇人傳》爲我國最早系統記載天文算法方面人物及發明的專書，給後人考鏡源流得失以極大的方便。《經籍籑詁》、《十三經注疏》、《皇清經解》則成爲當時及以後學者讀經治學的重要參考，嘉惠學林甚多。同時阮元在浙創詁經精舍，在粤創學海堂書院，培植人才，提攜後進，一時海内學者奉爲泰斗。

阮元又家富藏書。作爲一代經師，阮元可稱爲乾嘉學派最後一重鎮。其刻《十三經注疏》並撰《校勘記》，輯録《經籍籑詁》，編刻《皇清經解》，一生著述編刻衆多，此必然依託於其豐富的藏書。作爲學者，與同時代的黄丕烈等藏書家不同，阮氏藏書並不十分注重網羅宋元精槧舊本，而是着眼於學術研究，其藏書有着個人特點。其藏書處曰文選樓，曰琅嬛仙館。阮元居揚州舊城文選巷，乃文選學的開創者隋曹憲故里，因以「文選」名樓，作爲藏書、校書、讀書、刻書的場所。

《文選樓藏書記》六卷，所録之書約二千六百種。該書不標類目，卷一、二、五、六，每卷均自經部至集部分類排列，卷三、卷四兩卷相連，亦自經部至集部分類排列，全書並未經統一編排。其於每書依次記書名、卷數或册數、著者及籍貫、版本，除別集類外，每書均附有簡單提要。其中著者項一般附記其官職或科第。於版本的著録至爲簡略，一般僅注出刊本或抄本。刊本以明清刻本爲多，偶有宋元本則特別標明，以示珍貴之意。遇有名家收藏者，亦於版本下以小字注出，多係朱彝尊曝書亭所藏，間有趙昱、曹溶、董其昌家舊物，此於考察各書的藏弆流散很有用處。提要一般簡短數語，多概述書的内容、價值、背景、體例、序跋、附録、篇帙缺佚及底本來源等。

有稱該書提要爲李慈銘所撰者，並極贊其賅博精當，其實不然。經比對發現，該書著録體例以及很大部分提要的内容與《浙江採集遺書總録》頗有雷同。如《皇明政要》二十卷，《文選樓藏書記》著録作：「明成都府訓導婁諒著。刊本。是書紀明洪武及成化各朝政蹟，分四十篇。其子婁性於弘治間表進。」《浙江採集遺書總録》作：「刊本。右明成都府訓導婁諒撰。略仿《貞觀政要》體，紀洪武迄成化政蹟，凡四十篇。其子兵部郎中性於弘治間表進。」又如《翼學編》二十卷，《文選樓藏書記》著録作：「明朱應奎編。廣漢人。刊本。是書雜記史傳以及時事，分爲格致、誠正、修齊、治平四集。」《浙江採集遺書總録》作：「刊本。右明廣漢朱應奎撰。雜記史傳及時事，分格致、誠正、修齊、治平四集。」更有《文選樓藏書記》、《浙江採集遺書總録》二者同誤的情況，如明周思兼所撰《學道紀言》五卷，《浙江採集遺書總録》誤作《道學紀言》，《文選樓藏書記》亦同誤作《道學紀言》。《浙江採集遺書總録》爲清沈初所編，乾隆四十年刻，乃修《四庫全書》時浙省所進呈遺書的目録，每書各附提要，以供修書時斟選之用。《文選樓藏書記》與《浙江採集遺書總録》這種雷同甚至同誤現象的大量存在，説明二者有着一定的因襲關係。二〇一一年南開大學楊洪升師兄撰文《〈文選樓藏書記〉考實》（《文獻》二〇一一年十月第四期），提出《文選樓藏書記》并非阮元藏書目録，實爲彌足珍貴的乾隆時期浙江進呈四庫館的部分書目清單，而《浙江採集遺書總録》與之相對應的部分，即在這些進呈書目清單的基礎上形成的。另外，該文還指出有些抄本所題「李慈銘校訂」，也有作僞之嫌。

儘管如此，《文選樓藏書記》仍具有很高的版本目録校勘價值。首先，《文選樓藏書記》著録了一些稀見的本子，如卷一所録明張士治《褒敏公集》十五卷，卷二所録《秋槳録》一册等均罕見他書著録，相關信息惟賴此目得以保存。其次，《文選樓藏書記》對於一些重要書目如《四庫全書總目》等也多所補正。如《四庫全書總目》卷七六著録明樊得仁《龍門志》三卷，提要稱「得仁不知何許人」，《文選樓藏書記》卷三亦著録有該書二卷，稱「明河津知縣樊得仁修，關中人」，可以稍補得仁始末。又《四庫全書總目》卷一一六明沈沈《酒概》四卷，提要云：「一卷三目，曰酒、名、器。二卷七目，曰釋、法、造、出、稱、量、飲。三卷六目，曰評、僻、寄、緣、事、異。四卷六目，曰功、德、戒、亂、令、文。」而《文選樓藏書記》卷二該書提要則稱「分列源、名、器、釋、法、造等二十二門」。即《酒概》卷一第一類目《四庫全書總目》作「酒」，而《文選樓藏書記》則作「源」。經檢國家圖書館所藏該書明刻本，當以「源」爲是。再者，《文選樓藏書記》與阮元藏書、與《浙江採集遺書總録》的複雜關係本身也是一個值得進一步研究的學術問題。

《文選樓藏書記》未曾刊刻，僅以抄本流傳。現見於著録者主要有國家圖書館藏清抄本、中國科學院圖書館藏清越縵堂抄本（以下簡稱「科圖本」）、遼寧圖書館藏清越縵堂抄本、南京圖書館藏清越縵堂抄本、山東大學圖書館藏抄本（以下簡稱「山大本」）、日本麓保孝藏民國間抄本、國家圖書館藏民國間約園抄本（存五、六兩卷）等。本次點校即以國家圖書館清抄本爲底本，以山大本爲校本，並參校科圖本。國家圖書館清抄本《文選樓藏書記》六卷爲鄭振鐸舊藏，正文首行下方鈐「長樂鄭振鐸西諦藏書」印。每半頁八行，行約十八字，注文小字雙行。山大本、科圖本行款與國圖本相近，當均源於同一底本。山大本正文首行下方鈐有「雪廬藏書」陽文長方印，科圖本版心下方印有「越縵堂鈔藏」字樣。或因底本原誤，或因抄製粗疏，現所見各本皆錯訛滿紙，幾乎每一條目都有錯誤，一條中錯誤多至六七處或訛誤錯亂不可卒讀者每每可見，如卷四《三賢集》條，「是書因周敦頤」以下國家圖書館本脱文一大段，適爲一葉，今據山大本補入。三本互有異同，而同誤者又爲最多，故在點校過程中，除三本相互參校外，又廣泛參考《千頃堂書目》、《浙江採集遺書總録》、《四庫全書總目》（以下簡稱「《四庫總目》」）、《四庫存目標注》、《中國叢書綜録》、《中國古籍善本書目》等十數種書目，必要時查檢所著録原書，以求尋得該書本來面目，使讀者能够參考利用。文中避諱字徑予改回，明顯錯誤亦直接改正，並於每條後出校勘記注明原文作某及校改依據。遇有各本異文可以兩通或疑當有誤却無校本依據者，則不改原文，只出校勘記注明。書前目録爲點校者所加，並編製了四角號碼索引附於書末。其中卷一、二、三由王愛亭點校，卷四、五、六由趙嫄點校。全書由杜澤遜師審定。點校錯誤與不當之處，敬請讀者是正。

王愛亭　趙　嫄

二〇一九年二月

目　録

點校說明……一
卷一……一
卷二……一〇一
卷三……二三五
卷四……二八八
卷五……三五三
卷六……四一三
索引……1

文選樓藏書記卷一

儀徵阮保定元撰　會稽李慈銘校訂

易十三傳十三篇

不著撰人姓名。抄本。朱彝尊曝書亭收藏。是書仿《皇極經世書》，而於六十四卦相生圖則不主邵〔一〕說。

〔一〕「邵」，原誤作「却」，據山大本、科圖本改。

周易説翼三卷

明禮部侍郎呂柟著。高陵人。抄本。是書設爲問答，總論理數大旨。

玩易意見二卷

明禮部〔一〕尚書王恕著。三原人。抄本。是書係恕弘治間偶得寒疾，取《易》玩之，有得，因作是書。

〔一〕「禮部」《四庫總目》、《浙江採集遺書總録》作「吏部」。

學易舉隅六卷

明貢士戴庭〔一〕槐著。漳南人。刊本。是書本陰陽，以明四聖之易，各爲圖辨。

〔一〕「庭」，《千頃堂書目》、《四庫總目》作「廷」。

易學本原啓蒙意〔一〕見四卷

明兵部尚書韓邦奇著。朝邑人。刊本。是書本河洛之數，詳釋圖象、蓍策、變占之類。

〔一〕「意」下原衍「易」字，據科圖本、《千頃堂書目》、《浙江採集遺書總録》删。

易筌六卷

明翰林院修撰左諭德焦竑著。上元人。刊本。是書依經訓釋，後附各先儒論説。

易修墨守一卷

明主事唐樞著。歸安人。刊本。是書係樞門人王思宗校刻。

周易正解二十卷

明户科〔一〕給事中郝敬著。京山人。刊本。是書體仿程傳，兼證史事。

〔一〕「科」原作「部」，據山大本、《四庫總目》、《浙江採集遺書總録》改。

讀易述十四卷

明潘士藻著。刊本。是書述經傳大旨，兼輯各家之説。

古易彙編十二卷

明太僕卿李本固著。清源人。刊本。是書依朱、吕更定古《易》，並詳採諸儒之說。

胡子易演十六卷繫詞二卷

明胡經著。廬陵人。抄本。是書演《易》大旨。

易林疑説三册

明江西提學副使楊瞿崍〔一〕著。晉江人。刊本。是書各爲圖説，兼及先儒辨證。

〔一〕「崍」原誤作「峽」，據《四庫總目》、《浙江採集遺書總録》改。

周易古本一册

明尚書孫慎行著。晉陵人。刊本。是書分列經傳，釋爻變大旨。

易窺十册

明進士程玉潤著。海虞人。刊本。是書依上下經篇次，詳於訓詁。

三易洞璣十三卷

明左諭德黄道周著。漳海人。刊本。是書《宓圖經緯》三卷，《孔圖經緯》三卷，《雜圖經緯》三卷，《餘圖經緯》三卷，附《觀易要引》。

易象正十七卷

明黃道周著。刊本。　是書發《易》象、彖、爻圖書之旨。

澹窩因指八卷

明布政使參議張汝霖著。山陰人。刊本。　是書自敘讀《易》龍山之澹窩，因作訓解。

周易勺解三册

國朝〔一〕禮部尚書林欲楫〔二〕著。晉江人。刊本。　是書詮解義理，一本朱子。

〔一〕「國朝」當作「明」。

〔二〕「楫」原誤作「輯」，據山大本、《四庫總目》改。

心易一册

國朝戴天〔一〕恩著。西陵人。刊本。　是書本陰陽大旨，各爲圖説。

〔一〕「天」原誤作「大」，據山大本、科圖本、《四庫總目》改。

尚書譜五卷

明鹽庫司提舉梅鷟著。旌德人。抄本。　是書辨證《尚書》古今文，兼及訓釋。

尚書説要五卷

明禮部侍郎吕柟著。高陵人。抄本。　是書因明人〔一〕隨條問答，敷釋義理。

〔一〕「明人」疑當作「門人」。《四庫總目》云：「是編乃其與門人論書之說，詮次成帙。」

尚書辨解十卷

明給事中〔二〕郝敬著。京山人。刊本。　是書各篇辨證援據經傳，首列《讀書》二十九條。

〔二〕「中」原誤作「人」，據山大本、科圖本改。

尚書揆一六卷

明鄒期楨著。無錫人。刊本。　是書專宗蔡傳，間參各家之說。

書帷別記四卷

明左都御史王樵著。金壇人。刊本。　是書依經敷衍，詳釋義理。

尚書疏衍四卷

明游擊陳第著。抄本。　是書辨宋、元諸儒以古文爲僞之說，後取注疏證明，加以標釋。

禹貢山川郡邑考四卷

明太僕卿王鑑著。無錫人。刊本。　是書因《禹貢》山川、郡邑，加以今釋，稽其沿革異同。

詩經通〔一〕義十二卷

國朝朱鶴齡著。松陵人。　是書根據《詩序》，援引宋儒之説加以參證。首列凡例十條、《考定鄭氏詩譜》一篇。

〔一〕「通」原誤作「道」，據《四庫總目》、《中國叢書綜録》改。

詩經叶音辨僞八卷

國朝諸生劉維謙著。松陵人。刊本。　是書考據顧炎武《音學五書》，辨注音切。

春秋集傳微旨三卷

唐陸淳著。抄本。　是書兼採三傳，舉所聞於其師啖助、趙匡者，詳爲折衷。

春秋集傳纂例十卷

唐陸淳著。刊本。　是書取三傳之義爲《纂例》，其隨文解釋，非例可舉者，纂啖助、趙匡之説著爲《辨疑》。

春秋纂言十二卷

元吴澄著。崇仁人。刊本。　是書採摭諸家之言，各麗於經。仿唐陸淳《纂例》爲《總例》七卷。

春秋讞義九卷

元領鄉薦王元杰著。吴江人。抄本。　是書專採二程、胡氏、朱子四家之説，折衷讞語，據經證明。末缺四卷。

春秋闡義十二卷

明進士曹學佺著。侯官人。刊本。　是書體仿三傳，兼採諸儒之説。

春秋私考三十六卷

明知府季本著。山陰人。刊本。是書多本其師王守仁之説，旁考地理沿革、氏族、星曆、禮樂、兵賦之類。

春秋直解十五卷

明郝敬著。刊本。是書依經詮釋，詳於義例。

春秋諸名臣傳譜十三卷

明姚咨著。勾吳人。刊本。曝書亭收藏。是書本宋王當《列國諸臣傳》，明劉節、邵寶《春秋諸名臣言行録》，補輯成編。

春秋翼附二十卷

明諸生黄〔一〕正憲著。嘉興人。刊本。是書折衷四傳，兼及唐、宋諸家，於明人王〔二〕樵、季本之説採録尤多。

〔一〕「黄」原誤作「王」，據《千頃堂書目》、《四庫總目》改。

〔二〕「王」原誤作「工」，據山大本、《四庫總目》改。

春秋經傳辨疑一卷〔一〕

明主事唐樞著。歸安人。刊本。是書係樞門人潘季馴校刊。

〔二〕《千頃堂書目》、《四庫總目》、《浙江採集遺書總録》著録《春秋經傳辨疑》一卷，明童品撰，與此不知是一是二。

春秋孔義十二卷

明左都御史高攀龍著。無錫人。刊本。　是書以諸儒釋經傳義多深刻，因爲疏明，務使平允〔一〕，故曰「孔義」。

〔一〕「平允」原誤作「乎元」，據山大本、科圖本改。

春秋揆一册

明黄道周著。漳海〔一〕人。刊本。曝書亭收藏。　是書統論大義，於陰陽、人事之變推衍爲詳。

〔一〕「漳海」原作「樟海」，據山大本、科圖本改。

麟旨定八册

明陳于鼎著。陽羡人。刊本。　是書標題詳注，以類相從。

春秋諸傳辨疑四卷

明宗室朱睦㮮著。抄本。　是書依經辨釋，發明大義。

春秋麟寶六十三卷

明余敷中著。姑蔑人。刊本。　是書檃括始終，旁搜三傳，於魯哀公十四年後有附録三卷。

春秋程傳補二十卷

國朝左都御史孫承澤著。北平人。刊本。　是書以程傳未竟其業，更爲搜補。

春秋地理考實四卷

國朝貢生江永著。婺源人。抄本。　是書考核春秋列國地名，後附《周朝興廢説》、《列國興廢〔一〕説》二篇。

〔一〕「廢」字原脱，據山大本、科圖本補。

春秋集解十二卷

國朝諸生應撝謙著。錢塘人。抄本。　是書博採漢、唐、宋以後諸家之説。前列總論，後列《校〔一〕補緒餘》、《提要補餘〔二〕》二種。

〔一〕「校」原作「核」，據山大本、《四庫總目》改。

〔二〕「補餘」《四庫總目》、《浙江採集遺書總録》作「補遺」。

豐川春秋原經四十卷

國朝王心敬著。刊本。　是書辨三傳義例，意主尊經。

東萊先生左氏博議二十五卷

宋呂祖謙著。刊本。宋板。明〔一〕董其昌家收藏。　是書爲諸生課試之作。取《左氏》書理亂得失之跡，疏其説于下方。

〔一〕「明」字原脱，據山大本補。

左翼四十三卷

舉人王震著。烏程人。刊本。是書首列凡例、世系、年表、目〔一〕録。本左氏之文，整次篇第，以便觀覽。

〔一〕「目」原誤作「罔」，據《浙江採集遺書總録》改。

左略一卷

明曾益著。會稽人。刊本。是書以兵法備于《左氏》，摘敘事實，加以標題。

左傳統箋三十五卷

國朝順天府尹姜希轍著。會稽人。刊本。是書兼收杜預、孔穎達各家之義，折〔一〕衷加詳。

〔一〕「折」原誤作「拆」，據山大本、科圖本改。

左傳折衷二十八卷

公羊折衷六卷

穀梁折衷六卷

以上俱國朝知縣張尚瑗〔一〕著。吳江人。刊本。是三書博證經籍，首列畧例、先正辨説及各考，以下分條論正。

〔一〕「瑗」原誤作「瓊」，據《四庫總目》、《中國叢書綜録》《三傳折諸》條改。

三禮纂注四十九卷

明翰林院待詔貢汝成著。宣城人。刊本。　是書彙萃注疏各家，加以按斷。

周禮墨守一卷

明主事唐樞著。歸安人。刊本。　是書專宗注疏。

考工記纂注二卷

明程明哲著。歙縣人。刊本。　是書列諸家敘論二十四則，圖説附後。

周官[一]禄田考三卷

國朝沈彤著。吳江人。刊本。　是書以《周禮·司禄經》亡，諸家疑公田不足供官禄，爲之例推曲證。

〔一〕「官」原誤作「宮」，據《四庫總目》、《中國古籍善本書目》改。

儀禮節解十七卷

明郝敬著。刊本。　是書首列《讀儀禮》二十一條，下[一]依經編次，自爲詮釋。

〔一〕「下」原誤作「不」，據山大本、科圖本改。

鄉射禮集要一卷

明教諭傅鼎著。三山人。刊本。　是書輯《射禮》戒賓、獻酬之節，并增周禮延射、揚[一]觶二事，俱有圖說。

〔一〕「揚」原作「楊」，據山大本、科圖本改。

禮記通解二十二卷

明郝敬著。刊本。　是書前列《讀禮記》十三條，統論大旨。

禮記纂注三十卷

明給事中徐師曾著。吳江人。刊本。　是書詁釋、體例補陳澔《集説》所未備。

月令明義四卷

明黃道周著。　是書倣十二月中星，首繪圖說，分疏四時政令。

檀弓叢訓二卷

明翰林院修撰楊慎著。新都人。抄本。　是書敷文晰理，總二百四十四條，兼釋陳騤、謝枋得二家批評。

中庸合注一卷

元吳澄注。抄本。　是書體仿朱子《章句》。

大學稽中傳一卷

明諸生李經綸著。南豐人。抄本。　是書統論大旨，有《稽中圖說》。

大學中庸讀二册

明姚應仁著。新安人。刊本。　是書首列《大學》、《中庸》曹魏石經本，次《戴〔一〕記》舊本，次考正本，分爲四讀。

〔一〕「戴」原作「載」，據《浙江採集遺書總録》改。

坊記集傳二卷

表記集傳二卷

緇衣集傳二卷

儒行集傳二卷

以上俱〔一〕明黄道周著。刊本。　是四書以諸篇皆史氏記言之義，援引經史，彙爲《集傳》。

〔一〕「俱」原誤作「儲」，據山大本、科圖本改。

孝經集傳四卷

明黄道周著。刊本。　是書以六經之本皆出《孝經》，《小戴》、《大戴》、《儀禮》皆《孝經》疏義，彙爲《集傳》。

張宣公論孟解十七卷

宋侍講張栻〔一〕著。廣漢人。抄本。　是書《論語解》本二程子餘論，推以己見。《孟子解》因栻〔二〕

講誦長沙家塾，條緩其說。

〔一〕「栻」原誤作「棫」，據山大本及《四庫總目》《癸巳論語解》條、《癸巳孟子説》條改。

〔二〕「栻」原誤作「棫」。

論語全解十卷

宋太常博士陳祥道著。抄本。　是書發揮大旨，兼及〔一〕訓詁。

〔一〕「及」原誤作「人」，據山大本、科圖本改。

孔子集語

宋太常郎薛據著。永嘉人。刊本。　是書博收群籍所載孔子之言，類爲二十篇。

論語商二〔一〕卷

明御史周宗建著。松陵人。刊本。　是書講論大旨，與諸生設爲問答。

〔一〕「二」原作「三」，據山大本、科圖本、《四庫總目》改。

論語類考二十卷

明〔一〕陳士元著。應城人。刊本。　是書考證故實，分天象、輿地、職官、人物各門。

〔一〕「明」字原脱，據山大本、科圖本補。

孟子説解十四卷

明郝敬著。刊本。　是書首列孟子遺事、遺蹟、《讀孟子》三十一條。體仿訓詁，兼及考證。

孟記四卷

明陳士元著。刊本。　是書詳載孟子事蹟。

四書疑節二卷

元〔一〕袁俊翁著。抄本。　是書以元〔二〕科目首以《四書》設疑，因將公試、私課彙輯成篇。

〔一〕「元」字原脱，據山大本、科圖本補。

〔二〕「元」字下原衍「與」字，據山大本刪。

四書講義六卷

明尚書鄭曉著。海鹽人。刊本。　是書係曉官南太常時作。

四書説叢十七卷

明沈守正著。錢塘人。刊本。　是書採録性理名賢，兼及釋乘。

新加九經字樣一卷

唐朝議〔一〕郎王友〔二〕、翰林待詔唐玄度撰。抄本。　是書係唐開成間撰，凡七十六部四百二十一字。

〔一〕「議」原作「儀」，據山大本、科圖本改。

〔二〕「友」原誤作「及」，據山大本、科圖本改。

五經異文十一卷

明陳士元著。刊本。是書博蒐群籍，較正經字異同。

五經繹〔一〕十五卷

明鄧元錫著。盱江〔二〕人。刊本。是書《易》五卷，《書》二卷〔三〕，《詩》三卷，《春秋》通一卷，三《禮》四卷。

〔一〕「繹」原誤作「釋」，據《千頃堂書目》、《四庫總目》改。

〔二〕「盱江」原誤作「盰江」，據山大本、科圖本改。

〔三〕「二卷」原作「一卷」，據山大本、科圖本改。

五經圖十二卷

明侍郎盧謙著。廬江人。刊本。是書謙官信州時得石本以歸，授其邑令章達〔一〕更爲校訂行。

〔一〕「章達」原作「章有」，據《四庫總目》、《天禄琳琅書目》改。

孔孟事蹟圖譜四卷

明季本著。刊本。是書備採各書，詳載經史事跡，并繪圖譜。

經書音釋二卷

明馮保著。鎮陽人。刊本。是書摘取經書中字，分部解釋音義。

經籍異同三卷

明陳禹謨著。海虞人。刊本。　是書考正經文同異。

七經孟子考文補遺三十二册

日本國掌書記山井鼎集。刊本。　是書係山井鼎原本，東都講官物觀文據足利學所有各本，仿山書之舊重加纂訂，謂之《考文補遺》。

廟制考義四册

明季本著。刊本。　是書因廟制立四親，辨正秦漢以來諸儒附會之説。

康節觀物篇解一卷

宋饒州路提轄祝泌著。刊本。　是書係泌爲治〔一〕幕時所作，中有缺卷。

〔一〕「治」原誤作「治」，據《浙江採集遺書總録》改。

渠陽讀書雜抄

宋魏了翁著。抄本。　是書係了翁讀書渠陽山中，辨證經史羣籍，分條劄記，爲十二門。

經史全書二十六卷

明吏部侍郎邵寶著。無錫人。刊本。　是書《簡端録》十二卷，《學史》十二卷，《左觿》一卷，《雜文》一卷。

皇極經世解起數訣

宋祝泌著。抄本。　是書因方淑《韻心》、楊俊[一]《韻譜》互相參合較定。四十八音冠以二百六十四母，發明康節聲音之學。

〔一〕「楊俊」原誤作「楊後」，據《浙江採集遺書總録》改。

苑洛志樂二十卷

明兵部尚書韓邦奇著。朝邑人。刊本。　是書本蔡元定《新書》，闡發音[二]律。

〔二〕「音」，原作「書」，據文意改。

律呂正聲六十卷

明縣丞王邦直註。即墨人。刊本。　是書詳考律呂五音、八音義數及陰陽緯候。

律呂古義三卷

明呂懷著。永豐人。刊本。　是書考正律數，以闡五行配納之指，並乘除積實之原委。

律呂直解一册

明韓邦奇著。刊本。　是書考證律呂器數，各有圖解。

律呂解注二卷

明教諭鄧文憲著。新會人。刊本。　是書本《律呂新書》，重加解釋，以廣其意。

六書統二十卷

元國子司業楊桓〔一〕著。曲阜人。刊本。　是書分刊六書門類，以篆、籀諸體分系于下。

〔一〕「桓」原誤作「恒」，據《四庫總目》、《中國古籍善本書目》改。

六書故三十卷

元戴侗著。永嘉人。刊本。　是書列四百七十九目，分别字母、字子，首載《通釋〔一〕》一卷。

〔一〕「釋」原誤作「擇」，據科圖本改。

六書正譌五卷

元通陽周伯琦著，合肥竇子偁重編。刊本。　是書原本許慎，參考諸家之説，以正俗字點畫、音訓之譌。

六書本義

明教諭趙古則著。餘姚人。刊本。　是書推闡六書之義，分爲十類。

六書總要五卷

明吴元滿著。新安人。刊本。　是書分五百四十部，分晰象形、會意諸義類，兼辨古文、小篆原委。

改併五音篇十五卷

金韓道昭輯。松水人。刊本。　是書改併《玉篇》等書之字，歸于五音、三十六母之中。

經史正音切韻指南二册

元劉鑑著。關中人。抄本。　是書辨韻母之横直，審清濁之重輕。作檢韻法，括以十六通攝。

說文字原一册

元周伯琦著。鄱陽人。刊本。　是書依《說文》原部，參以歷代諸家之説，删補訂譌，分爲十二章。

復古編二册

宋[一]張有著。吳興人。刊本。　是書校正俗字與古字戾者，採摘經傳，正以篆體。

[一]「宋」原作「元」，據《四庫總目》、《中國古籍善本書目》改。

增修復古編二册

元吳均著。刊本。　是書增補元張謙中原編所未備。

韻補五卷

宋吳棫[一]著。武夷人。刊本。　是書採據各家訓議，以補《輯韻[二]》諸編所未備。

[一]「棫」原誤作「栻」，據山大本、《四庫總目》、《中國古籍善本書目》改。

[二]「輯韻」疑當作「集韻」。

韻直音篇七卷

明章黼著。嘉定人。刊本。　是書以四聲之字相併，每字系以官音，以便習讀。其有音無注者三千餘字附後。

韻會小補三十卷

明方日升著。永嘉人。刊本。　是書字數一倂《韻會》，音義一準《說文》，旁採百家以補黄公紹之缺。

韻譜〔一〕本義十卷

明茅溱輯。丹徒人。刊本。　是書分部〔二〕以《唐韻》爲據，注釋以《說文》爲主，間引經籍，增廣其義。

〔一〕「譜」原誤作「補」，據《千頃堂書目》、《四庫總目》改。

〔二〕「分部」原作「部分」，據科圖本改。

瓊林雅韻一册

明宗室寧獻王權著。刊本。　是書删訂卓氏〔一〕中州韻，分十九字母，各系四聲。

〔一〕「卓氏」疑爲「周氏」之誤，周氏即周德清。

韻總持三册

明朱簡著。休寧人。抄本。　是書分古韻、唐韻、元韻三門。古韻以七字爲提綱，唐韻因係恤本重定，元韻因周德清本重定。

韻表新編二册

國朝仇廷模〔一〕輯。鄞縣人。刊本。是書分二界、四畫、五綱、二十三目，列爲新表，末附《韻表後編》三種。

〔一〕「模」原作「梁」，據《四庫總目》改。

諧聲指南一册

明吳元滿著。刊本。是書專辨六書中諧聲之義〔一〕，凡標一千三百字，以子該母〔二〕。

〔一〕「諧聲之義」原作「諸聲文義」，《浙江採集遺書總録》該條云：「此則分述諧聲之義。」今據以改。

〔二〕「母」原誤作「册」，據山大本、科圖本改。

篆文纂要全宗五卷

國朝陳策〔一〕著。西陵人。刊本。是書分韻編次，每字先列《説文》小篆，而以大篆、鍾鼎、古文系以下。

〔一〕「策」原誤作「篆」，據《四庫總目》《篆文纂要》條、《中國古籍善本書目》改。

類纂古文字考五卷

明都俞著。武林人。刊本。是書取《正韻》所載之事，重分部次。

六書分類十二卷

國朝傅世垚〔一〕輯。汝南人。刊本。是書每字以正書提綱，下系古文、大小篆、籀諸體。

〔一〕「垚」原作「堯」，據山大本、《四庫總目》、《北京圖書館古籍善本書目》改。

六書指南二卷

明李登著。上元人。刊本。　是書辨正楷字體義，編爲四言韻語，大書旁注，以便童習。

字孿二卷

明葉秉敬著。衢州人。刊本。　是書辨晰字體，以篆釋楷，作四言韻語。

字考二卷

明夏宏著。海陽人。刊本。　是書考訂疑僞及俗體、古體，分韻編次。

金石古文十四卷

明中書舍人謝會人、謝從寧著。筠陽人。抄本。　是書録古金石文，凡九十二卷，間附考證。

廣金石韻府五卷

國朝閩中林尚葵、李根同輯。刊本。　是書依朱時望所輯《金石韻府》體例，廣其未備。

漢隸分韻六卷

不著撰人姓氏。刊本。　是書於每字下各注漢碑來歷，前列碑目並各家辨論漢隸原委。

老子篆一册

許劍道人摹。抄本。　是書採各篆體〔二〕摹篇《道德經》，旁注文。

〔一〕「體」原誤作「休」。

問奇集〔一〕一册

明大學士張位著。南昌人。刊本。　是書考證音樂〔二〕，分十二門，始六書大義，終各地鄉音。

〔一〕「集」原作「篇」，據山大本、《四庫總目》改。

〔二〕「樂」當爲「學」字之誤。《浙江採集遺書總録》該條云：「分十二門，考辨音學」。

十七史詳節二百六十九卷

宋吕祖謙輯。刊本。　是書自《史記》起至《五代史》止，各取原書，删繁撮要，合爲一編。

歷代建元考一册

國朝鍾淵映著。秀水人。抄本。　是書考證自上古迄元歷代世次年號，以及列國、外國興廢本末，各舉其要。

年號韻編一册

明陳懋〔一〕仁著。秀水人。抄本。　是書仿史表之號〔二〕，取歷代年號，分韻編次。

〔一〕「懋」原作「茂」，據《千頃堂書目》、《四庫總目》改。

〔二〕「號」山大本、科圖本作「説」。

甲子會記五卷

明提學副使薛應旂著。武進人。刊本。曝書亭收藏。　是書編年自黄帝時起，迄明正德間止。

太史史例一百卷

明按察使經歷張之象輯。松江人。刊本。　是書尋繹《史記》書法，列爲二百八十七例，標題分注。

西漢會要七十卷

元從事郎徐天麟著。抄本。　是書取漢代典章制度散見于班、馬各史〔一〕者，撮要合編，各從其類。

〔一〕「史」原誤作「吏」，據山大本改。

兩漢刊誤補遺十卷

宋學録吳仁傑著。河南人。刊本。　是書考證班、范二史疑義譌字，並補應、顔諸家舊註之缺。

後漢史年表十卷

宋迪功郎熊方著。抄本。　是書因范史未立年表，編刊十篇以補其缺。

歷代史表五十三卷

國朝萬斯同著。鄞縣人。刊本。　是書取歷代正史之未著者，一一補之。自東漢迄〔一〕五代，凡五十六篇。

〔一〕「迄」下原衍「今」字，據山大本删。

建康實録二十卷

唐許嵩撰。高陽人。抄本。　是書紀録南朝自孫吴至陳止，凡四百年事蹟。

十六國年表六册

明孔尚質輯。武陵〔一〕人。抄本。　是書分紀漢、趙、燕、秦等十六國事蹟，各以干支年表。

〔一〕「武陵」原作「武林」，據《千頃堂書目》、《四庫總目》改。

後梁春秋二卷

明姚士粦著。海鹽人。刊本。　是書采輯各書，詳載後梁三十三年事蹟，以補正史之缺。

晉列國指掌二卷

明張大〔一〕齡著。抄本。　是書分紀兩晉十六國世系、興廢始末。

〔一〕「大」原誤作「文」，據《千頃堂書目》、《中國古籍善本書目》《晉唐指掌》條改。

唐會要一百卷

宋司空王溥著。抄本。　是書先經唐蘇冕敘述高祖至德宗九朝沿革損益之制，溥又採宣宗以後事重加纂輯，共成百卷。

新唐書糾謬二十卷

宋朝散郎吴縝著。成都人。刊本。　是書分二十門，糾正《新唐書》之謬。

唐藩鎮指掌二卷

明張大齡著。抄本。　是書分紀唐末各藩鎮興廢始末。

江南野史十卷

宋龍衮著。螺川人。抄本。曝書亭收藏。　是書載南唐事蹟，凡八十四篇。

續資治通鑑綱目廣義十七卷

明張時泰著。西川〔一〕人。刊本。　是書摘録陳桱《續通鑑綱目》中要旨，旁採羣籍，廣其義制。

〔一〕「西川」《浙江採集遺書總録》作「西州」。

續資治通鑑長編一百八卷

宋敷文閣學士李燾著。丹陵人。抄本。　是書倣司馬光《資治通鑑》之例，編次宋事，自太祖建隆元年迄英宗治平四年止。

太平治迹統類前集四十卷

宋彭百川輯。眉山人。抄本。　是書詳紀北宋〔一〕治迹。因舊本罕傳，失其卷目，其文多譌闕倒置，秀水朱彝尊因以意次第編録。所抄即曝書亭藏本。

〔一〕「宋」字原脱，據山大本、科圖本補。

隆平集二十卷

宋曾鞏著。南豐人。刊本。　是書紀宋太祖迄英宗五朝治迹。分門列傳，略仿正史之例。

宋宰輔編年録二十卷
宋太常博士徐自明著。抄本。　是書編次宋代宰輔事實，自建隆迄嘉定間止。

三朝北盟〔一〕會編二百五十卷
宋朝散〔二〕大夫徐夢莘輯。刊本。　是書分政、宣爲上帖，靖康爲中帖，建炎、紹興爲下帖。彙集諸家所録，編年紀載。

〔一〕「盟」原誤作「閩」，據《四庫總目》、《中國古籍善本書目》改。
〔二〕「散」下原有「郎」字，據山大本、科圖本刪。

南渡録一册又竊憤録一册
宋辛棄疾著。抄本。　是書紀宋靖康、紹興間事跡。

錢塘遺事十卷
宋劉一清著。武陵人。抄本。　是書雜録南宋遺事。

廣王衛王本末一册
宋兵部侍郎陳仲微著。抄本。　是書係仲微從二王入廣時按日録記。

遼金大臣年表二卷
不著撰人姓名。抄本。　是書表年于上，而以諸大臣名爵〔一〕分注于下，每卷前列統系圖。

〔一〕「爵」原作「節」，據山大本、科圖本、《浙江採集遺書總録》改。

大金國志四十卷

金宇文懋昭著。淮西人。抄本。　是書抄紀自金太祖起至宣帝止一百十七〔一〕年事。

〔一〕「十七」原誤作「七十」，據《四庫總目》改。

皇元聖武親征記一卷

不著撰人姓名。抄本。　是書專紀元太祖出征方畧。

洪武聖政記十二卷

不著撰人姓名。抄本。　是書紀述洪武朝政績，其體例與實録相仿而〔一〕略不同。

〔一〕「而」下原有「詩」字，據科圖本删。

高廟紀事本末八册

不著撰人姓名。抄本。　是書仿袁樞《通鑑紀事本末》之例，分紀明祖事蹟。

識大録五十卷

明劉振著。宣城人。抄本。　是書仿正史紀傳之例，撰次明代事蹟，自太祖起迄穆宗朝止。

皇明政要二十卷

明成都府訓導婁諒著。刊本。　是書紀明洪武及成化各朝政跡，分四十篇。其子婁性于弘治間表進。

皇明定保録二册

明趙元祉〔一〕著。錫山人。抄本。　是書前集紀明太祖諭訓，後集紀成祖及世宗諭訓，各分九類。

〔一〕「祉」原作「杜」，據《四庫總目》、《浙江採集遺書總録》改。

昭代典則二十卷

明尚書黄光昇著。晉江人。刊本。　是書略仿《綱目》體例，纂記明代典則，自太祖朝迄世宗朝止。

獻徵録一百二十卷

明修撰焦竑輯。刊本。　是書採明代列朝實録，及諸家所紀事跡。

皇明通紀述遺十二卷

明卜世昌著。秀水人。刊本。　是書紀述明代事跡，自洪武初起迄隆慶間止。

徵吾〔一〕録二卷

明尚書鄭曉〔二〕著。海鹽人。刊本。　是書録明代事跡，分條記述，凡三十一篇。

〔一〕「吾」原誤作「五」，據《千頃堂書目》、《四庫總目》改。

〔二〕「鄭曉」二字原脱，據《千頃堂書目》、《四庫總目》補。

皇明詔令二十一卷

不著撰人姓氏。刊本。是書集録洪武至嘉靖〔一〕列朝詔令。

〔一〕「嘉靖」原誤作「嘉慶」，據山大本、科圖本改。

建文朝野彙編二十卷

明監察御史屠叔方著。秀水人。抄本。是書彙採各家所紀建文朝野事跡，分年編紀。

姜氏祕史一册

不著撰人姓名。抄本。

奉天靖難記四卷

不著撰人姓名。抄本。以上二書均紀明代建文朝事跡。

天順日録一册

明大學士李賢著。定遠人。抄本。是書紀明英宗復辟後朝政及召對諸語。

世廟識餘録二十六卷

明尚書徐學謨録。刊本。是書專紀明嘉靖間朝章政跡。

泰昌日録一册

明太學生楊惟〔一〕休著。豐城人。抄本。是書紀明光宗朝事跡，後附惟休《河〔二〕清賦》一首。

〔一〕「惟」原作「維」，據《四庫總目》改。
〔二〕「河」原誤作「可」，據《四庫總目》改。

評〔一〕史心見十二卷

明郭大有著。江寧人。刊本。　是書援據前人評斷各史事跡，參附己見。

〔一〕「評」原誤作「譚」，據《千頃堂書目》、《四庫總目》改。

史取十二卷

明賀祥著。龍城人。刊本。　是書分別六門，論次古今史事。

史記疑問三卷

國朝欽天監監副邵泰衢〔一〕著。錢塘人。刊本。　是書摘取《史記》中事可疑之處，分條筆記。後附《檀弓疑問》數十則。

〔一〕「邵泰衢」原誤作「印秦衢」，據《四庫總目》、《中國叢書綜録》改。

歷代相臣傳一百五十卷

明博士魏顯國輯。南昌人。刊本。　是書纂集自黄、虞迄宋、元歷代相臣事蹟。

事編六卷

明孫慎行著。武進人。刊本。　是書編次古人事跡可法者，自子産迄元耶律楚材，每人各〔一〕

數則。

〔一〕「各」下原有「對」字，據科圖本删。

歷代名臣芳躅二卷

明金汝諧〔一〕著。平湖人。刊本。　是書採古名臣言行，分爲九類編次。

〔一〕「諧」原誤作「鍇」，據《千頃堂書目》、《四庫總目》、《明清進士題名碑録索引》改。

承華事略一册

元朝列大夫王惲著。抄本。　是書分類採輯儲闈之事。

古今宗藩懿行考十卷

明潞王常淓輯。刊本。　是書採史册所載自周迄元、明宗藩懿行。

儒林全傳二十卷

明魏顯國〔一〕著。南昌人。刊本。　是書採列史所載自孔、孟迄〔二〕元儒止，分傳彙編。

〔一〕「國」原誤作「行」，據《千頃堂書目》、《四庫總目》改。

〔二〕「迄」下原有「今」字，《四庫總目》云：「所録自孔子至元吳澄。」據以删。

古今廉〔一〕鑑八卷

明喬懋敬著。松江人。刊本。　是書採春秋迄〔二〕元、明凡廉吏之事，録以爲鑑。

〔一〕「廉」原誤作「廣」，據《千頃堂書目》、《四庫總目》改。
〔二〕「迄」下原有「今」字，據科圖本删。

宋賢事彙二卷

明李廷機著。晉江人。刊本。　是書取宋賢行事可法者，分類彙録。

君臣相遇録十卷别傳一卷遺事〔一〕一卷

不著撰人姓名。刊本。　是書俱録採韓琦事跡。序云出自家藏。

〔一〕「事」下原衍「本」字，據山大本删。

國朝列卿記一百六十五卷

明少傅雷禮著。豐城人。刊本。　是書纂輯明代列卿事實，自洪武迄嘉靖止。

國朝列卿年表一百三十九卷

明雷禮著。刊本。　是書紀明代列卿姓名、爵里，分門編次。

皇朝三元考十四卷

明張弘道、張凝道同輯。武進人。抄本。　是書考洪武庚戌迄萬曆己未各科殿、會、鄉試榜首及館選者，各著其籍。附兄弟同榜、少〔一〕年進士與歷官。

〔一〕「少」字上原衍「兄」字，據山大本删。

先進遺風二卷

明御史耿定向著。黄州人。刊本。　是書録宋濂以下至李謙五十六人之言行。

國琛集二卷

明唐樞著。歸安人。刊本。　是書雜録明人言行，間有論斷。

嘉靖以來輔臣傳

明王世貞著。吴郡人。刊本。　是書紀嘉靖〔一〕後自楊廷和迄張居正各輔臣事蹟。

〔一〕「靖」原誤作「定」。

群忠録二卷

明唐龍著。蘭谿人。刊本。　是書録明太祖平陳友諒時及武宗平宸濠時先後死事諸臣。

歷代黨鑑五卷

國朝徐〔一〕賓輯。刊本。　是書録歷史所載朋〔二〕黨之事及後人評論。

〔一〕「徐」原誤作「爺」，據《四庫總目》改。

〔二〕「朋」原誤作「明」。

貂璫史鑑四卷

明按察使司僉事張世則輯。刊本。　是書採録自古迄明凡事繫宦〔一〕官者，每條附以箴評，係明神宗時撰進之本。

〔一〕「宦」原誤作「官」，據山大本、科圖本改。

遼紀一册

明田汝成著。錢塘人。抄本。　是書紀明代自洪武迄嘉靖間備邊之事。

職官分紀五十卷

宋孫逢吉著。富春人。抄本。　是書因楊侃所著《職林》，廣其未備。

官〔一〕制備考二卷

明太僕卿李日華著。秀水人。刊本。　是書專考明代官制。

〔一〕「官」原誤作「宮」，據山大本、《千頃堂書目》、《四庫總目》改。

翰林記二十卷

不著撰人姓名。刊本。　是書備載明代詞林典故。

謚法纂十卷

明孫能傳著。四明人。刊本。　是書纂記明代謚典及議疏等篇。

兩浙海防類考續編十卷

刊本。　是書詳考籌海事宜，列編五，列四十二條。萬曆間金一龍所纂，范淶〔一〕續修。

〔一〕「淶」原誤作「洙」，據《千頃堂書目》、《四庫總目》改。

温處海防圖畧二卷

明温州知府劉芳譽等輯。刊本。　是書專紀温處沿海備倭事。

江防考四卷

明僉都御史吳時來著。仙居人。刊本。　是書記〔一〕新〔二〕江營規制〔三〕、沿革，自九江府以下之海，統爲圖説〔四〕，列〔五〕于卷前。

〔一〕「記」原作「詠」，據《浙江採集遺書總録》改。
〔二〕「新」原作「浙」，據山大本、《浙江採集遺書總録》改。
〔三〕「制」原作「則」，據山大本、科圖本、《浙江採集遺書總録》改。
〔四〕「説」原作「誂」，據科圖本、《浙江採集遺書總録》改。
〔五〕「列」原作「則」，據科圖本、《浙江採集遺書總録》改。

通漕類編九卷

明按察使王在晉著。黎陽人。刊本。　是書備載古今漕運利弊，詳于明代，兼及海運事宜。

治河通考〔一〕十卷

明尚書吳山著。松林人。刊本。　是書詳考黄河故道及遷徙原委，並歷代防河事跡。前列地圖。

〔一〕「治河通考」原誤作「沿河遺考」，據《千頃堂書目》、《四庫總目》改。

黄運兩河考議六卷

不著撰人姓名。抄本。　是書考仿全河流選并〔一〕采前人治河成議，撮其大要，略〔二〕加論斷。

〔一〕「考仿全河流選并」科圖本作「考黄運兩河河流遷併」，《浙江採集遺書總録》作「考古今河流遷徙」。

〔二〕「要略」二字原誤倒，據山大本、科圖本改。

北河續紀七卷

國朝閻廷謨〔一〕著。孟津人。刊本。　是書因謝肇淛《北河紀》〔二〕續加修纂，自魚臺至天津北河源委并治河事宜。

〔一〕「謨」原誤作「横」，據《四庫總目》、《北京圖書館古籍善本書目》、《明清進士題名碑録索引》改。

〔二〕「北河紀」原誤作「把河一絶」，據《浙江採集遺書總録》及《四庫總目》《北河紀》條改。

明代河渠考四册

國朝萬斯同著。鄞縣人。抄本。　是書採明代實録及諸家紀述凡有關漕渠事宜者，按年編輯。

蕭山水利二卷續刻一卷三刻三卷

刊本。　是書紀江塘及邑中諸湖水利。前編爲明簽事富玹〔一〕所輯，後二編係邑人張文瑞續纂。

〔一〕「玹」原誤作「法」，據《四庫總目》、《中國古籍善本書目》改。

潞水客談一册

明御史徐伯繼著。刊本。　是書備言西北水利，係伯繼出都時與客談論，因次其語爲書。

古今鹺略九卷補九卷

明鹽運使汪砢〔一〕玉著。刊本。　是書詳考鹽法，引證方籍，喻以明制。凡分〔二〕九門，補編〔三〕亦如其例。

〔一〕「砢」原作「可」，據《千頃堂書目》、《四庫總目》、《中國古籍善本書目》改。

〔二〕「分」原誤作「會」，《浙江採集遺書總録》該條云：「分爲九門，門各一卷。」據以改。

〔三〕「編」原誤作「縮」，《浙江採集遺書總録》該條云：「《補編》亦九卷，分門如之。」據以改。

長蘆志十三卷

明按察使閔遠〔一〕慶輯。吳興人。刊本。　是書專紀長蘆鹽法，係姜松磐本，遠慶重修。

〔一〕「遠」原誤作「達」，據《四庫總目》、《明清進士題名碑録索引》改。

諭對録三十四卷敕諭録二卷詩賦録一卷

明張孚敬輯。永嘉人。刊本。　是書係孚敬嘉靖間所録策諭並召對時事及賜詩和韻等作。

使規二册

明修撰張洪著。東吳人。刊本。　是書係永樂間洪使緬時採古〔一〕人奉使得失之事，録以自規〔二〕，末附《示緬書》六〔三〕篇。

〔一〕「古」原作「方」，據《四庫總目》、《浙江採集遺書總録》改。

〔二〕「規」原作「見」，據《浙江採集遺書總録》改。

〔三〕「六」原誤作「大」，據《四庫總目》、《浙江採集遺書總録》改。

安楚録十卷

明秦柱〔一〕輯。無錫人。刊本。是書録其祖湖廣巡撫秦〔二〕金于正德年平〔三〕定傜寇〔四〕并治楚事跡。

〔一〕「明秦柱」原作「明朝柱」，科圖本作「明泰柱」，「泰」當爲「秦」字之誤，今改正，參下條校記。

〔二〕「秦」原誤作「泰」，據《四庫總目》、《中國古籍善本書目》改。

〔三〕「平」原誤作「卒」，據山大本改。

〔四〕「傜寇」原作「深冠」，據《浙江採集遺書總録》改。

楚臺記事七卷

明監察御史李天麟〔一〕著。順天人。刊本。是書前三卷係總紀治楚事宜，後四卷係分府縮紀，各有圖説〔二〕。

〔一〕「麟」原作「粦」，據《四庫總目》、《浙江採集遺書總録》改。

〔二〕「是書」至「圖説」三十四字原脱，據山大本、科圖本補。其中「縮」疑當作「編」。

平夷録一册

明按察使僉事焦〔一〕希程著。刊本。是書希程自録其爲四川按察使〔二〕僉事時，定宜賓縣蠻寇事跡。

平閩記十三卷

國朝少保楊捷著。三韓人。刊本。　是書係捷爲福建提督時，平海氛一切章疏、移檄，自輯成。

〔一〕「焦」原誤作「蕉」，據《千頃堂書目》《欽定平夷功次》條、《四庫總目》《平夷功次録》條改。

〔二〕「使」原作「司」，據山大本、科圖本、《浙江採集遺書總録》改。

南使〔一〕集三卷

明主事唐順之著。武進人。刊本。　是書自紀奉使舟山，督催撫勦倭夷事宜。

〔一〕「使」原誤作「俠」，據山大本、科圖本改。

奉使集一卷

明唐順之著。刊本。　是書自紀奉使薊鎮〔一〕，設官操〔二〕練防禦之方。

〔一〕「薊鎮」原誤作「蘇瑱」，山大本、科圖本作「蘇鎮」。《四庫總目》《南北奉使集》條云：「是編一爲《北奉使集》，乃其以職方郎中出覈薊鎮兵籍時所作。」《浙江採集遺書總録》《北奉使集》條云：「紀奉使薊鎮，設官操鍊防禦事。」據以改。

〔二〕「操」原誤作「採」，據《浙江採集遺書總録》《北奉使集》條改。參上條校記。

交黎〔一〕事略五卷

明按察副使方民〔二〕悦輯。麻城人。刊本。曝書亭收藏。　是書紀載明代陳瑄勦撫安南事宜。

〔一〕「黎」原作「剺」，據《四庫總目》、《浙江採集遺書總録》及《中國古籍善本書目》《交黎勦平事略》條改。

〔二〕「民」原誤作「氏」，據《四庫總目》、《明清進士題名碑録索引》改。

交山平寇本末三卷

國朝諸生夏駰著。刊本。　是書紀録康熙間剿平交城山寇事宜。

太平寰宇記二百卷目〔一〕録二卷

宋太常博士樂史輯。抄本。　是書以唐賈躭〔二〕《十道志》、李吉甫《元和志》簡而未備，廣徵博採，體例加詳。係當時撰〔三〕進之本。

〔一〕「目」原誤作「因」，據《浙江採集遺書總録》改。

〔二〕「躭」《四庫總目》作「耽」。

〔三〕「撰」原作「選」，據山大本改。

方輿勝覽七十卷

宋祝穆輯。建安人。宋刻本。　是書紀南宋方輿，每郡標事，要十八門類編次。所收故實、題詠居多。

新定九域志十卷

不著撰人姓〔一〕名。抄本。　是書體例與王存表進之《九域志》稍有異同。

〔一〕「人姓」二字原脱，據山大本、科圖本補。

讀史方輿紀要一百三十卷

國朝顧祖禹著。常熟人。刊本。　是書取材各史記，詳山川險易及古今用兵攻守得失事跡，其景物、名勝俱在所略〔一〕。

〔一〕「略」原作「備」，據山大本、科圖本改。

雍録〔一〕十卷

宋龍圖閣學士程大昌著。刊本。　是書詳紀周、漢、隋、唐建都形勝始末。

〔一〕「録」原誤作「彔」，據山大本、《四庫總目》、《中國叢書綜録》改。

雍大記三十六卷

明提學副使何景明著。信陽人。刊本。　是書備載雍山川名勝、歷代沿革、人物藝文等類，分爲六門。

三山志〔一〕四十卷

宋梁克家著。清源人。刊本。　是書考無諸〔二〕以來遺跡故俗、建都建康後累代因革〔三〕之由，益以聞見，凡分九類。

〔一〕「三山志」原誤作「三國志」，據《四庫總目》、《浙江採集遺書總録》《淳熙三山志》條改。
〔二〕「諸」字原爲空白，據《浙江採集遺書總録》補。
〔三〕「革」原誤作「草」，據山大本改。

華陽國志十二卷

宋知成都府李塈〔一〕輯。抄本。　是書本常璩原志，取各史訂正〔二〕缺譌〔三〕，重爲編次。

〔一〕「李塈」原作「李堅叔」。考《四庫總目》云：「是書又於殘闕之餘李垩爲之補綴竄易，非盡璩之舊矣。」「垩」即「塈」字。又臺灣《「國立中央圖書館」善本序跋集録》載明鈔《華陽國志》，有丹陵李塈叔廑甫序，則李塈爲名，字叔廑。今據以改。

南畿志六十四卷

明監察御使聞人詮等輯。餘姚人。刊本。

是書係明代南直隸通省志乘〔一〕，分府編輯。

〔一〕「正」原誤作「王」，據科圖本改。

〔二〕「乘」原誤作「棄」。

〔三〕「譌」原作「僞」，據山大本、科圖本改。

海鹽圖經十六卷

明胡震亨〔一〕輯。海鹽人。刊本。

是書自方域至雜識，分門編次。

〔一〕「胡震亨」原誤作「胡應粦」，據《四庫總目》、《中國古籍善本書目》改。

闕里志二十四卷

國朝衍聖公孔允植輯。刊本。

是書紀闕里祀〔一〕典、禮樂、文獻，以及世系〔二〕傳授原委。

〔一〕「祀」下原衍「要」字，據山大本删。

〔二〕「系」原誤作「累」。

闕里廣志二十卷

國朝典籍宋慶長輯。刊本。

是書因舊志原本，考典徵文，重加甄揮，廣其未備。

宗聖志十二卷

國朝孔允植輯。刊本。　是書紀述世次及祀典、封典，與《闕里志》相爲表裏。

南雍志二十四卷

明南京祭酒黄佐著。南海人。刊本。　是書詳志南京國學規制，畧仿史例，分事紀四〔一〕、職官表二、雜考十有二、列傳六。

〔一〕「事紀四」原誤作「史紀曰」，據山大本、《四庫總目》改。

嶽麓志八卷

國朝同知趙寧輯。山陰人。刊本。　是書志書院始末，並及附近山水名勝。

白鷺洲書院志二卷

明甘雨〔一〕輯。永新人。刊本。　是書志書院始末，凡分十三門。院在吉安府境。

〔一〕「雨」原誤作「南」，據《千頃堂書目》、《四庫總目》改。

浦江志畧八卷

明知縣毛鳳〔一〕韶輯。麻城人。刊本。　是書分列八門，略依史例，大〔二〕書提綱，分書條目。

〔一〕「鳳」原誤作「儀」，據《四庫總目》、《中國古籍善本書目》改。

〔二〕「大」原作「文」，據《浙江採集遺書總録》改。

雲間志略二十四卷

明何三畏〔一〕輯。華亭人。刊本。是書紀明代松江一郡名勝、人物、事跡，爲傳三百三十有四。

〔一〕「畏」原誤作「長」，據《四庫總目》《何氏類鎔》條、《中國古籍善本書目》改。

長河志籍考十卷

國朝郎中田雯著。德州人。刊本。是書雜記德州故跡舊事。自序謂仿孟元老《夢華録》、楊衒之〔一〕《伽藍記》之體。

〔一〕「之」字原脱。

泉南雜記二卷

明迪功郎陳懋〔一〕仁著。秀水人。刊本。是書雜録泉州山水、事跡，間附詩文。

〔一〕「懋」原誤作「樊」，據山大本、《千頃堂書目》、《四庫總目》改。

西事珥〔一〕八卷

明魏濬〔二〕著。定溪人〔三〕。刊本。是書詳載五嶺故實，分類編次。

〔一〕「珥」原誤作「珇」，據《千頃堂書目》、《四庫總目》改。

〔二〕「濬」原誤作「璿」，據山大本、《千頃堂書目》、《四庫總目》改。

〔三〕「定溪」，《千頃堂書目》、《四庫總目》作「松溪」。

呂梁洪志九卷

明主事王應時輯。晉安人。刊本。　是書紀呂〔一〕梁洪設官以來建置事宜，並採古今詩文，綴集成編。

〔一〕「呂」字原脱，據山大本補。

尊鄉録節要四卷

不著撰人姓名。抄本。　是書節録謝鐸《尊鄉録》本紀台州人物。分四門，曰〔一〕十大〔二〕儒，曰五大臣〔三〕，曰六忠臣，曰十五孝子。

〔一〕「曰」原誤作「四」。
〔二〕「大」字原爲空白，據《四庫總目》補。
〔三〕「臣」原誤作「經」，據《四庫總目》改。

敬鄉録十四卷

元〔一〕吴師道著。浦江人。抄本。　是書以宋紹興間婺〔二〕守洪遵所志人物間有缺譌，重爲編次。

〔一〕「元」原誤作「明」，據《千頃堂書目》、《四庫總目》改。
〔二〕「婺」字原爲空白，據《四庫總目》補。

潤洲先賢録六卷

明知府姚堂著。四明人。刊本。　是書分高風、忠節、相業、直諫〔一〕、德望、文學六門。

〔一〕「直諫」原爲空白，據《四庫總目》補。

姑蘇名賢小紀二卷

明文震孟著。長洲人。刊本。　是書紀明代蘇郡諸人事跡，自高啓起迄王敬臣止。

吴中往哲記一卷

明楊循〔一〕吉著。吴郡人。刊本。

〔一〕「循」原誤作「緒」，據《千頃堂書目》、《四庫總目》改。

續吴中往哲記一卷補遺一卷

明黄魯曾著。吴郡人。刊本。　以上二書均係元、明以來吴中人物，分類編次。

崑山人物志十卷

明方鵬著。崑山人。刊本。　是書紀崑山古今人物，自節行至雜志，凡十類。

韓柳年譜一册

刊本。　是書《韓文類譜〔一〕》七卷，係宋魏仲舉集吕大防、程俱、洪興〔二〕祖三家所撰，彙爲一編。《柳文年譜》一卷，係宋文安禮所輯。

〔一〕「譜」原誤作「詩」，據《四庫總目》及《中國叢書綜録》《韓文類譜》條改。

〔二〕「興」原誤作「與」，據《四庫總目》改。

名山諸勝一覽記十六卷

明山泉〔一〕輯。歸安人，刊本。　是書因何鏜《遊名〔二〕山記》重加增删，體例亦有異同。

〔一〕「山泉」爲「慎蒙」字。《四庫總目》《天下名山諸勝一覽記》條云：「明慎蒙撰。蒙字山泉，歸安人。」

〔二〕「名」原誤作「石」，據《千頃堂書目》、《北京圖書館普通古籍總目》改。

華嶽全集十三卷

明華陰知縣馬〔一〕明卿輯。貴陽人。刊本。　是書詳紀名勝，所採題詠居多。

〔一〕「馬」字原爲空白，據《四庫總目》補。

恒岳志三卷

國朝大同知府蔡永華等輯。東莞人。刊本。　是書志北岳形勝，分爲十紀，各系以圖。

衡岳志十三卷

明衡山知府彭簪〔一〕輯。安成人。刊本。　是書本嘉靖舊志，重加脩纂。

〔一〕「簪」原誤作「著」，據《千頃堂書目》、《四庫總目》改。

天目山志四卷

明徐嘉泰〔一〕著。循〔二〕州人。刊本。　是書係〔三〕明萬曆間纂，前有圖〔四〕考。

〔一〕「泰」原誤作「奏」，據《千頃堂書目》、《四庫總目》改。

〔二〕「循」字原爲空白，據《千頃堂書目》、《四庫總目》補。

〔三〕「係」原作「本」，據山大本改。

〔四〕「圖」字原爲空白，據浙江圖書館藏舊鈔本《天目山志》補。

齊雲山志五卷

明休寧知縣魯點輯。南漳人。刊本。是書紀齊雲形勝，所收藝文加詳。

雞足山志十卷

國朝總督范承勳輯。瀋陽人。刊本。是書志雞足山始末，山在滇西，爲迦葉尊者所開〔一〕。

〔一〕「開」原作「聞」，據山大本、科圖本改。

西樵山志六卷

國朝羅國器輯。羅浮人。刊本。是書紀西樵山勝跡，山在粤之南海縣境。

青原山志畧十三卷

國朝侍讀施閏章輯。宣城人。刊本。是書因釋大然原稿加以删訂，山爲七祖所開道場。

峩眉山志十八卷

國朝知縣蔣〔一〕霖輯。清源人。刊本。是書詳紀峩眉名勝並祀典及仙釋事跡，後附詩文。

〔一〕「蔣」原誤作「翼」，據《浙江採集遺書總録》、《四庫存目標注》改。

峩眉志畧一卷

國朝參議張能鱗著。順天人。刊本。是書分條録紀，以補舊志所未備。

雁山志四卷

明胡汝寧校。南昌人。刊本。　是書詳于名勝、題詠，略于人物、土産。本嘉靖間舊志，汝寧重爲校梓。

七星巖志十六卷

國朝肇高道韓〔一〕作棟輯。關中人。刊本。　是書志粤中〔二〕定山名勝，因蘇景熙等舊志重加增輯。

〔一〕「韓」原誤作「諱」，據《四庫總目》改。

〔二〕「中」原誤作「平」，據山大本、科圖本改。

龍唐山志五卷

國朝釋性制輯。抄本。　是書紀昌化縣境内龍唐山名勝靈跡。

黄海五十八卷

潘之恒輯。徽州人。刊本。　是書志黄山勝跡。分爲六紀，旁採道籙釋藏。

惠陽山水紀勝四卷

國朝惠州知府吴騫著。當塗人。刊本。　是書紀粤東惠州羅浮山、西湖名勝，各有圖説，並載詩〔一〕文。

〔一〕「詩」字原爲空白，據科圖本補。

岳陽紀勝彙編四卷

明按察副使張振先輯。錢塘人。刊本。是書彙録屈原以下騷賦、詩歌、序記、碑傳等作，以洞庭爲主，君山次，樓居附焉。

普陀山志十五卷

國朝編修裘璉輯。慈谿人。刊本。是書因舊志陋略，于康熙間重加蒐輯。

天台山志三十卷

明僧無盡著。刊本。是書分三〔一〕十卷，無盡自題曰《天台方外志》，所紀釋家事居多。

〔一〕「三」原誤作「二」。

天台續集三卷

刊本。是書專録詩歌。前二卷係宋李〔一〕子長編，後一〔二〕卷林師蔵〔三〕等所續。

〔一〕「李」原誤作「季」。按，《四庫總目》、《中國古籍善本書目》均作「李庚」，《四庫總目》稱「庚字子長」。

〔二〕「一」原誤作「二」，據《四庫總目》改。

〔三〕「林師蔵」原誤作「林思藏」，據《四庫總目》、《中國古籍善本書目》改。

西湖遊覽志三十四卷志餘二十六卷

明田汝成撰。錢塘人。刊本。是書前志挈綱統目，敘列山川勝跡，其繁文碎事採入《志餘》。

曹溪通志八卷

國朝按察使馬元輯。三韓人。刊本。　是書詳于曹溪澤派，兼及形勝，并附詩文。

曹江孝女〔一〕廟志十卷

國朝按察使沈志禮輯。上虞人。刊本。　是書紀東溪孝女曹娥靈跡，并附詩文。

〔一〕「女」原誤作「子」，據科圖本、《四庫總目》改。

麻姑洞天〔一〕志十六卷

明左〔二〕宗郢輯。寧波人。刊本。　是書紀麻姑靈跡及丹霞形勝，後附詩文。

〔一〕「天」字原無，據山大本、《浙江採集遺書總録》補。

〔二〕「左」原誤作「佐」，據《千頃堂書目》《麻姑山志》條、《四庫總目》《麻姑山丹霞洞天志》條改。

高麗圖經四十卷

宋奉〔一〕議郎徐兢著。歷陽人。抄本。　是書係兢奉使高麗時，紀其立國始末及制度風俗，于宣和間表進。

〔一〕「奉」原作「奏」，據山大本、《四庫總目》《宣和奉使高麗圖經》條改。

海表奇觀八卷

古譚吏隱主人輯。刊本。　是書載海外山川、物産并各家題詠，未詳撰述姓名。

使琉球録一卷

明給事中蕭崇業著。臨安縣人。刊本。　是書係明神宗朝崇業奉使中山時所録。

行邊紀聞一册

明田汝成撰。錢塘人。刊本。　是書紀廣西、雲南各土司始末，及蠻種部落風俗。

土官〔一〕底簿二卷

不著撰述姓名。抄本。　是書紀載明代土司承襲文稿案〔二〕簿。

〔一〕「官」原誤作「宫」，據山大本、《千頃堂書目》、《四庫總目》改。

〔二〕「案」原作「等」，據山大本改。

翰苑新書前集七〔一〕十卷後集二十六卷又六卷續集四十二卷别集十二卷

抄本。　是書分部編輯，提要纂註各從其類。明陳文燭〔二〕序之。此編爲宋人所作，向無梓本，不著撰人姓氏。

〔一〕「七」原誤作「志」，據《四庫總目》、《浙江採集遺書總録》改。

〔二〕「明陳文燭」原誤作「陳明文濁」，據《四庫總目》、《浙江採集遺書總録》改。

錦繡〔一〕萬花谷前集四十卷後集三十九卷續集四十卷别集三十卷

刊本。　是書薈萃經史百家，分類編次。前有宋淳熙間撰書人自序，不著姓名。

〔一〕「繡」原誤作「縮」，據科圖本、《四庫總目》改。

裁纂類函一百六十卷

元周宏道輯。廬陵人。抄本。　是書自帝王部起至總録部止，凡分二十二門。裁纂史事，各以類從。前有虞集序。

楊氏六帖補二十卷

宋楊伯嵒輯。代郡人。抄本。　是書纂輯各類，以補白居易、孔傳〔一〕《六帖》所未備。

〔一〕「傳」下原衍「世」字，據科圖本刪。

海録碎事二十二卷

宋泉州守葉廷珪〔一〕。刊本。　是書初名《一四録》，摘取羣籍中碎事繁文，自一字至四字以類編次，後改今名。凡分門百七十有五。

〔一〕「葉廷珪」原誤作「藥廷瑾」，據《四庫總目》、《中國古籍善本書目》改。

廿一史識餘三十二卷補遺一卷

明張墉著。錢塘人。刊本。　是書摘採各史故實，分類纂次。

群書〔一〕集事四十七卷

刊本。　是書明太〔二〕傅謝遷序稱國初人所〔三〕輯〔四〕，不著姓名。採集羣史自春秋戰國訖五代止。

〔一〕「書」原誤作「賢」，據《千頃堂書目》、《四庫總目》《群書集事淵海》條改。
〔二〕「太」原誤作「本」，據湖北省圖書館藏明弘治十八年賈性刻本《群書集事淵海》改。
〔三〕「所」原誤作「初」，據山大本、科圖本改。
〔四〕考明弘治十八年賈性刻本《群書集事淵海》，序稱「國初人所輯」者乃李東陽，謝遷序稱「不著名氏，豈元末喪亂之際窮居避世而託志於文字以終其身者？」

太史華〔一〕句八卷

明淩迪知輯。吳興人。刊本。　是書仿林越《漢雋》之例，取《史記》華〔二〕句，分門編輯。

〔一〕「華」原誤作「釋」，據《千頃堂書目》、《四庫總目》改。
〔二〕「華」原誤作「釋」，今改正。

兩〔一〕漢雋言十六卷

刊本。　是書前集十卷，係宋括蒼林越所輯《漢雋》，後集六卷，係明淩迪知〔二〕仿林書之例續採范史雋語。

〔一〕「兩」原誤作「西」，據《四庫總目》、《中國古籍善本書目》改。
〔二〕「知」字原脱，據《四庫總目》、《中國古籍善本書目》補。

南朝史精語十卷

宋學士洪邁著。番陽人。抄本。　是書摘取《南史》雋語。

文選雙字類要三卷

宋學士蘇易簡〔一〕。刊本。　是書摘録《文選》字法，比而屬之。爲門四十，爲類五百。

〔一〕「簡」原誤作「蘭」，據《四庫總目》、《中國古籍善本書目》改。

修辭指南二十卷

明國子監助教浦南金輯。東海人。刊本。　是書彙《爾雅》、《左腴》、《漢雋》、《書敘〔一〕》四縮〔二〕而釐補之。以部統類，以類統編。

〔一〕「書敘」原作「敘」，據山大本改。《四庫總目》該條云：「是編取《爾雅》、《左腴》、《漢雋》、《書敘指南》四書，彙爲一編。」

〔二〕「縮」當作「編」。

考古辭宗二十卷

明提學況叔祺〔一〕輯。高安人。刊本。　是書增益浦南金之書，分部〔二〕二十、類四十、篇〔三〕八百有二。

〔一〕「祺」原誤作「洪」，據《千頃堂書目》、《四庫總目》改。

〔二〕「部」原誤作「類」，據北京圖書館藏明嘉靖四十一年巫繼咸刻本《考古辭宗》改。

〔三〕「篇」原誤作「類」，據山大本、科圖本改。

靳史三十卷

明孝廉查應光著〔一〕。休寧人。刊本。　是書專取群籍所載逸事、單詞、微文、碎義，自三代迄元、明，按世次先後編輯。

〔一〕「著」原作「書」，據山大本、科圖本改。

辨隱録四卷

明趙鳳〔一〕翀著。蘭江人。刊本。　是書採取各書隱〔二〕逸之事，以類編次。

〔一〕「鳳」原誤作「風」，據《千頃堂書目》、《四庫總目》改。

〔二〕「隱」字原爲空白，據山大本、《四庫總目》補。

廣博物志五十卷

明董斯張輯。湖州人。刊本。　是書博採群籍以廣張華所未備。

教養全書四十一卷

國朝應撝謙著。錢塘人。抄本。　是書畧仿《通考》之例，自選舉考至鹽法考凡十門。

格致鏡原〔一〕一百卷

國朝陳訏〔二〕輯。海寧人。刊本。　是書考訂事物，每紀一門，必究其原委，詳其名號。凡詩賦、故事，俱在所畧。

〔一〕「格致鏡原」原誤作「格至竟原」，據山大本、《四庫總目》、《中國叢書綜録》改。

〔二〕「陳訏」《四庫總目》、《中國叢書綜録》、《中國古籍善本書目》均作「陳元龍」。

四六叢珠〔一〕彙選十卷

明當塗教諭王明嶅輯。晉〔二〕江人。刊本。　是書本宋葉氏原編，復取其精語，分聯摘〔三〕句，彙而録之。

〔一〕「四六叢珠」原誤作「四大聲殊」，據《四庫總目》改。

〔二〕「晉」字原爲空白，據《四庫總目》補。

〔三〕「摘」字原爲空白，山大本作「捐」。《浙江採集遺書總録》云：「本宋葉氏原編，復取其精語，分聯摘之。」據以補。

類雅二十卷

不著撰述姓名。抄本。　是書分類纂言，略仿高似孫《緝略》體例。

驪珠隨録五卷

明楊儀著。常熟人。刊本。　是書雜録古來逸事、雋語，凡習見者俱不載。

詞海遺珠二卷

明勞堪著。潯陽人。刊本。　是書體例與《驪珠隨録》相仿，眕〔一〕載不同。

〔一〕「眕」疑當作「所」。

回文類聚五卷

刊本。　是書本宋桑世昌纂，明張之象增輯，國朝朱存孝〔一〕更爲續採，釐次成帙。

〔一〕「朱存孝」原誤作「朱考存」，據《四庫總目》改。

姓源珠璣六卷

明文淵閣纂修官楊伶民著。江陰人。刊本。　是書輯前人事蹟，各附于其姓，而以音韻譜之。又分類八十一，别著目録。

姓匯〔一〕四卷

明知州陳士元輯。應城人。刊本。　是書考訂自上古以來得姓受氏源流，凡二千〔二〕五百餘姓。

〔一〕「匯」字原爲空白，據《千頃堂書目》、《四庫總目》補。

〔二〕「千」原誤作「十」，據山大本、科圖本改。

姓觿十卷

明陳士元著。刊本。　是書分類編姓，與《姓匯〔一〕》互爲經緯。後有附録。

〔一〕「匯」原爲空白，山大本作「滙」。據《浙江採集遺書總録》補。

名疑四卷

明陳士元輯。刊本。　是書專録古人姓名異同，以志闕疑之意。

奇姓通〔一〕十四卷

明舉人〔二〕夏樹芳撰。江陰人。刊本。　是書仿洪邁〔三〕、楊慎之體，分韻類音，並誌事蹟。

〔一〕「通」原誤作「道」，據《千頃堂書目》、《四庫總目》改。

〔二〕「舉人」原誤作「夅人」，據山大本、《千頃堂書目》及《四庫總目》《栖真志》條改。

〔三〕「邁」原誤作「道」，據《浙江採集遺書總録》改。

小字録七卷

宋陳思著。錢塘人。刊本。　是書首卷係陳思本，後六卷明沈弘正輯補其缺。

金石例十卷

元翰林學士潘昂霄著。河南人。刊本。　是書首述銘志之始，次述韓文體例，末二卷爲先正格言、史院凡例。

吟窗雜録四十卷

宋學士陳應行編。刊本。　是書彙録古人所著詩，詳詩格、詩圖等類，分時代先後編次。

王公四六話二卷

宋王銍著。汝陰人。刊本。　是書係銍取其父所論詩賦法度及前輩語言。

騷略三卷

宋高似孫著。鄞縣人。刊本。　是書係似孫擬騷之作。

天厨禁〔一〕臠三卷

宋釋惠洪〔二〕著。抄本。　是書論作詩□法、自法〔三〕、隸事、押韻等法。

〔一〕「禁」原誤作「集」，據《四庫總目》、《中國古籍善本書目》改。

〔二〕「宋釋惠洪」原作「元釋其覺」，據《四庫總目》、《中國古籍善本書目》改。

〔三〕「□」山大本作「聯」，據内容當作「聯」字，科圖本脱。「自」據内容當作「句」。

冰川詩式十卷

明梁橋著。真定人。刊本。　是書詳論各體詩格。

詩藪十二卷

明胡應麟著。蘭谿人。刊本。　是書採集各説，考論詩學源流。以時代先後爲次。

墨藪二卷

唐韋〔一〕續著。刊本。　是書紀歷代書法原委暨各家評論。後附《法帖音釋刊誤》。

〔一〕「韋」原誤作「常」，據《四庫總目》、《中國古籍善本書目》改。

寶刻叢編〔一〕二十卷

宋陳思〔二〕輯。錢塘人。抄本。　是書博採碑誌，以《九域》郡縣爲綱，而各系其文于下，並載各家考證。

〔一〕「叢編」原誤作「衆論」，據山大本、《四庫總目》、《中國古籍善本書目》改。

〔二〕「陳思」二字原誤倒，據《四庫總目》、《中國古籍善本書目》改。

歷代鐘鼎彝器款識法帖二十卷

宋薛尚功著。抄本。　是書載夏、商、周、漢彝器法物，彙爲圖篆。

考古圖十卷

宋吕大臨著。刊本。　是書考古鼎、鐘、鬲、釜以至環珮之屬，每圖各系以説。元大德間陳翼子因〔一〕吕本重修。

〔一〕「因」原作「罔」，據山大本、科圖本改。

墨池璅録四卷

明修撰楊慎著。新都人。刊本。　是書採輯古人書評。

書法會編三卷

明舉人張夢錫著。慈谿人。刊本。　是書析論點畫波磔〔一〕等法，分門類次。

〔一〕「磔」原誤作「砌」。

筆玄要旨一卷

明諸生徐渭著〔一〕。山陰人。刊本。曝書亭收藏。

〔一〕「著」字原脱，據山大本、科圖本補。

筆道通會一卷

明項道民著。秀水人。刊本。　以上二書俱論作書運筆如波磔〔一〕□〔二〕捺之法。

〔一〕「磔」原誤作「碶」。

〔二〕「□」原爲空白，疑當爲「撇」字。

游鶴堂墨藪二卷

明周之〔一〕士著。齊興人。刊本。曝書亭收藏。　是書詳載書學、書評。

〔一〕「之」原誤作「文」，據《千頃堂書目》、《四庫總目》改。

金薤琳瑯二十卷

明太僕卿都穆著。吳郡人。刊本。　是書備載周秦以來至隋唐各碑誌，證其缺譌。

金石林時地考一册

明趙均輯。長洲人。抄本。　是書紀所見金石、碑刻，以郡省、時代爲次序。

書法雅言一册

明項穆著。秀水人。刊本。　是書論次作書規法，凡十七篇。

金石史二卷

國朝郭宗昌著。關中人。抄本。　是書記周秦漢唐碑銘，附以辨證。

嵩陽石刻集記二卷

國朝知縣葉封〔一〕著。楚黄人。刊本。

是書係宰登封時彙録邑中碑刻，自爲評隲。

〔一〕「葉封」原誤作「禁村」，據科圖本、《四庫總目》、《明清進士題名碑録索引》改。

天發神讖碑釋文一卷

國朝周在浚輯。祥符人。抄本。

是書紀五元縣吳皇象〔一〕所書天璽碑始末。

〔一〕「象」原誤作「索」，據科圖本、《四庫總目》改。

歷代畫家姓氏韻編六卷

顧仲清著。嘉興人。抄本。

是書以韻編姓，各著其籍。

畫法年紀一册

國朝郭礎著。刊本。

是書録自晉迄國朝畫家姓名、里籍，并各著所長。後載書品及諸評論。

墨譜三卷

宋李孝美著。趙郡人。刊本。

是書分圖、式、法三卷，敘次祖氏〔一〕以〔二〕下數十家，形製頗備。

〔一〕「氏」原作「民」，據《四庫總目》改。

〔二〕「以」原誤作「於」，據山大本、科圖本改。

方氏墨譜六卷

明方于魯輯。歙縣人。刊本。

是書首列〔一〕雜文，下分國寶、國華、博古、博物、法寶、鴻〔二〕寶六類。

〔一〕「首列」原作「著刻」，據《浙江採集遺書總録》改。

〔二〕「鴻」原誤作「鳴」，據山大本、《四庫總目》改。

程氏墨苑三十三册

明程君房〔一〕輯。歙縣人。刊本。是書仿方于魯《墨譜》，分六類編次，曰玄工〔二〕、曰輿地、曰人官、曰物華、曰儒藏、曰緇黄。

〔一〕「房」原誤作「方」，據科圖本、《千頃堂書目》、《四庫總目》改。

〔二〕「玄工」原作「元上」，據北圖藏明萬曆程氏滋蘭堂刻《程氏墨苑》及《四庫總目》改。

程氏墨史二册

國朝程義著。歙縣人。刊本。是書備載詩文，後附《悟雪齋墨目》。

閒居録一卷

元吾丘衍著。錢塘人。抄本。是書雜記見聞，間多考古。

收賞硯譜一卷

明文博著〔一〕。爲程人。刊本。是書記硯材〔二〕所産，并形製、品目。

〔一〕《浙江採集遺書總録》著録《欣賞硯譜》一卷，明茅康伯撰，温博序，與此當係一書。

〔二〕「材」原作「枋」，據科圖本改。

素園石譜四卷

明林有麟著。雲間人。刊本。　是書檢取群籍中如壺中九華、寶晉齋研山之類，各爲寫形題詠。

印人傳三卷

國朝侍郎周亮工著。祥符人。刊本。　是書記所見古今私印，各係以傳，旁考軼事。

新增格古要論十三卷

明曹昭著，王佐增編。刊本。　是書論列金石、書畫、琴硯、文房器具。

分宜清玩籍一卷

抄本。　是書係明嚴嵩籍没〔一〕時官簿，録古今碑帖、書畫之類爲此編。

〔一〕「没」原誤作「設」，據山大本改。

青蓮舫琴雅三卷〔一〕

明林有麟著。松江人。刊本。　是書琴式一卷，採古今論琴之語及題詠詩作二卷。

〔一〕「三卷」山大本、《四庫總目》作「四卷」。

德音琴譜十卷

國朝汪天榮著。新安人。刊本。　是書〔一〕歷代琴家派别及音調制度原委。

〔一〕「書」下當有脱文。

茶董二卷

明夏樹芳著。松江人。刊本。　是書論次茶事，自謂品別〔一〕淄澠〔二〕，判若南董，遂以名篇。

〔一〕「别」原誤作「列」，據《浙江採集遺書總録》改。

〔二〕「澠」原誤作「流」，據《浙江採集遺書總録》改。

茶史二卷

國朝劉源長著。刊本。　是書採陸羽、裴汝以下諸家之説，分類條記。

多能鄙事三卷

明太史劉基著。青田人。刊本。　是書詳于服食、器用、醫藥、農圃〔一〕之事。

〔一〕「圃」原誤作「國」，據山大本、《四庫總目》改。

枕中秘二册

明衛泳著。刊本。　是書分十九門，品列賞玩、書史以至飲饌、修養諸事。

壽親養老〔一〕新書四卷

宋承奉郎興化縣令陳直撰。刊本〔二〕。　是書載四時調攝諸事，元鄒鉉重爲增廣。

〔一〕「老」原誤作「志」，據山大本、《四庫總目》改。

〔二〕「刊本」下原有「之據」二字，山大本則作「元拔」，當爲衍文，今删。

廣文選六十卷

明副都御史劉節著。大庾人。刊本。

是書補録漢、魏、六朝之作，以廣蕭《選》所未備。

續文選三十二卷

明湯[一]紹祖輯。海鹽人。刊本。

是書[二]宋昭明以後迄于明代，凡類似《選》體俱録之。

〔一〕「湯」原誤作「楊」，據《四庫總目》、《浙江採集遺書總録》改。

〔二〕「書」下疑有脱文。

古詩類苑一百三十卷

明布政使經歷張之象輯，雲間俞顯[一]卿補。刊本。

是書悉録上古迄陳、隋之詩，以類編次。

〔一〕「顯」原誤作「鎮」，據《四庫總目》、《中國古籍善本書目》改。

文苑英華鈔十册

宋高似孫輯。鄞縣人。刊本。宋板。

是書節録《文苑英華》精語，分甲乙丙丁四集，後附彭叔夏《辨證》十卷。

古文集成甲集六卷乙集八卷丙集七卷丁集九卷戊集八卷己集八卷庚集八卷辛集七卷壬集八卷癸集九卷

宋盧陵王霆震編。刊本。宋板。

是書分門編次，集録宋儒諸家評語。

崇古文訣十七卷

宋樓昉輯。刊本。宋板。　是書選録自秦、漢迄宋諸體文。傍〔一〕列評語，題曰「迂齋先生標注」。前有寶慶間姚埏序。

〔一〕「傍」原作「榜」，據山大本、科圖本改。

萬首唐人絶句四十卷

宋洪邁輯。刊本。　是書彙録五、七言絶句〔一〕，多明黄習遠增補，不盡〔二〕邁之原本。

〔一〕「句」下原有空白，山大本作「兩」，亦不通。

〔二〕「不盡」原誤作「本晝」，據《浙江採集遺書總録》改。

聖宋文選三十二卷

不著撰人姓名。抄本。　是書録宋人文凡〔一〕十四家，始歐陽修迄陳瑩〔二〕中。

〔一〕「凡」原作「九」，山大本作「凡」，《四庫總目》《宋文選》條亦云：「所選皆北宋之文，自歐陽修以下十四人。」據以改。

〔二〕「瑩」字原爲空白，據《浙江採集遺書總録》補。

宋詩鈔二十二册

國朝吴之振輯。石門人。刊本。　是書鈔宋人詩，自王禹偁《小畜集》起至費〔一〕氏《花蕊集》，凡百家。内有原缺數卷。

〔一〕「費」字原爲空白。《中國叢書綜録》著録《宋詩鈔初集》，清吕留良、吴之振、吴爾堯輯，子目起王禹偁《小畜集鈔》，終費□《花蕊詩鈔》。據以補「費」字。

宋十五家詩選八册

國朝陳訏輯。海寧人。刊本。是書分家選録，始梅堯臣終文天祥。

天下同文五十卷

元周南〔一〕瑞輯。廬陵人。刊本。是書雜録元代各體詩文〔二〕，間有缺文。

〔一〕「南」原誤作「向」，據《四庫總目》、《中國古籍善本書目》改。

〔二〕「文」原誤作「史」，據《浙江採集遺書總録》改。

古樂府十卷

元左克明輯。豫章人。刊本。是書凡分八門，始古歌謡辭，終以雜曲。

古今風謡一册

明楊慎輯。成都人。刊本。曝書亭收藏。是書編録經籍中謡諺，各注其所出。

五倫詩選十二卷

元沈易輯。雲間人。抄本。是書録古今詩之有繫于五倫者。原目内集五卷，外集七卷。今所存止〔一〕内集。係趙昱小山堂本，從曝書亭抄得者。

〔一〕「止」原誤作「正」。據科圖本改。

國雅二十卷

明顧起綸輯。蘇州人。刊本。　是書選明代人詩，分家編録。前有《品論》一卷。

溯洄〔一〕集十卷

國朝大學士魏裔介輯。柏鄉人。刊本。　是書係選國初人詩。

〔一〕「洄」原誤作「泗」，據山大本、《四庫總目》改。

成都文類五十卷

宋寶文閣學士袁説友輯。建安人。刊本。曝書亭收藏。　是書斷自漢以下，迄于淳熙。凡文之有繫成都〔一〕者悉録之，類爲十一目。

〔一〕「成都」原誤作「益都」。

閩南唐〔一〕雅十二卷

明費道用〔二〕輯。石阡人。刊本。　是書考唐人之系閩産者，卷録其詩，分家編文。

〔一〕「唐」原誤作「堂」，據山大本、《四庫總目》、《中國古籍善本書目》改。

〔二〕「用」原誤作「周」，據《四庫總目》、《中國古籍善本書目》改。

嶺南五朝詩〔一〕選三十五卷

國朝黄登輯。番禺〔二〕人。刊本。　是書選嶺南名〔三〕宦人物之詩，自唐、宋、元、明迄國朝止。

〔一〕「詩」原誤作「語」，據《四庫總目》、《中國古籍善本書目》改。

〔二〕「禺」原誤作「禹」。

〔三〕「名」原誤作「多」，據山大本、《四庫總目》改。

廣東詩粹十二卷

國朝梁〔一〕善長輯。順德人。刊本。　是書録唐張九齡以下迄今凡四百十三家詩。

〔一〕「梁」原誤作「良」，據《四庫總目》、《中國古籍善本書目》改。

古杭雜記詩集四卷

不著撰人姓名。抄本。　是書雜録南宋〔一〕逸詩及歌謡等作，各紀實事于題下。

〔一〕「宋」原誤作「京」，據山大本改。

婺賢文〔一〕軌四卷

明戚雄輯。金華人。抄本。　是書選録金華一郡宋、元、明人之文。

〔一〕「文」原誤作「之」，據《四庫總目》、《中國古籍善本書目》改。

金華詩粹十二卷

明阮元聲輯。滇南人。刊本〔一〕。　是書録金華一郡人詩，自梁劉孝標以下至明代止〔二〕，分體編次。

〔一〕「聲」至「本」七字原脱，據山大本、科圖本補。

〔二〕「止」原誤作「至」，據山大本、科圖本改。

崑山雜詠〔一〕二十八卷

明俞允文編。河間人。刊本。　是書本宋龔立道初纂，明嘉靖間王綸續纂，允文復合二家而增廣之。

〔一〕「詠」原誤作「録」，據《千頃堂書目》、《四庫總目》改。

松風餘韻五十卷

國朝姚宏緒輯。刊本。　是書録松江一郡自晉迄明諸家詩，則〔一〕附閨秀、方外一卷於末。

〔一〕「則」疑當作「別」。

練音集補四卷

明博士翟校輯，國朝王輔銘補。刊本。　是書録嘉定一縣宋、元、明諸人之詩，其〔一〕官于嘉定者別列卷首。後附二卷，係流寓及題贈之作。

〔一〕「其」原誤作「具」，據山大本改。

國朝練音初集十卷又附一卷

國朝王輔銘〔一〕輯。刊本。　是書選録嘉定縣國初諸人之詩。

〔一〕「銘」原誤作「銀」，據山大本、《四庫總目》改。

河汾諸老詩一册

元房琪輯。刊本。是書係録金、元間遺老麻革、張宇〔一〕等八人之〔二〕詩，皆與元好問游從唱酬者。

〔一〕「麻革、張宇」原作「麻張彦」，山大本、科圖本則作「麻革、張彦」。按，《四庫總目》《河汾諸老詩集》條云：「所編乃麻革、張宇、陳庚、陳颾、房暤、段克己、段成己、曹之謙八人之詩。」故原文中「麻」乃「麻革」之脱，「張彦」乃「張宇」之譌，今據以改正。

〔二〕「之」原誤作「文」。

玉山紀遊一册

元袁華編。汝陽人。抄本。是書録顧阿英、鄭元祐〔一〕諸家紀遊唱和之作。

〔一〕「祐」原誤作「姑」。按，《四庫總目》該條云：「所與遊者，自華以外，爲會稽楊維楨，遂昌鄭元祐……」原文「姑」當即「祐」形近之誤，今據以改正。

靜安八詠一册

元釋壽寧輯。抄本。是書彙録元代諸家題詠靜安寺八景之詩，錢鼒考據八詠事蹟。

豳風概一卷續一卷

明蔣如平〔一〕輯。東魯人。刊本。是書録邠州〔二〕歷代之詩。

〔一〕「平」《四庫總目》作「苹」。

〔二〕「郃州」原作「邵州」，據《四庫總目》、《浙江採集遺書總録》改。

啟雋類函一百卷

明俞安期著。東吳人。刊本。　是書彙輯自漢、魏迄元、明諸家駢體箋啓，分部編〔一〕次。

〔一〕「編」原作「篇」，據山大本、科圖本改。

唐宋元名〔一〕表上册三卷下册三卷

明尚書胡松輯。松陽人。刊本。　是書選唐、宋、元諸家表奏，分人類次。

〔一〕「名」原誤作「各」，據《四庫總目》改。

四六類編十六卷

明太僕寺卿李日華輯。秀水人。刊本。　是書專選各代名家駢體文，分類編輯，間有註釋。

書記洞詮〔一〕一百十二卷

明梅鼎祚輯。宣城人。刊本。　是書雜録史籍、碑記所載古人酬答書記。自周、秦迄陳〔二〕，以時代先後爲〔三〕次。

〔一〕「洞詮」原誤作「潤銓」，據《千頃堂書目》、《四庫總目》改。

〔二〕「陳」下原有「迄」字，據山大本、科圖本删。

〔三〕「爲」下原有「定」字，據山大本、科圖本删。

名公翰藻五十卷

明淩迪〔一〕知輯。吳興人。刊本。　是書採輯明代諸人酬答書記，自王鏊以下凡三百餘家。

〔一〕「迪」原誤作「延」，據《四庫總目》改。

古今寓言十二卷

明監察御史陳世寶輯。鉅鹿人。刊本。　是書録莊、列以降至於明代凡涉寓言之文，分類編次。

名媛彙詩二十卷

明鄭文昂〔一〕輯。關中人。刊本。　是書彙録閨媛之詩，以時代〔二〕先後爲次。

〔一〕「昂」原誤作「節」，據《四庫總目》、《中國古籍善本書目》改。

〔二〕「代」字原脱，據山大本補。

古今禪藻集三十八卷

明釋普〔一〕文輯。抄本。　是書彙録釋子詩，自晉迄明代止。

〔一〕「普」原誤作「晉」，據《四庫總目》、《中國古籍善本書目》改。

長江集十卷

唐參軍賈島著。范陽人。刊本。

盧户部集十卷

唐郎中盧綸〔一〕著。河中人。刊本。

〔一二〕「綸」原誤作「縉」，據《中國古籍善本書目》改。

以上唐人詩集。

靈隱子六卷

唐臨海丞駱賓王著。義烏人。刊本。

沈下賢集十二卷

唐沈亞之著。吴興人。抄本。

毘陵集二十卷

唐朝散大夫獨孤及著。洛陽人。刊本。

麟角集一册

唐御史王棨著。福唐人。抄本。

黄蒲陽集二册

唐御史黄滔著。蒲田人。抄本。

以上唐人詩文集。

舒文靖集一册

宋教授舒璘著。鄞縣人。抄本。

象山文集二十八卷外集四卷語録五卷

宋著作丞陸九淵著。金谿人。刊本。

以上宋人文集。

馮〔一〕安岳詩五卷

宋太師馮山著。普州人。抄本。

〔一〕「馮」原誤作「馬」，據《四庫總目》改。

以上宋人詩集。

范太史文集五十五卷

宋翰林學士范祖禹著。華陽人。刊本。

攻媿集一百二十卷

宋參知政〔一〕事樓鑰著。鄞縣人。抄本。

〔一〕「知政」二字原誤倒，據《四庫總目》樓鑰《范文正年譜》條改。

潘默成公集八卷

宋左司諫潘良貴著。金華人。刊本。

武溪集二十卷

宋左僕射余靖著。韶州人。刊本。

本堂先生文集九十六卷内缺〔一〕六卷

宋著作郎陳著撰。鄞縣人。抄本。

〔一〕「缺」原誤作「卷」，據山大本、《浙江採集遺書總録》改。

孫尚書文集七十卷

宋尚書孫覿著。蘭陵〔一〕人。抄本。

〔一〕「蘭陵」山大本作「南蘭陵」。

以上宋人詩文集。

吳文正公集四十九卷

元學士吳澄著。崇仁人。刊本。

白雲稿五卷

元朱〔一〕右著。天台人。抄本。

〔一〕「朱」原誤作「宋」，據《四庫總目》、《中國古籍善本書目》改。

以上元人文集。

天籟集二卷

元白樸〔一〕著。抄本。

〔一〕「樸」原誤作「璞」，據《四庫總目》、《中國古籍善本書目》改。

一山文集九卷

元翰林檢討李繼本著。東安人。抄本。

蒲室集十五卷

元釋大訢〔一〕著。抄本。

〔一〕「訢」原誤作「訴」，據山大本、《四庫總目》、《中國古籍善本書目》改。

桐嶼詩集四卷

元釋德祥〔一〕著。抄本。

〔一〕「德祥」原誤作「詳德」，據山大本、《四庫總目》改。

以上元人詩集。

瓊臺類稿七十卷

明大學士丘濬著。瓊州人。刊本。

莊渠遺書十六卷

明太常寺卿魏校著。崑山人。刊本。

奇遊〔一〕漫紀八卷

明光禄寺卿董傳策著。松江人。刊本。

〔一〕「遊」原誤作「避」，據《千頃堂書目》、《四庫總目》改。

東廓文集十二卷

明鄒守益著。安福人。刊本。

涇野先生文集十八卷

明南京禮部侍郎吕柟著。高陵人。刊本。

洹詞〔一〕十二卷

明禮部侍郎崔銑著〔二〕。安陽人。刊本。

〔一〕「詞」原誤作「洞」，據《千頃堂書目》、《四庫總目》改。

〔二〕「著」字原脱，據山大本補。

友〔一〕石先生詩集五卷

明中書舍人王紱〔二〕著。無錫人。刊本。

〔一〕「友」原誤作「文」，據山大本、《中國古籍善本書目》改。

〔二〕「紱」字原爲空白，據《中國古籍善本書目》補。

以上明人文集。

樂府遺音四卷

明瞿佑〔一〕著。錢塘人。刊本。

〔一〕「佑」原作「右」，據《千頃堂書目》、《四庫總目》改。

顧氏詩史十五卷

明顧正誼著。華亭人。刊本。

蘭亭集一册

明謝孔昭著。抄本。

恒軒詩集七卷

明韓經〔一〕著。山陰人。抄本。

〔一〕「經」原誤作「性」，據《千頃堂書目》、《四庫總目》改。

玉笥集八卷紀行一卷

明鄧伯言著。新淦人。抄本。

以上明人詩集。

蟣〔一〕蠓集五卷

明盧柟著。黎陽人。刊本。

〔一〕「蟣」原誤作「蟻」，據山大本、《千頃堂書目》、《四庫總目》改。

滄螺集十卷

明司業孫作著。江陰人。刊本。

龍溪全集二十一卷

明南京兵部職方司主事王畿著。山陰人。刊本。

東遊集一册

明縣丞黄金著。無錫人。抄本。

方麓居士集十一卷

明南京都察院右都〔一〕御史王樵著。金壇人。刊本。

〔一〕原無「都」字，據山大本、《浙江採集遺書總録》補。

石〔一〕門集二卷

明儒學訓導梁寅著。新喻人。刊本。

〔一〕「石」原誤作「右」，據山大本、《千頃堂書目》、《四庫總目》改。

忠貞文齋〔一〕公文集十一卷

明推官余祚徵著。永豐人。刊本。

〔一〕「齋」原作「齊」，據《四庫總目》《文齋文集》條改。

靈洞山〔一〕房集二卷

明尚書趙志皋著。蘭谿人。刊本。

〔一〕「山」原誤作「三」，據《四庫總目》、《中國古籍善本書目》改。

鳴盛集四卷

明員外郎林鴻著。三山人〔一〕。刊本。

〔一〕「三山人」原作「茶陵人」，據山大本、科圖本改。

董從吾集一册

明董澐著。茶陵人。刊本〔一〕。

〔一〕「董」至「本」十五字原脱，據山大本、科圖本補。

褒敏公集十五卷

明大學士張士治著。刊本。

泰泉集六十卷

明詹事黄佐著。香山人。刊本。

西村集八卷

明史鑑著。吳江人。刊本。

雙江文集十四卷

明尚書聶豹著。永豐人。刊本。

文肅公文集三十四卷

明刑部尚書何喬新著。廣昌人。刊本。

俟知堂集十三卷

明祭酒鄒守愚〔二〕著。福安人。刊本。

〔一〕「愚」原誤作「益」，據《千頃堂書目》、《中國古籍善本書目》改。

康齋文集十二卷

明處士吳與〔二〕弼著。崇仁人。刊本。

〔二〕「與」原誤作「興」，據《千頃堂書目》、《四庫總目》改。

渼〔一〕陂集十六卷

明郎中王九思著。鄠縣人。刊本。

〔一〕「渼」原誤作「漢」，據《千頃堂書目》、《四庫總目》改。

渼〔二〕陂續集三卷

明王九思著。刊本。

〔二〕「渼」原誤作「漢」，據《千頃堂書目》、《四庫總目》改。

歲寒集二卷

明尚書孫瑀著。德興人。刊本。

思玄集十六卷

明長沙府通判桑悦著。海虞人。刊本。

甔甀洞續稿十五卷

明提學副使吳國倫著。武昌人。刊本。

東所文集十三卷

明南京通政司參議張詡〔一〕著。番禺〔二〕人。

〔一〕「詡」原誤作「栩」，據《千頃堂書目》、《四庫總目》改。

〔二〕「禺」原誤作「禹」。

黄〔一〕介庵集十二卷

明户部尚書黄〔二〕淮著。永嘉人。刊本。

〔一〕「黄」原誤作「萬」，據山大本、《四庫總目》改。

〔二〕「黄」原誤作「王」，據《千頃堂書目》《介庵集》條、《四庫總目》改。

玉芝山房稿二十二卷

明兵備副使茅坤著。歸安人。刊本。

甘白集六卷

明工部郎中張適著。姑蘇人。抄本。

北郭集六卷

明左布政使徐賁著。蜀人。刊本。

羅近溪集六册

參政羅汝芳著。南城人。刊本。

宋布衣集二卷

明宋登春〔一〕著。新河人。刊本。

〔一〕「宋登春」原誤作「朱登青」，據《千頃堂書目》、《四庫總目》改。

繼志齋集十二卷附録一卷

明國子博士王紳著。義烏人。抄本。

北〔一〕觀集四卷山中集一卷南行集四卷東遊集一卷

明知縣邱雲霄著。崇安人。刊本。

〔一〕「北」原誤作「兆」，據《四庫總目》改。

武功徐先生文集十册

明大學士徐有貞著。吳縣人。刊本。

質菴文集〔一〕二册

明禮部侍郎章敞〔二〕著。會稽人。刊本。

〔一〕「質菴文集」原誤作「盾卷文卷」，據《千頃堂書目》、《四庫總目》改。

〔二〕「敞」原誤作「敵」，據《千頃堂書目》、《四庫總目》改。

定宇〔一〕文集六卷

明侍郎鄧〔二〕以讚。新建人。刊本。

〔一〕「宇」原誤作「于」，據《浙江採集遺書總録》、《千頃堂書目》《鄧定宇集》條改。

〔二〕「鄧」原誤作「節」，據《浙江採集遺書總録》、《千頃堂書目》《鄧定宇集》條改。

潘恭定公集十二卷

明潘汝〔一〕著。刊本。

〔一〕「潘汝」疑爲「潘恩」之誤。按，《千頃堂書目》、《四庫總目》均著録有潘恩《笠江集》十二卷，《四庫總目》云：「恩字子仁，上海人。嘉靖癸未進士。官至左都御史。謚恭定……前有陸樹聲序，稱恩所著有《笠江集》、《笠江近稾》，皆已梓行。既没，而其子允哲、允端合前後刻彙爲《恭定全集》。今此本仍題曰《笠江集》，殆當時編集未成，故以新序冠於舊本歟。」

嚴文靖公集十二卷

明大學士嚴訥著。常熟人。刊本。

三畏齋集四卷

明中書舍人朱吉著。長洲人。抄本。

洪洲類稿〔一〕四卷

明參議王圻〔二〕著。上海人。刊本。

〔一〕「稿」原誤作「考」，據《千頃堂書目》、《四庫總目》改。

〔二〕「圻」原誤作「折」，據《千頃堂書目》、《四庫總目》改。

寒村[一]集四卷

明蘇志皋著。固安人。抄本。

[一]「村」原誤作「春」，據《千頃堂書目》、《四庫總目》改。

以上明人詩文集。

填詞名解四卷

國朝毛先舒著。錢塘人。刊本。

古今詞論一卷

國朝王又[一]華著。錢塘人。刊本。

[一]「又」原誤作「文」，據山大本、科圖本、《四庫總目》改。

填詞圖譜六卷續集一卷

國朝賴以邠[一]著。錢塘人。刊本。

[一]「邠」原誤作「別」，據《四庫總目》、《中國叢書綜録》改。

詞韻二卷

國朝仲恒[一]輯。錢塘人。刊本。是四書彙爲一編，題曰《詞學全書》。

〔一〕「恒」下原衍「道」字，據《四庫總目》、《中國叢書綜録》改。

嘯餘譜十卷

明程明〔一〕善輯。歙縣人。刊本。　是書推闡音學源流，演爲詞令五語。

〔一〕「明」原誤作「如」，據《千頃堂書目》、《四庫總目》改。

樂府雅詞三卷拾遺二卷

宋曾慥輯。抄本。　是書有朱彝尊跋云：陳氏《書録解題》十二卷《拾遺》二卷。今本抄自上元焦氏，殆非定本。然藏書家著于録者罕矣。

花草粹編十二卷

明進士陳耀文輯。刊本。　是書選録唐、宋、元諸家詞，以小令、中調、長調爲先後。

山中白雲詞八卷

元張炎著。臨安人。刊本。　是書係自著詞稿，末附炎所作《樂府拾遺》一本。

百名家詞鈔

國朝聶先、曾〔一〕王孫同輯。刊本。　是書彙録國朝諸家之詞，分人〔二〕編次。

〔一〕「曾」原誤作「曹」，據《四庫總目》、《中國古籍善本書目》改。

〔二〕「人」原作「文」，據《浙江採集遺書總録》改。

浙西六家詞十卷

刊本。　是書秀水朱彝尊詞三卷，嘉興人李良年〔一〕詞一卷，平湖沈暤日詞一卷，嘉興李符詞二卷，平湖沈岸登詞一卷，錢〔二〕塘龔翔麟詞二卷。

〔一〕「年」字原脱，據山大本、《四庫總目》補。

〔二〕「錢」字原爲空白，據山大本、科圖本補。

太乙統宗寶鑑二十卷

抄本。　是書以太乙周行統運六十四卦，旁綜星象，兼註史事，標類成編。係大德七年曉山老人自敘，不詳姓氏〔一〕。

〔一〕「姓氏」山大本、科圖本作「姓名」。

象林一卷

明陳藎謨著。嘉興人。刊本。　是書首載《步天歌》，次〔一〕考《躔度變占》。

〔一〕「次」原誤作「吹」，今改正。

嘯菴槧一卷

明陳藎謨著。刊本。　是書係與黄道周論《三易洞璣》，並道周往復筆札。

天學會通一册

大鬲穆尼閣撰。抄本。　是書推算躔度〔一〕之法。

〔一〕原無「度」字,據《浙江採集遺書總録》補。

渾蓋通憲圖説二卷

明太僕卿李之藻著。仁和人。刊本〔一〕。　是書因歐羅巴人識利之傳,推演其説。

〔一〕科圖本作「抄本」。

測圓〔一〕海鏡分類釋術二卷

明尚書顧應祥著。長興人。抄本。　是書因元學士李治〔二〕所著《測圓〔三〕海鏡》,類分詳釋。

〔一〕「圓」原誤作「圖」,據《四庫總目》改。

〔二〕「治」原誤作「治」,據《四庫總目》《測圓海鏡》條改。

〔三〕「圓」原誤作「圖」,據《四庫總目》《測圓海鏡》條改。

九圜〔一〕史一卷

明趙宧光輯。吴郡人。刊本。　是書首載九圜〔二〕,各圖後附《六匌曼》。係宧光遊南雍時所録。

〔一〕「圜」原誤作「圖」,據《千頃堂書目》及《四庫總目》《九圜史圖》條改。

〔二〕「圜」原作「圖」,據《浙江採集遺書總録》改。

勾股引蒙二册

國朝陳訏著。滋昌人。刊本。　是書以《周〔一〕髀》積冪〔二〕皆勾股〔三〕法,而勾股尤爲測量諸法之原。附載唐荆川、李凉菴二論。

〔一〕「周」字上山大本有「古」字。

〔二〕「羃」原作「冪」，據《浙江採集遺書總録》改。

〔三〕「勾股」原誤作「自睖」，據《浙江採集遺書總録》改。

勾股矩測解原二卷

國朝監生黄〔一〕百家著。餘姚人。刊本。　是書解矩度、直影、横影推測之原。

〔一〕「黄」原誤作「貢」，據《四庫總目》改。

五星紀要一卷

火星本法一卷

七政細草補注一卷

二銘補注一卷

曆學駢枝四卷

揆日候星紀要一卷

歲〔一〕周地度合考一卷

曆學疑問補〔二〕二卷

交會管見一卷

冬至考一卷

諸〔三〕方日軌一卷

度算釋〔四〕例二卷

方程論六卷

筆算五卷

籌算七卷

少廣拾遺一卷

三角法舉要五卷

弧三角五卷

勾股闡微〔五〕四卷

環中黍尺〔六〕六卷

塹堵測量二卷

方圓冪〔七〕積一卷

幾何補編五卷

解割圜〔八〕之根一卷

平立定三差説一卷〔九〕

曆學問答一卷

曆學疑問三卷

古算衍畧一卷

交食蒙求三卷

以上皆國朝梅文鼎著。宣城人。刊本。　是二十九種書，俱係勾股推算之法。

〔一〕「歲」原誤作「箴」，據《四庫總目》《曆算全書》條、《中國叢書綜録》改。

〔二〕原無「補」字，據《四庫總目》《曆算全書》條、《中國叢書綜録》補。

〔三〕「諸」原誤作「清」，據《四庫總目》《曆算全書》條改。《中國叢書綜録》作《諸方節氣加時日軌高度表》。

〔四〕「釋」原誤作「輝」，據《四庫總目》《曆算全書》條、《中國叢書綜録》改。

〔五〕「微」原誤作「疑」，據《四庫全書》《曆算全書》條、《中國叢書綜録》改。

〔六〕「黍尺」原誤作「參天」，據《四庫總目》《曆算全書》條、《中國叢書綜録》改。

〔七〕「冪」原誤作「募」，據山大本、《四庫總目》《曆算全書》條改。

〔八〕「圜」原誤作「圖」，據《四庫總目》《曆算全書》條改。《中國叢書綜録》該條作《解八線割圜之根》。

〔九〕「説一卷」三字原脱，據山大本補。《四庫總目》《曆算全書》條亦有「説」字，惟各子目均未標卷數。

臞〔一〕仙神隱二卷

明宗室寧獻王權著。刊本。　是書備載服食養生、四時蓺植諸事。

〔一〕「臞」原誤作「矐」，據《千頃堂書目》、《四庫總目》改。

仙苑編珠三卷

宋天台道士王松年著。抄本。　是書纂上古迄唐、梁以降修真學道者三〔一〕百三十二人。敷《蒙求》四字比韻成文，各爲之注。

〔一〕「三」原作「二」，據山大本改。《四庫總目》亦稱「得三百餘人」。

撥砂經四卷

宋廖禹著。處州人。抄本。　是書係禹門人彭大雄編次，並彙圖説。

玉〔一〕尺經十卷

元太師劉秉忠著。荆州〔二〕人。刊本。　是書專明地理，劉基、賴從謙爲注。

〔一〕「玉」原誤作「主」，據《四庫總目》、《中國叢書綜録》改。

〔二〕「荆州」《四庫總目》、《浙江採集遺書總録》作「邢州」。

地理總括六册

明羅珏〔一〕著。鄱陽人。刊本。　是書明理氣，審星垣。參用二劉、廖、賴諸家之説。

〔一〕「珏」原誤作「鈺」，據《千頃堂書目》、《四庫總目》改。

地理傳心全集二十六卷

國朝許明著。刊本。　是書《輯要》十卷，《六法》六卷，《三强》六卷，《陽宅》四卷，備載五行十七家之法。

通書大全三十卷

不著撰人姓名。刊本。　是書序稱清江〔一〕宋魯珍有《通書》，金谿何景〔二〕祥有《曆法集成》，取二書彙合。詳于人事之占。

〔一〕「清江」《千頃堂書目》、《四庫總目》作「臨清」。

〔二〕「景」原誤作「貴」，據《千頃堂書目》《曆法通書》條、《四庫總目》《類編曆法通書大全》條改。

山法全書十九卷

國朝葉泰著。古婺人。刊本。　是書論地理，採輯楊、吳各家之説，詳於山巒之法，以别於平陽。

寰有詮〔一〕五卷

明太僕卿李之藻著。仁和人。刊本。　是書係之藻歸田後，與波爾杜曷、傅汎際〔二〕繙繹内典、研論本始，摘取天、土、水〔三〕、氣、火所名〔四〕五大有者〔五〕而創譯之。

〔一〕「詮」原作「銓」，據《浙江採集遺書總録》改。

〔二〕「際」原作「漈」，據山大本、科圖本改。
〔三〕「水」原誤作「永」，據山大本、科圖本改。
〔四〕「名」原誤作「各」，據《浙江採集遺書總録》改。
〔五〕「者」原誤作「著」，據《浙江採集遺書總録》改。

文選樓藏書記卷二

儀徵阮保定元撰　會稽李慈銘校訂

周易傳義補疑十二卷

明尚書姜寶著。丹陽人。刊本。是書以程《傳》、朱子《本義》爲宗，間採他説補之，其偶有疑者，則以己意參〔一〕附焉〔二〕。

〔一〕「參」原作「恭」，據科圖本改。

〔二〕「焉」原誤作「爲」，據山大本、科圖本改。

易憲四卷

明主事沈泓〔一〕著。華亭人。刊本。是書義該注疏各家，以上、下諸篇次目爲詳釋。

〔一〕「泓」原誤作「洪」，據山大本、《千頃堂書目》、《四庫總目》改。

周易中説四十四卷

明推官盧翰著。潁川人。刊本。是書博採各説，發明卦體、卦變之旨，繫辭諸篇並附圖説。

易經通論十二卷

明提學〔一〕副使曹學佺著。侯官人。刊本。是書統論各卦、爻詞義，永〔二〕有附録河圖各説。

〔一〕「學」字原脱，據山大本補。

〔二〕「永」疑當作「末」。

淮海易談四卷

明孫應鼇著。如皋人。刊本。是書通論《易》理，詳於人事。

籤易〔一〕一册

盧翰著。刊本。是書以太極、兩儀、四象、八卦、六十四爻各爲一籤，共得七十九籤。自爲之贊，以代卜筮。

〔一〕「籤易」原誤作「易藏」，據《千頃堂書目》、《四庫總目》改。

古象通八卷

明魏濬著。建溪人。刊本。是書凡例〔一〕八門，申明觀象之義。於〔二〕全易、卦、爻所取之象，多所引證。

〔一〕「例」疑爲「列」字之誤。

〔二〕「於」原作「予」，據山大本改。

易學疏四卷

明周一敬輯。衢州人。刊本。　是書一卷本圖書，二卷明蓍〔一〕策，三卷、四卷多詳古法卦變諸義利依〔二〕。本韓邦奇之易學，節其文而疏解之者。

〔一〕「蓍」原誤作「著」，據山大本改。

〔二〕「義利依」疑當作「義例」。

羲〔一〕畫憤參十五卷

明陸位時著。錢塘人。刊本〔二〕。　是書首列凡例、合解、圖書，依經編次，採輯各家之説。

〔一〕「羲」原誤作「義」，據山大本、《千頃堂書目》、《四庫總目》改。

〔二〕「刊本」二字原無，據山大本補。

易序圖説一册

明御史秦鏞著。無錫人。刊本。　是書以雜卦參序義，以覆象明象〔一〕爻。又附先後天諸圖，而各系以贊。

〔一〕「象」原作「録」，據山大本、科圖本改。

身易寔義五卷

國朝沈廷勱〔一〕著。嘉興人。刊本。　是書以《易》爲聖人寡過之書，吉凶、悔吝、進退、存亡皆修身之義，故以名〔二〕編。其説多宗程朱。

〔一〕「勷」原誤作「勛」，據山大本、《四庫總目》、《中國古籍善本書目》改。
〔二〕「名」原誤作「各」，據山大本改。

周易觀象〔一〕十二卷

國朝大學士李光地著。安溪人。刊本。　是書義宗程朱，兼參象數。

〔一〕「彖」原誤作「象」，據《四庫總目》、《易學書目》改。

周易通十卷

國朝知縣浦龍淵著。吳郡〔一〕人。刊本。　是書以「易」之爲字，取象日月。六十四卦爻皆以五位爲主〔二〕，旁參經史〔三〕以貫通其義。

〔一〕「郡」原誤作「群」，據山大本、科圖本改。
〔二〕「主」原誤作「至」，據山大本改。
〔三〕「史」字原脱，據山大本補。

易經釋義四卷

國朝沈昌基著。歸安人。刊本。　是書句析〔一〕字解，大旨一宗《本義》。

〔一〕「析」原作「折」，據科圖本改。

讀易質疑二十〔一〕卷

國朝汪璲〔二〕著。新安人。刊本。　是書依〔三〕經詮釋，詳于義理，不參象數。

〔一〕「二十」原作「四」，據山大本、《四庫總目》改。

〔二〕「璲」原誤作「燧」，據山大本、《四庫總目》、《中國古籍善本書目》改。

〔三〕「依」原作「以」，據山大本、科圖本改。

易疑三冊

國朝胡庭、胡同著。汾陽人。刊本。　是書依經〔一〕篇次，細繹辭〔二〕義。

〔一〕「經」原誤作「短」，據山大本、科圖本改。

〔二〕「辭」原誤作「詳」，據山大本、科圖本改。

易經辨疑七卷

國朝張問達著。江都人。刊本。　是書取程《傳》、《本義》及《大全》諸說，并《蒙存》等編，較折異同，而以己義參訂之。

讀易管窺五卷

國朝吳隆元輯。歸安人。刊本。　是書闡發易象，自圖書及《啓蒙》各圖，各系以說，後附占例。

易傳辨異四卷

國朝中書翟均廉著。仁和人。刊本。　是書采〔一〕輯註疏外各家之說，辨其同異。

〔一〕「采」原誤作「宋」，據山大本、科圖本改。

虞書箋一册

明〔一〕茅瑞徵著。歸安人。刊本。　是書以己意分條箋釋，不襲前人舊説，多所發明。

〔一〕「明」字原無，據山大本、《四庫總目》補。

尚書傳翼四册

明陸鍵著。嘉興人。刊本。　是書分節釋注，詳于訓詁。

尚書大傳三卷

國朝孫之騄著。仁和人。刊本。　是書采輯傳記、百家所引《大傳》之語，補綴編次，釐爲三卷，以合《隋志》舊目。

尚〔一〕書埤傳十五卷

國朝朱鶴齡著。吴江人。刊本。　是書博採注疏以下各家，詳爲考證。首列《考異》一卷，末有附録一卷。

〔一〕「尚」原誤作「四」，據山大本、《四庫總目》、《中國古籍善本書目》改。

禹貢譜一册

國朝王澍著。金壇人。刊本。　是書列目四十：九州疆界、貢〔二〕道圖，次導山導水圖，次九州山川〔三〕田賦圖，次五服分合圖，末附《釋目》一篇。

〔一〕「貢」上原衍「禹」字，山大本無「禹」字，《四庫總目》亦稱「州爲二圖，一言疆界，一言貢道。」據以删。

〔二〕「川」原作「水」，山大本作「川」，《四庫總目》亦稱「導山導水及山川田賦亦各有圖」。據以改。

詩經輔傳四卷

明祭酒蔡毅中著。汝南人。刊本。　是書取小序及朱子《詩傳》參酌而折衷之，意在輔翼毛、鄭〔一〕，故以命名。

〔一〕「鄭」原誤作「程」，據山大本改。

詩記八册

舉人張次仲〔一〕著。海寧人。刊本。　是書前列《總論》二篇，下依篇次詳爲訓詁，義參小序。

〔一〕「仲」原誤作「冲」，據山大本、《千頃堂書目》、《四庫總目》改。

詩志二十六卷

明諸生范王孫輯。休寧人。刊本。　是書採輯注疏及各家，詳於名物度數。

多識編七卷

明知府林兆珂著。莆田人。刊本。　是書取《毛詩》三百篇所載鳥獸、昆虫、草木，詳明考典，系以諸家之説，並志〔一〕作詩本旨。

〔一〕「志」原誤作「忘」，據山大本改。

讀詩私記二卷

明李先芳著。濮陽人。刊本。　是書義宗《小序》，辨正朱子《集傳》。

詩經圖史合考二十卷

明鍾惺著。竟陵〔一〕人。刊本。　是書取《毛詩》中名物度數，分章列義，按事考辭，凡一千〔二〕五百餘目〔三〕。

〔一〕「竟陵」原誤作「金陵」，據山大本、《千頃堂書目》、《四庫總目》改。

〔二〕「千」原誤作「字」，據山大本、科圖本改。

〔三〕「目」原誤作「日」，據山大本、科圖本改。

詩藴四册

國朝舉人姜兆錫〔一〕輯。刊本。　是書義宗朱子，專取《集傳》與〔二〕《序説》互異者，復爲申辨，以究其藴。間有辨及子貢《詩傳》、申培《詩説〔三〕》之處。

〔一〕「錫」字原脱，據《四庫總目》、《浙江採集遺書總録》補。

〔二〕「與」原誤作「興」，據《浙江採集遺書總録》改。

〔三〕「説」原誤作「話」，據山大本、《四庫總目》改。

禮記意評〔一〕四卷

明〔二〕御史朱泰禎著。刊本。　是書細繹文義，標本指歸，不專〔三〕於訓釋〔四〕。

〔一〕「評」原作「詳」，據《四庫總目》、《浙江採集遺書總録》改。
〔二〕「明」字原無，據山大本、《四庫總目》補。
〔三〕「專」原作「傳」。
〔四〕「釋」字原脱，據山大本、科圖本補。

禮記新裁三十六卷

明童維巖、童維坤〔一〕著。錢塘人。刊本。　是書分節註解，句櫛字疏。

〔一〕「坤」原作「神」，據《浙江採集遺書總録》改。

禮記日録〔一〕三十卷

明黄乾行著。福寧人。刊本。　是書首列圖解，每篇分節詮註。

〔一〕「録」原作「記」，據山大本、《四庫總目》改。

禮記圭約三冊

國朝蔣鳴玉著。刊本。　是書以《戴〔一〕記》篇目〔二〕爲主，附以《周禮》、《儀禮》。分總〔三〕論、別論〔四〕、緒論三門，詳釋其義。

〔一〕「戴」原誤作「載」，據《浙江採集遺書總録》改。
〔二〕「目」原誤作「因」，據山大本、科圖本改。
〔三〕「總」原誤作「德」，據山大本改。

〔四〕「別論」二字原脱，據山大本、《四庫總目》《五經圭約》條改。

儀禮圖十七卷

宋楊復著。秦溪人。刊本。　是書取十七篇制度、儀節，詳繪爲圖，依經分附。別爲《儀禮〔一〕旁通圖》一卷，宫〔二〕庙門、冕弁〔三〕門、牲鼎禮器門三類以編其要。

〔一〕「儀禮」原誤作「禮義」，據山大本、《四庫總目》改。
〔二〕「宫」原誤作「官」，據《四庫總目》改。
〔三〕「弁」原誤作「并」，據《四庫總目》改。

射義〔一〕新書二卷

明程道生著。海寧人。刊本。　是書博採《禮經》、諸史論射之説，並及弓矢、馬步諸法，各系以圖。

〔一〕「義」原作「儀」，據山大本、《四庫總目》改。

三禮編繹二十五卷

明鄧元〔一〕錫著。海寧人。刊本。　是書分經附傳，採摭注疏以下各家，融貫其義，而自爲之繹。

〔一〕「元」原誤作「九」，據山大本、《千頃堂書目》、《四庫總目》改。

鄉射禮儀節一册

不著撰人姓名。刊本。　是書因明嘉靖間嵩陽社學建射圃習禮，考據經典〔一〕、禮樂、諸器并儀節，各著圖説〔二〕。前有林烈記一篇。

〔一〕「典」原作「與」，據山大本改。
〔二〕「説」原作「記」，據山大本、科圖本改。

禮書綱目九十一卷

國朝江永著。婺源人。刊本。　是書首三卷採諸儒序論〔一〕與朱子所論〔二〕，編爲書綱領。後分八門：嘉禮、賓禮、凶禮、吉禮皆因《儀禮》所有者而增益之，軍禮、通禮、曲禮皆補《儀禮》之所未備，樂一門居後。又附《深衣考誤》一卷，《律吕管見》二卷。

〔一〕「序論」原作「論序」，據山大本、科圖本改。
〔二〕「論」字原無，據山大本補。

禮樂通考三十卷

國朝胡〔一〕掄輯。武進人。刊本。　是書原本三《禮》，並考歷代制度，兼採先儒〔二〕諸説，纂輯成篇。

〔一〕「胡」原誤作「吳」，據《四庫總目》改。
〔二〕「儒」原誤作「行」，據山大本改。

春秋集要十二卷

明侍郎鍾芳著。瓊臺人。刊本。　是書義本程子，兼取胡《傳》，間附案〔一〕斷。

〔一〕「案」原誤作「樂」，據山大本改。

春秋四傳通辭十二卷

明陳士芳著。應城人。刊本。是書取〔一〕四家異同，詳爲折衷，間有辨證。

〔一〕「取」原作「所考」，據山大本改。

春秋事義全考〔一〕十六卷

明姜寶著。刊本。是書以胡《傳》爲主，博綜各家。其地理沿革志準明輿地圖。

〔一〕「事義全考」原誤作「事會考」，據《千頃堂書目》、《四庫總目》改。

春秋因是〔一〕三十卷

明梅之熉著。麻城人。刊本。是書因明代《春秋》講師之本，有傳題比題，非尊經之義。之熉斟酌發明，一宗胡《傳》〔二〕。

〔一〕「因是」原誤作「困旻」，據山大本、《千頃堂書目》、《四庫總目》改。

〔二〕「傳」下原衍「傳」字，據山大本删。

春秋圭約二册

國朝蔣鳴玉著。金壇人。刊本。是書首列總論、凡例，下按十二公分〔一〕篇摘次〔二〕録其文，自爲論斷。

〔一〕「公分」原作「分公」。

〔二〕「次」字疑爲衍文。

春秋事〔一〕義慎考十四卷

國朝姜兆錫輯。刊本。　是書錯舉二百四十年書例，比事從類，分爲四十四考。

〔一〕「事」原作「經」，據《四庫總目》、《浙江採集遺書總録》改。

左氏〔一〕兵畧三十三卷

明按察司〔二〕僉事陳禹謨輯。刊本。常熟人。　是書節取《左傳》論兵〔三〕語標題于前，而以群書所載義類可通者羅列于後，以爲左證。

〔一〕「氏」原誤作「史」，據山大本、《千頃堂書目》、《四庫總目》改。

〔二〕「司」原作「史」，據山大本、科圖本改。

〔三〕「兵」原誤作「共」，據山大本改。

增訂論語外篇四卷

明提學副使潘士達輯。吳人。刊本。　是書本〔一〕李豫章之《論語外篇》，復加蒐採，仍仿《論語》體例，編爲二十〔二〕篇。

〔一〕「本」原作「攷」，據山大本改。

〔二〕「二十」原作「十二」，據《四庫總目》改。

論語類考二十卷

明陳士元著。應城人。刊本。　是書考據《論語》中故實，自天象至鳥獸，分類十有八，爲目四百九十有四。

章子留書一册

明章世純著。臨川人。抄本〔一〕。　是書就四書中標出某章、某節或某句，發揮意義。

〔一〕「抄本」山大本作「刊本」。

孝經集靈一卷

明虞淳熙著。刊本。　是書集録古今孝行及論孝之語，以爲解經左證。

大學古今本通考十二卷

明劉斯原輯。臨潁人。刊本。　是書前列朱子〔一〕定本，後採〔二〕鄭康成以下及明三十六家，考其同異。

〔一〕「子」原誤作「之」，據山大本改。
〔二〕「採」原誤作「宋」，據科圖本改。

群經音辨七卷

宋参知政事賈昌朝著。刊本。　是書凡分五門：一辨字同音異，二辨字音清濁，三辨彼此異音，四辨字音疑混，五辨字訓得失〔一〕。係康定年表進〔二〕之本。

〔一〕「失」原誤作「吳」，據山大本、《四庫總目》改。

〔二〕「表」字原脱，據《浙江採集遺書總録》補。「表進」山大本、科圖本倒爲「進表」。

六經正誤六卷〔一〕

宋毛居正輯。抄本。　是書取六經三傳諸本，參以各書，考正異同之字。宋寶慶間魏了翁爲之序。

〔一〕「六卷」原誤倒，據山大本、《四庫總目》改。

六經三註粹抄六册

明許順〔一〕義著。刊本。　是書採輯諸家經義之粹者，分段自爲之注。

〔一〕「順」原誤作「慎」，據山大本、《千頃堂書目》、《四庫總目》改。

五經總類四十卷

明張雲鸞輯。無錫人。刊本。　是書取群經之文，分門編次，凡七十二類，仍附註釋於下。

五經心義五册

王崇慶著。端溪人。刊本。　是書《周易議卦》一卷，《書經説略》一卷，《詩經衍義》一卷，《春秋斷義》一卷，《禮記約蒙》一卷。

五經辨誤〔一〕**五卷**

國朝教諭吕治平著。海寧人。刊本。　是書治平以經有傳寫之訛，有註釋之訛，有引經論之訛，有執經行事之訛，皆一一辨之。

〔一〕「誤」《四庫總目》作「譌」。

諸經紀數十八卷諸史紀數十四卷

明徐鑾輯。豐城〔一〕人。刊本。是書摘取經史之文凡有涉于數者，自一二至千萬數，分條敘録，各著其所自出。

〔一〕「豐城」原作「豐江」，據山大本、科圖本、《千頃堂書目》改。

增修埤雅廣要四十二卷

明牛衷著。刊本。是書本宋陸佃原編，復加蒐採，廣其未備。

潛虛一册

宋宰相司馬光著。洛陽人。刊本。是書擬揚雄《太玄〔一〕經》，後有明御史張敦實〔二〕《潛虛發微論》十篇。

〔一〕「玄」字原脱，據《四庫總目》補。

〔二〕「實」原作「寶」，據《四庫總目》、《浙江採集遺書總録》改。

萬物數十八卷

宋邵雍著。河南人。刊本。是書詳列數術、占驗，其説與《皇極經世》用周天之數互相發明。

程氏外書十二卷

宋朱熹輯。新安人。刊本。　是書因程氏二書二十五篇，復採諸儒，集所未備。

童蒙訓三卷

宋吕本中著。刊本。　是書彙集同時名臣格言堪爲法戒者，係桐[一]鄉張履[二]祥評本。

〔一〕「桐」原作「之學同」，據山大本改。

〔二〕「履」原作「腹」，據山大本、科圖本改。

小學書圖[一]二卷

不著撰人姓名。刊本。　是書因朱子《小學》，彙列理學諸圖，并及禮器、儀節，採輯各家圖説。

〔一〕「書圖」原作「圖書」，據《浙江採集遺書總録》改正。

顔子鼎編二卷

元徐達左[一]輯。吳郡人。刊本。　是書李純仁、李[二]犇所編《顔子書》重加訂正。明嘉興高陽爲之註[三]釋。

〔一〕「左」原誤作「祖」，據《千頃堂書目》、《四庫總目》改。

〔二〕「李」原誤作「孝」，據山大本、《四庫總目》改。

〔三〕「註」原作「經」，據山大本、《浙江採集遺書總録》改。

魯齋心法一册

元許衡著。懷慶人。抄本。是書闡明《易》理，間考群集，多印證儒先〔一〕而參以自得之旨〔二〕。

〔一〕「儒先」二字原脱，據山大本補。

〔二〕「旨」原作「者」，據山大本、科圖本改。

學範〔一〕六卷

明瓊山教論趙古則輯。餘姚人。刊本。是書六篇：首論〔二〕教人之要，次論讀書、作文、學字，末列〔三〕《雜範》一篇，評文房、藝事、器用，各著其法。

〔一〕「範」原誤作「苑」，據山大本、《千頃堂書目》、《四庫總目》改。

〔二〕「論」原作「編」，據山大本改。

〔三〕「末列」原作「永别」，山大本作「永列」，據《浙江採集遺書總録》改。

居〔一〕業録八卷

明胡居仁著。餘干人。刊本。是書闡發性理、經學，並及制度、事功，分爲八門。

〔一〕「居」原誤作「君」，據《千頃堂書目》、《四庫總目》改。

黽記四卷

明御史錢一本著。武進人。刊本。是書係一本隨時有得即爲劄記，取黽勉自勖之義。

顔子繹[一]**二册**

明張星撰。刊本。　　是書分内、外篇。後附《繹餘[二]》、《宗明統繹》、《顔子舊本》三種。

[一]「繹」原誤作「輯」，據科圖本、《四庫總目》改。

[二]「餘」原誤作「徐」，據山大本、《四庫總目》改。

閑[一]**闢録**

明程曈[二]著。新安人。刊本。　　是書采取朱子集中各體文，辨正陸氏及浙東吕、陳二家之學[三]。

[一]「閑」原誤作「闌」，據山大本、《千頃堂書目》、《四庫總目》改。

[二]「曈」原誤作「瞟」，據《千頃堂書目》、《四庫總目》改。

[三]「之學」二字原無，據山大本補。

垂訓樸語一册

明陳其德著。桐鄉人。刊本。　　是書論讀書、敦行、處世之要。末附詩[一]十章。

[一]「詩」原誤作「詳」，據山大本改。

伊洛淵源續録六卷

明謝鐸輯。黄岩人。刊本。　　是書續朱子《伊洛淵源録》，載宋羅從彦起至王柏止共二十一人。

心經附註四卷

明學士程敏政註。新安人。刊本。　　是書取宋真德秀《心經》原註本，更採程朱以下諸儒[一]之言，詳爲訓釋。

〔一〕「諸儒」原作「諸行行」，據山大本改。

呻吟語四卷

明巡撫吕坤著。寧陵人。刊本。　是書備論性理，兼及治道。

困知記三卷〔一〕

明尚書羅欽順著。泰和人。刊本。　是書上、下二卷，續一卷，三續、四續、附録、續補、外編各一卷。講論性理居多。

〔一〕卷數當有誤。《千頃堂書目》作六卷附録二卷，《四庫總目》作二卷續記二卷附録一卷。

耿子庸言二卷

明尚書耿定向〔一〕著。黄安人。刊本。　是書多言理學。凡分七門，首《繹經編》，終《切偲〔二〕編》。

〔一〕「向」原誤作「問」，據山大本、《千頃堂書目》、《四庫總目》改。

〔二〕「偲」原誤作「偶」，據山大本、《四庫總目》改。

困辨録八卷

明尚書聶豹著。永豐人。刊本。　是書係豹於被繫時取平昔時得於《詩》、《書》者〔一〕，録而繹之，以自〔二〕驗其學。

〔一〕「者」原誤作「著」，據山大本、《浙江採集遺書總録》改。
〔二〕「自」原作「伯」，據山大本、《浙江採集遺書總録》改。

宋學商求一卷

明主事唐樞著。歸安人。刊本。　是書取宋儒自陳摶及何基諸家流派及學術分量，每人各註評〔一〕斷數語。

〔一〕「評」原作「解」，據山大本、科圖本改。

問辨牘〔一〕四卷續問辨牘〔二〕四卷

明管〔三〕志道著。婁縣人。刊本。　是書於同時〔四〕諸儒考析〔五〕義理，並載尺牘。

〔一〕「牘」原誤作「贖」。
〔二〕「牘」原誤作「續」。以上兩條據山大本、《千頃堂書目》、《四庫總目》改。
〔三〕「管」字原脱，據山大本、《千頃堂書目》、《四庫總目》補。
〔四〕「時」原誤作「事」，據山大本、《浙江採集遺書總録》改。
〔五〕「考析」原誤作「孝抄」，據《浙江採集遺書總録》改。

聖學啓關臆説三卷

明御史龍遇〔一〕奇著。吉州人。刊本。　是書係遇奇爲直〔二〕指時與馮從吾切劘聖學，提綱分目，證以先哲之言。

〔一〕「遇」原誤作「邁」，據《四庫總目》及本條提要改。

〔二〕「直」字原脱，據山大本補。

會語續録二卷

明郎中羅汝芳著。盱江〔一〕人。刊本。　是書汝芳官南都時與士大夫會講語。門人楊起元〔二〕爲之編次。

〔一〕「盱江」原作「昕江」，據《浙江採集遺書總録》改。

〔二〕「元」原作「言」，據《四庫總目》改。

燕居答述二卷

明戴〔一〕經輯。德清人。刊本。　是書本師聶豹居常答述之語，經爲編次。

〔一〕「戴」原誤作「載」，據科圖本、《四庫總目》改。

道林先生諸集二册

明提學副使蔣信著。武陵〔一〕人。刊本。　是書係致仕卜築桃岡，聚徒講學所作。分《古大學義》、《桃岡講義》、《日〔二〕録》、《訓規》四種，末附《侍〔三〕疾録》。

〔一〕「陵」字原脱，據山大本、《浙江採集遺書總録》、《明清進士題名碑録索引》補。

〔二〕「日」原作「目」，據《四庫總目》、《浙江採集遺書總録》改。

〔三〕「侍」字原脱，據山大本、科圖本補。

薛子庸語十二卷

明提學副使薛應旂著。武進人。刊本。　是書係自記平日之言，多發明義理。其門人向〔一〕程校〔二〕釋。

〔一〕「向」原誤作「而」，據科圖本、《浙江採集遺書總録》改。

〔二〕「校」原作「枝」。

讀書劄記八卷

明尚書徐問著〔一〕。武進人。刊本。　是書係問巡撫貴州時與諸生辨論經義、性理各書，分條劄記。

〔一〕「著」原作「芳」。《千頃堂書目》、《四庫總目》均著録《讀書劄記》，明徐問撰。原文「芳」字當爲「著」字之誤，今改正。

道學正宗四卷

明顧言著。鎮江人。刊本。　是書明道統之傳，自羲、農至於朱子〔一〕。兼採諸儒圖説、語録，多所證據〔二〕。

〔一〕「朱子」原作「宋止」，山大本作「宋子」。《浙江採集遺書總録》作「朱子」，據以改。

〔二〕「語録多所證據」六字原無，據山大本補。

學道〔一〕紀言五卷補餘附言〔二〕二卷

明提學副使周思兼著。松江人。刊本。　是書按日記言，多採先儒語録及史〔三〕書事跡。後附

《事行紀畧》，其子〔四〕紹節彙而輯之。

〔一〕「學道」二字原誤倒，據《千頃堂書目》、《四庫總目》改。

〔二〕「附言」原作「言附」，據山大本改。

〔三〕「史」原誤作「中」，據山大本改。

〔四〕「其子」原作「有」，山大本作「其」。《四庫總目》云：「末附補遺家訓遺語各數則，又彙録碑版傳志等文爲《事行記略》一卷，皆其子紹元、紹節所增輯也。」據以改。

焦弱侯〔一〕問答一卷

明潘灝輯〔二〕。湖州人。刊本。　是書採焦竑詮解四書答問語。

〔一〕「侯」字原脱，據《四庫總目》補。

〔二〕《四庫總目》作「明潘曾紘編」。

居學餘情三卷

明陳中州著。青田人。刊本。　是書係各體古文，多警世語〔一〕。

〔一〕「是書」至「世語」十一字原脱，據山大本補。

學脈正編五卷

明李公柱輯。嘉善人。刊本〔一〕。　是書採輯明薛瑄、胡居〔二〕仁、顧憲成、錢一本、高攀龍五家所著理學粹言。

〔一〕「學脈」至「刊本」十六字原脱，據山大本補。又，「明李公柱」山大本作「李公桂」，據《四庫總目》、《四庫存目標注》改。

〔二〕「居」下原衍「多」字，據山大本、《四庫總目》删。

宵練匣二册

明貢生朱得之著。靖江人。刊本。　是書多闡理學，分《稽山承語》、《烹芹漫語》、《印古心語》三種。

擬學小〔一〕記八卷

明主事尤時熙著。洛陽人。刊本。　是書闡明理學，旁及象緯、五行。分經擬〔二〕餘言〔三〕、格訓通解、質疑、雜著、紀聞六門。

〔一〕「小」原誤作「心」，據山大本、《千頃堂書目》、《四庫總目》改。

〔二〕「擬」原作「疑」，據《四庫總目》改。

〔三〕「餘言」原無，據《四庫總目》補。

道南源委〔一〕録十二卷

明侍郎朱衡輯。萬安人。刊本。　是書以宋儒楊時爲宗，次及羅、李、朱相傳之派，並再〔二〕傳、三傳〔三〕諸生不詭於程學者，皆得彙載。

〔一〕「委」原誤作「姜」，據山大本、《千頃堂書目》、《四庫總目》改。

〔二〕「再」原誤作「舟」，據山大本改。
〔三〕「三傳」二字原無，據山大本補。

三儒類要五卷

明太常卿徐用檢著。蘭谿人。刊本。是書係採〔一〕明時〔二〕薛瑄、陳獻〔三〕章、王守仁三人之語。

〔一〕「採」原作「探」。
〔二〕「時」原作「事」，據山大本改。
〔三〕「獻」原作「憲」，據《四庫總目》改。

諸儒語要二十卷

明巡撫唐順之著。武進人。刊本。是書採輯周、程以下迄明王守仁，摘録粹言，折衷異同，並取釋、老諸語，條〔一〕辨其是〔二〕非。

〔一〕「條」原誤作「修」，據山大本改。
〔二〕「是」字原脱，據山大本補。

剩言十四卷

明戴君恩著。刊本。是書發揮性理，分内外篇〔一〕。

〔一〕該條提要原作：「是書以程、朱爲宗，多所闡發。係嘉善陳龍正編次。後附行狀、年譜二卷。」係誤抄下文《高子遺書》提要，今據山大本改正。

顧端[一]文劄記十八卷

明光禄少卿顧憲成著。無錫人。刊本。是書係憲成自甲[二]午至辛亥，分條劄記。内多闡發諸儒學術，末附《還經録》。

[一]「端」原誤作「瑞」，《四庫總目》《小心齋劄記》條稱顧憲成「謚端文」，據以改。

[二]「甲」原誤作「中」，據山大本、《四庫總目》《小心齋劄記》條改。

高子遺書十二卷

明左都[一]御史高攀龍著。無錫人。刊本。是書以程、朱爲宗，多所闡發。係嘉善陳龍正編次。後附行狀、年譜二卷。

[一]「都」字原無，據山大本、《四庫總目》《周易易簡説》條補。

子劉子學言三卷

明左都御史劉宗周著。山陰人。刊本。是書首列《聖學宗要》、《學言》。多發揮慎獨宗旨。其門人黄宗羲、姜希轍校刊。

閑[一]道録二十卷

明貢生沈壽民輯。宣城人。刊本。是書首列程、朱要語，以下博採諸家之言有關於道術者，按次尋編。

〔一〕「閑」原誤作「聞」，據《四庫總目》、《中國古籍善本書目》改。

樂菴〔一〕遺書四卷

明沈珠輯。江都人。刊本。　是書編輯宋李衡語録。

〔一〕「菴」原作「安」，據《四庫總目》、《中國古籍善本書目》改。

媿〔一〕林漫録二册

明給事中瞿式耜輯。常州人。　是書多採前哲訓言堪爲法戒者，分作九門，依類编次。

〔一〕「媿」原誤作「魏」，據山大本、《千頃堂書目》、《中國古籍善本書目》改。

學案一卷

明王甡〔一〕著。金壇人。刊本。　是書以朱子《白鹿洞规條》为宗，下逮饒仲〔二〕元、真德秀。附《集程朱格物法》、《集朱〔三〕子讀書法》。

〔一〕「甡」原作「性」，據《四庫總目》、《四庫存目標注》改。
〔二〕「仲」原誤作「州」，據山大本改。
〔三〕「朱」原誤作「宋」，據山大本改。

讀書止觀録四卷

明諸生吳應箕著。貴池人。刊本。　是書仿陳繼儒《讀書十六觀》之例，日鈔數則，曰《止觀録》。

憲世編六卷

太常卿唐鶴徵輯。武進人。刊本。　是書採輯孔、顏以下及宋道學諸家凡二十五，彙次言行，附以論斷。

叢語十二卷

明吳炯著。華亭人。刊本。　是書多引〔一〕先儒理學家語〔二〕，附以辨正。

〔一〕「引」原作「則」，據山大本改。

〔二〕「家語」二字原無，據山大本補。

視履類編二卷

明副都御史李同芳著。崑山人〔一〕。刊本。　是書分類自記一生事蹟，後附碑傳。

〔一〕「崑山人」原作「昆陵人」，據山大本、《四庫總目》改。

王心齋語録二卷譜餘一卷

明王艮著。泰州人。刊本。　是書記艮講學之語，并載詩〔一〕文之言理學者。《譜餘》所記乃薦牘、墓誌等文。

〔一〕「詩」原作「諸」，據山大本改。

學易堂五筆五册

明項皋謨著〔一〕。嘉興人。刊本。　是書雜論經傳，隨筆札記。

〔二〕「著」原誤作「晉」，據山大本改。

警語類抄八卷

明程達〔一〕著。清江人〔二〕。刊本。　是書採〔三〕輯行〔四〕林要語，分類編次。

〔一〕「達」原誤作「遺」，據山大本、《四庫總目》、《中國古籍善本書目》改。

〔二〕「清江人」原作「靖江人」，據山大本、《四庫總目》改。

〔三〕「採」原誤作「宋」，據山大本改。

〔四〕「行」疑爲「儒」字之誤。

道統圖二册

刊本。　是書〔一〕傳自闕里。載聖蹟凡三十六圖，每圖之下聖裔名對裒與呂兆祥各摭〔二〕年譜、事蹟備爲箋註。

〔一〕「書」山大本作「圖」。

〔二〕「摭」原作「撫」，據山大本改。

翼學編十二卷

明朱應奎編。廣漢人。刊本。　是書雜記史傳以及時事，分爲格致、誠正、脩齊〔一〕、治平四集。

〔一〕「齊」原誤作「濟」，據山大本、《四庫總目》改。

厚語〔一〕四卷

明訓導錢蓑〔二〕輯。海鹽人。刊本。　　是書首列前明，次及歷代，凡善事之可以勵俗者，分十七門。係蓑官於潛時所作。

〔一〕「語」原誤作「譜」，據山大本、《四庫總目》、《中國古籍善本書目》改。

〔二〕「蓑」原作「衮」，據《四庫總目》、《中國古籍善本書目》改。

雒閩淵源録十九卷

國朝張〔一〕夏輯。無錫人。刊本。　　是書纂明代理學諸儒學行梗概。取其溯源〔二〕程朱，故曰〔三〕雒閩。

〔一〕「張」原誤作「傅」，據山大本、《四庫總目》、《中國古籍善本書目》改。

〔二〕「源」原作「淵」，據山大本、科圖本改。

〔三〕「曰」原誤作「四」，據科圖本改。

正修齊治録六卷

國朝于準著。石洲人。刊本。　　是書《正修録》三卷，纂輯先儒論學格言。《齊治録》三〔一〕卷，纂輯先儒家範官箴。

〔一〕「三」原誤作「二」，據《四庫總目》、《浙江採集遺書總録》改。

劉子節要十四卷

國朝惲日初輯。武進人。刊本。是書本山陰劉宗周講學宗旨，摘其《全書》中語〔一〕，仿《近〔二〕思録》例，分爲十四卷。

〔一〕「中語」山大本作「中中要語」，疑當作「中要語」。

〔二〕「近」原誤作「進」，據山大本、《四庫總目》改。

讀書論世十六卷

國朝吴〔一〕肅公輯。宣城〔二〕人。刊本。是書因自〔三〕讀書有得，隨手論列。以世次先後爲編。自唐、虞迄元、明止。

〔一〕「吴」原誤作「胡」，據山大本、《中國古籍善本書目》改。

〔二〕「宣城」原誤作「寅城」，據山大本改。

〔三〕山大本無「自」字。

希賢録十卷

國朝〔一〕大學士〔二〕魏裔介著。柏鄉人。刊本。是書輯古今嘉言、善行堪爲法誡者，分爲學、惇〔三〕倫、致知〔四〕、治〔五〕家、涉世五〔六〕門。

〔一〕「國朝」原作「明」，據《四庫總目》、《浙江採集遺書總録》改。

〔二〕「士」字原脱，據山大本補。

〔三〕「焞」山大本作「淳」，《四庫總目》作「敦」。
〔四〕「知」《四庫總目》作「治」。
〔五〕「治」《四庫總目》作「教」。
〔六〕「五」原誤作「三」，據山大本、《四庫總目》改。

憤助編一册

國朝蔡方炳輯。蘇州人。刊本。　是書本其父懋德，輯周、程以下迄本朝名人緒言，每人各一二條。方炳重編次。

存學編四卷

國朝顏元著。博陵人。刊本。　是書論學多〔一〕自出新語，不附前人成説。

〔一〕「多」下原衍「一」字，據山大本删。

聖賢儒史一卷

國朝王復禮輯。錢塘人。刊本。　是書〔一〕考〔二〕自周迄明代聖賢儒先姓名、生平〔三〕、里居、出處，年經事緯，悉爲記載。

〔一〕「書」下原衍「一」字，據山大本删。
〔二〕「考」字原脱，據《浙江採集遺書總録》補。
〔三〕「生平」原作「卒」，據《浙江採集遺書總録》改。

理學就正〔一〕言十卷

國朝祝文彦著。石門人。刊本。是書多係講説語録〔二〕，雜論性理、制度、古今人物遺事。

〔一〕「正」原作「王」，據《四庫總目》改。

〔二〕「講説語録」原作「備説録」，據山大本改。

三魚堂賸言十三卷

國朝陸隴其著。平湖人。刊本。是書自録讀書有得之語，分條編記。

閑家編八卷

國朝總督王士俊著。黔南人。刊本。是書詳考治家之法，分家訓、家禮、家政、家壼四門，彙解古今言論、事跡以證之。

筆記二卷

國朝程大純著〔一〕。刊本。是書隨筆劄記，多日用體驗有得之言。

〔一〕「程大純著」原誤作「人純」，據山大本、《四庫總目》、《中國古籍善本書目》改。

垂世芳型二册

國朝金維〔一〕寧著。華亭人。刊本。是書採輯古今言行，自周、秦迄元止〔二〕。分類編次。

〔一〕「維」原誤作「淮」，據《四庫總目》、《四庫存目標注》改。

〔二〕「止」原誤作「上」，據山大本改。

續小學六卷

國朝葉釸〔一〕著。嘉善人。刊本。　是書以朱子《小學》所採録至宋淳熙年止，釸〔二〕爲續輯，廣所未備〔三〕。仍依内、外篇目，條分類次。

〔一〕「釸」原誤作「鈐」，據山大本、《四庫總目》改。
〔二〕「釸」原誤作「鈐」，據山大本、《四庫總目》改。
〔三〕「備」原誤作「修」，據山大本改。

臆言四卷

國朝朱〔一〕顯祖著。江都人。刊本。　是書論下學功夫。多採輯先儒理學之言，參以己意。

〔一〕「朱」原誤作「柴」，據《四庫總目》、《四庫存目標注》改。

道南正學編三卷

國朝錢肅潤輯。抄本。　是書纂述道南祠從祀見儒〔一〕各儒，並及東林講學諸賢。

〔一〕「見儒」山大本、科圖本作「先儒」，據《浙江採集遺書總録》，均係衍文。

苕〔一〕西問答一册

國朝羅爲賡〔二〕著。南充〔三〕人。刊本。　是書自記其與門〔四〕弟子辨論性命之語，并同時講論書札。

〔一〕「苕」原誤作「苔」，據《四庫總目》、《四庫存目標注》改。
〔二〕「賡」原誤作「廖」，據山大本、《四庫總目》改。
〔三〕「充」原誤作「元」，據山大本、《四庫總目》改。
〔四〕「門」原誤作「問」，據山大本改。

信陽子卓録八卷

國朝巡撫張〔一〕鵬翮著。遂寧人。刊本。　是書體例仿《近思録》，自道體至博〔二〕物，分類爲八。

〔一〕「張」原誤作「時」，據山大本、《四庫總目》改。
〔二〕「博」原誤作「傳」，據《四庫總目》改。

載道集六十卷

國朝編修許焞〔一〕著。海寧人。刊本。　是書編自孔子迄明代文之合于道者。其子湖採〔二〕各家舊説並附己意爲注。

〔一〕「焞」原誤作「惇」，據《四庫總目》、《四庫存目標注》改。
〔二〕「採」原誤作「宋」，據山大本改。

禮部韻略〔一〕五卷

宋毛晃等輯。抄本。　是書于宋紹興四年勘定施行。内附釋〔二〕文互註，後有條式一册。原刻罕傳，今〔三〕本俱照宋板抄寫，並採舊避宋諱不收〔四〕之事，别爲註釋，附各部之後。

〔一〕「略」原誤作「落」，據山大本改。
〔二〕「釋」原作「説」，據《浙江採集遺書總録》改。
〔三〕「今」原作「合」，據山大本改。
〔四〕「收」原作「故」，據山大本、《浙江採集遺書總録》改。

改併五音集韻十五卷

金韓道昭〔一〕著。松水人。〔二〕抄本。　是書刪併《唐韻》分部次第，于〔三〕韻中各以〔四〕字母〔五〕分紐〔六〕。係其父孝〔七〕彦未成之編，續爲修定。

〔一〕「昭」字原脱，據山大本、《四庫總目》改。
〔二〕「松水人」原作「松州人」，據山大本、《四庫總目》改。
〔三〕「于」原誤作「十」，據山大本、科圖本改。
〔四〕「以」原誤作「小」，據山大本、《浙江採集遺書總録》改。
〔五〕「母」原誤作「每」，據《浙江採集遺書總録》改。
〔六〕「紐」原誤作「組」，據山大本、《浙江採集遺書總録》改。
〔七〕「孝」原誤作「考」，據科圖本、《浙江採集遺書總録》改。

字鑑五卷

元李文〔一〕仲著。長洲人。刊本。　是書專辨俗〔二〕體，自序爲以〔三〕《説文》增訂〔四〕韻之誤，以六書明諸家之失，因而作此〔五〕。

〔一〕「文」原誤作「父」，據《四庫總目》、《浙江採集遺書總録》改。
〔二〕「俗」原誤作「偌」，據山大本改。
〔三〕「以」原作「之」，據山大本改。
〔四〕「訂」原作「定」，據山大本、科圖本改。
〔五〕「作此」原作「失之」，據山大本改。

書文音義便考三册難字直音一册

明李士龍著。刊本。　是書删汰字母爲三十一母，併韻爲七十五部。附以音義難字。

元音統韻二十八卷

明陳藎謨著。嘉興人。刊本。　是書本《皇極經世》，闡明聲音、字學之元〔一〕。凡分五種：曰通釋，曰類音，曰統〔二〕韻，曰古〔三〕韻疏，曰唐韻疏。後附吳任〔四〕臣《字彙補》六卷，係范廷瑚合刊。

〔一〕「元」原作「光」，據山大本改。
〔二〕「統」原作「通」，據《四庫總目》改。
〔三〕「古」原誤作「方」，據山大本、《四庫總目》改。
〔四〕「任」字原脱，據山大本、《四庫總目》補。

并音連〔一〕聲字學集要四卷

明毛曾輯。越州人。刊本。　是書本唐徐鍇、宋李巽巖所輯韻書，重爲編次。

〔一〕「連」字原脱，據山大本、《四庫總目》、《中國古籍善本書目》改。

韻表三十卷

明葉秉敬著。西安人〔一〕。刊本。　是書以平、上、去、入四聲之字聯〔二〕屬爲表，而以見、溪、群、疑等字分標以上，每表〔三〕各有辨證。前列〔四〕法門一卷，後列聲表三十〔五〕韻，相爲經緯。

〔一〕「西安人」原作「□川人」，據山大本、《千頃堂書目》改。
〔二〕「聯」原作「映」，據山大本改。
〔三〕「表」原作「標」，據山大本改。
〔四〕「列」原作「例」，據山大本改。
〔五〕「十」原誤作「指」，據《浙江採集遺書總録》改。

韻經五卷

明祭酒郭正域〔一〕著。江夏人。刊本。　是書本宋《禮部韻畧》，并取宋夏竦、吴棫〔二〕、明楊慎各韻書，考其部分之刪〔三〕并，韻字之諧聲轉注。

〔一〕「域」原誤作「義」，據山大本、《四庫總目》改。
〔二〕「棫」原作「栻」，據《四庫總目》改。
〔三〕「刪」原作「册」，據山大本改。

思元齋〔一〕均藻二卷

明楊慎輯。刊本。　是書分韻編輯經〔二〕子詩文。

〔一〕「齋」原誤作「齊」，據《浙江採集遺書總録》改。

〔二〕「經」原作「語」，據山大本改。

元韻譜〔一〕五十四卷

明喬中和〔二〕著。内丘人。刊本。是書因元劉鑑《切韻指南〔三〕》重加纂次。列上平、下平、上、去、入〔四〕五聲。平、上、去每聲分十二韻，入聲分六韻，共得五十四部，每部標〔五〕七十二〔六〕于上〔七〕。

〔一〕「譜」原誤作「補」，據《千頃堂書目》、《四庫總目》改。

〔二〕「喬中和」原誤作「高中」，據《千頃堂書目》、《四庫總目》改。

〔三〕「切韻指南」原作「均指南」，據山大本改。按，元劉鑑有《經史正音切韻指南》，《四庫總目》著録，當即此書。

〔四〕「入」原作「下去」，據山大本改。

〔五〕「每部標」三字原脱，據山大本、科圖本補。

〔六〕「二」下疑有脱文。

〔七〕「上」原作「止」，據山大本改。

字學訂譌二卷

明御史黄吉士輯。應城人。刊本。是書本張位《問奇集》、焦竑《字學》〔一〕二書删正重纂。

〔一〕「本張」至「字學」十字原作「平時民周寄焦字學」，山大本則作「本張民周奇焦字字學」。《四庫總目》該條云：「是書乃萬曆丁未殷城黄吉士督學江南，命當泰合張位《問奇集》、焦竑《字學》二書纂爲一編」。今據以改。

字義總略四卷

明顧充〔一〕著。上虞人。刊本。　是書評論字義，訂譌辨疑，凡分類四十有四。

〔一〕「充」原誤作「允」，據《四庫總目》、《中國古籍善本書目》改。

字學指南十卷

明朱應奎編。廣漢人。刊本。　是書首二卷考音義異同及變體、互體等類。自三卷以下取四聲之字聯而屬之〔一〕，分〔二〕爲二十二紐〔三〕。

〔一〕「之」原作「分」，據山大本改。

〔二〕「分」原作「類」，據山大本改。

〔三〕「紐」原作「篇」，據山大本、《浙江採集遺書總録》改。

唐詩韻會四十册

國朝施〔一〕端教輯。宣城人。刊本。　是書滙編唐人近體詩，以上、下平韻爲次，仍以五、七言體爲類。前有譜三卷，詳考詩〔二〕人爵里、出處本末。

〔一〕「施」原誤作「思」，據山大本、《四庫總目》改。

〔二〕「詳考詩」三字原脱，據山大本補。

考〔一〕定竹書十三卷

國朝孫之騄注〔二〕。刊本。　是書博〔三〕採《史〔四〕記索隱》、《戰國策》、《水經注》、《路史》、《古史》、《史通》，并諸子所記，重加考定〔五〕，以補沈約所注之缺。

〔一〕「考」原誤作「李」，據山大本、《四庫總目》改。
〔二〕「注」字原無，據山大本補。科圖本作「著」。
〔三〕「博」原作「傅」，據山大本改。
〔四〕「史」原誤作「書」，據山大本改。
〔五〕「定」原誤作「是」，據山大本改。

因話〔一〕録六卷

唐員外郎趙璘著。刊本。是書雜記唐代朝野供〔二〕事。

〔一〕「話」原誤作「語」，據山大本、《四庫總目》、《中國古籍善本書目》改。
〔二〕「供」當爲「佚」字之誤。

夷齊考疑四卷

明胡其久著。石門人。刊本。是書考訂史傳，多駁莊周、司馬遷之謬。後列前人論贊、歌辭。

季周傳〔一〕十二卷

明程元〔二〕初輯。新安人。刊本。是書合編年記事之法，起威烈王至始皇〔三〕止，比類撮學。後附《嬴秦傳》一卷。

〔一〕「季周傳」原誤作「李周博」，據山大本及《四庫總目》《歷代二十一傳殘本》條改。

〔一〕「元」原誤作「光」，據山大本、《千頃堂書目》、《四庫總目》改。

〔二〕「皇」原誤作「王」，據山大本改。

歷代通略四卷

元陳櫟著。休寧人。刊本。　是書本宋呂中所著《宋史講義》更爲增訂。自羲、農至南〔一〕宋止。附《蒙求》一帙。

〔一〕「南」原誤作「尚」，《四庫總目》《歷朝通略》條云：「自伏羲至五代爲二卷，北宋、南宋各占一卷。」今據以改。

綱目分註拾遺〔一〕四卷

明芮長恤〔二〕輯。溧陽人。刊本。　是書取《通鑑》、《綱目》兩書參互考訂，條舉其異同、詳略處而折衷之。

〔一〕「拾遺」《四庫總目》作「補遺」。

〔二〕「恤」原誤作「垣」，據山大本、《四庫總目》改。

史書纂略四十卷

明職方〔一〕郎馬維〔二〕銘輯。平湖人。刊本。　是書摘録各史記傳〔三〕，分代編纂，自盤古迄元代止。

〔一〕「方」原誤「才」，據《四庫總目》改。

〔二〕「維」原作「惟」，據《四庫總目》、《中國古籍善本書目》改。

〔三〕「傳」原誤作「博」。

人代記要考證十卷

明顧應祥輯。湖州人。刊本。是書編次〔一〕起五帝至元代。撮取〔二〕事要，辨證古跡。

〔一〕「次」字原無，據山大本補。

〔二〕「取」山大本作「記」。

蜀國春秋十八卷

明荀〔一〕廷詔輯。成都人。刊本。是書仿《綱目》體例，自秦至元代止。附諸僭國，并詳郡〔二〕縣建置沿革。

〔一〕「荀」原誤作「簡」，據山大本、《千頃堂書目》、《四庫總目》改。

〔二〕「郡」原誤作「都」，據山大本、《四庫總目》改。

東方先生類語十六卷

明朱維陛〔一〕輯。海鹽人。刊本。是書採東方朔事實，綴以名人傳記，分類成帙。

〔一〕「陛」原誤作「階」，據山大本、《四庫總目》改。

國憲家猷〔一〕十六卷

明王可大〔二〕著。東吳人。刊本。是書分〔三〕憲典、象緯、機祥〔四〕、輿圖、事理〔五〕、文史等十四門，詳悉尋〔六〕彙載自明太祖迄神宗朝。

〔一〕「猷」原誤作「猷」，據山大本、《四庫總目》、《中國古籍善本書目》改。

〔二〕「王可大」原誤作「王奇」，據《四庫總目》、《中國古籍善本書目》改。
〔三〕「分」字原脱，據山大本補。
〔四〕「機祥」原作「機詳」，據《四庫總目》改。
〔五〕「理」原作「聖」，據《四庫總目》改。
〔六〕「尋」當因與下「彙」字形近而衍。

國史記聞十二卷

明御史張〔一〕銓輯。沁水〔二〕人。刊本。　是書起明太祖迄武宗止，俱紀朝事。

〔一〕「張」原誤作「時」，據山大本、《千頃堂書目》、《四庫總目》改。
〔二〕「沁水」原作「沔水」，據山大本、《千頃堂書目》改。

皇明小史三十二卷

不知編次人姓名。抄本。　是書係明人編輯明代諸家所記典故，共四十六種。

建文書法儗一册

明諸生朱鷺輯。嘉興人。刊本。　是書編復建文年號爲儗年表，作《本紀》一篇。後〔一〕附從亡死事諸臣各家題贊。

〔一〕「後」原誤作「復」，據山大本改。

皇明表忠記十卷

明〔一〕大學士錢士升輯。嘉善人。刊本。是書紀明建文死難從亡諸臣事蹟。後有證謚十七則。

〔一〕「明」字原無，據山大本、《四庫總目》《明表忠記》條改。

遜國忠〔一〕記十八卷

明周鑣著。華陽人。刊本。是書紀建文時殉難諸臣姓名、事蹟。後附閨閣節烈。

〔一〕「忠」下原有「臣」字，據山大本、《四庫總目》刪。

昭代〔一〕名臣志鈔二十四卷

明吴孝章輯。刊本。是書本鄭曉《吾學編》、王世貞《四部稿〔二〕》中所載而删節之〔三〕。自洪武至隆慶間止。

〔一〕「代」下原有「志」字，據山大本、《千頃堂書目》删。

〔二〕「稿」字原無，據山大本、《四庫總目》《名臣志鈔》條補。

〔三〕「之」字原無，據山大本補。

碩〔一〕輔寶鑑要覽四卷

明提學副使耿定向輯。黄州人。刊本。是書輯上自〔二〕唐、虞下訖〔三〕唐、宋輔臣事跡，各附贊述。

〔一〕「碩」原誤作「顧」，據山大本、《千頃堂書目》、《四庫總目》改。

〔二〕「自」下原有「周」字，據山大本删。

〔三〕「訖」原作「自」，據山大本改。

皇明大政纂要二十四册

明譚希思〔一〕著。抄本。　是書記明代朝政，自洪武迄嘉靖間止。

〔一〕「思」原誤作「恩」，據山大本、《千頃堂書目》改。

文華大訓箴解三卷

明大學士吴道南編。崇仁人。刊本。　是書本明憲宗御製《文華大〔一〕訓》三則，衍爲十二解。各系以箴，申明其意。係當時表進之本。

〔一〕「大」原誤作「文」，據《千頃堂書目》《文華大訓》條、《四庫總目》《殘本文華大訓箴解》條改。

歷代相業軍功〔一〕考二〔二〕卷

明沈夢熊輯。湖州〔三〕人。刊本。　是書録伊尹〔四〕以下爲《相業〔五〕考》，録尹吉甫以下爲《軍功考》，至宋止。

〔一〕「功」原誤作「攻」，據山大本、《四庫總目》改。

〔二〕「二」原作「三」，據山大本、《四庫總目》改。

〔三〕「湖州」原作「吴洲」，據山大本及下條改。

〔四〕「尹」下原有「説」字，據《四庫總目》删。

〔五〕「業」原誤作「書」。

皇明相業軍功〔一〕考二卷

明沈夢熊輯。湖州人。刊本。　是書載明代相業自楊士奇以下十〔二〕有三人，軍功自徐達以下三十人。各爲本傳〔三〕。

〔一〕「功」原誤作「攻」，據《四庫總目》改。

〔二〕「十」字原無，《四庫總目》云：「明代相業，自楊士奇至申時行，十三人。」今據以補「十」字。

〔三〕「傳」字原錯入下條「經」字之後。

經略復國要論〔一〕十四卷

明兵部侍郎宋應昌輯。刊本。　是書記明萬曆間日本侵破朝鮮，應昌奉命經〔二〕略事。備載疏檄同官書〔三〕。

〔一〕本條原混入上條提要之末，今單立。

〔二〕「經」原作「進」，據山大本改。

〔三〕「疏檄同官書」原作「疏撤同官署間」，據山大本改。

平攘録五卷

明諸葛元聲輯。會稽人。刊本。　是書記明代平俺答〔一〕、都蠻、哱〔二〕承恩〔三〕、關白〔四〕、楊應龍等事蹟。

〔一〕「答」原作「谷」，據山大本、科圖本改。
〔二〕「哱」原作「哮」，據山大本改。
〔三〕「恩」原作「思」，據中央民族大學圖書館藏明萬曆三十四年商濬刻本《兩朝平攘録》改。
〔四〕「白」原作「自」，據山大本改。

舊京詞林志六卷

明少詹事周應賓〔一〕輯。鄞縣人。刊本。　　是書編輯洪武迄永樂南京翰林院事跡。凡記事者二，典者二。

〔一〕「賓」原誤作「兵」，據山大本、《千頃堂書目》、《四庫總目》改。

皇明詞林人物考〔一〕十二卷

是書記明代文苑諸人，自洪武至嘉靖年止。

〔一〕「人物考」原作「人考明」，據《四庫總目》《明詞林人物考》條、《浙江採集遺書總録》改。

牧鑑十卷

明楊昱輯。汀洲人。刊本。　　是書記歷代循吏故事，及各明賢議論。分〔一〕治本、治體、應事〔二〕、接人四類編纂。

〔一〕「分」原誤作「公」。
〔二〕「事」原作「時」，據山大本、《四庫總目》改。

壺天玉露四卷

明錢陞〔一〕著。刊本。　是書採取自春秋戰國迄明隆、萬朝，凡士大夫之廉〔二〕介可法者，計二百九十六則。末附《清士》一〔三〕卷。

〔一〕「陞」原誤作「陛」，據《四庫總目》、《中國古籍善本書目》改。

〔二〕「廉」原作「庶」，據山大本改。

〔三〕「一」字原無，據《四庫總目》補。

續觀感録六卷

明方鵬著。崑山人。刊本。　是書因明初周是修所輯古今忠節、義孝事蹟續〔一〕爲搜採，擇其人微事隱〔二〕者，自漢、唐迄元、明止，彙爲一〔三〕編。

〔一〕「續」字原脱，據山大本補。

〔二〕「隱」字原脱，據山大本補。

〔三〕「一」字原脱，據山大本補。

臣鑑録二十卷

國朝御史蔣伊〔一〕輯。金壇人。刊本。　是書輯古今事實、格言，分勸、懲〔二〕二門，以爲人臣法戒。

〔一〕「伊」原作「尹」，據山大本、《浙江採集遺書總録》改。

〔二〕「懲」字原脱，據山大本、《浙江採集遺書總録》補。

千百年眼十二卷

是書撮舉〔一〕經史之疑義者，分條辨論，斷以己説。

〔一〕「舉」原作「降」，科圖本作「夅」，當「舉」形近之誤。

史韻四卷

國朝知縣仲宏道輯。桐鄉人。刊本。　是書因趙南星《史韻》記載未〔一〕，更爲增補。自帝王世紀迄於明代，編爲韻語，以便記誦。附《讀史小論》一卷。

〔一〕「未」字下當有脱文。

卓行録四卷

國朝黄容〔一〕著。吴〔二〕江人。刊本。　是書記近代人物之逸行可傳者及烈女事跡。

〔一〕「容」原誤作「客」，據山大本、《四庫總目》改。

〔二〕「吴」原誤作「具」，據山大本、《四庫總目》改。

閨範十册

明吕坤著。刊本。　是書編次古今賢媛嘉言懿行，以爲閨門之範。

宫〔一〕閨小名録五卷

國朝尤侗輯。長洲人。刊本。　是書起漢迄明，上自后妃，下逮仙鬼，並列於編。

〔一〕「宮」原誤作「官」，據山大本、《四庫總目》改。

麈〔一〕史三卷

宋尚書王得臣著。抄本。　是書雜記書史以及見聞遺事，凡四十四門。

〔一〕「麈」原誤作「鹿生」，據《四庫總目》、《中國古籍善本書目》改。

讀史漫録十四卷

明尚書于慎行著。東阿〔一〕人。刊本。　是書論列史事，斷以己意。分時代爲先後。

〔一〕「東阿」原作「東河」，據山大本、《千頃堂書目》、《四庫總目》改。

讀宋史偶識〔一〕二卷

明項夢原輯。嘉善人。刊本。　是書節録《宋史》所載事之可法者，分條編次〔二〕。

〔一〕本條原混入上條提要末，今單立。

〔二〕本條提要原脱，據山大本補。

讀書後八卷

明王世貞著。太倉人。刊本。　是書係〔一〕世貞讀子、史諸書隨時所著跋〔二〕語。

〔一〕「係」原作「以」，據山大本改。

〔二〕「跋」原作「題」，據山大本改。

西山日記二卷

明丁元薦著。吳興人。刊本。　是書所採皆嘉言懿行，隨記見聞。

疑獄箋四卷

國朝陳芳生輯。仁和人。刊本。　是書〔一〕雜記前人剖斷疑獄之事。

〔一〕「書」字下原有「臆編」二字，據山大本删。

石樓臆編六卷

國朝周綸〔一〕輯。松江人。刊本。　是書上考歷代建置，參以時典，分爲六曹，詳其因革〔二〕損益之〔三〕制。

〔一〕「綸」原誤作「編」，據山大本、《四庫總目》改。

〔二〕「革」原誤作「草」，據山大本改。

〔三〕「之」字原脱，據山大本補。

視草餘録二卷

明大學士楊廷和著。新都人。刊本。　是書廷和於歸田〔一〕後自記其在〔二〕内閣時事。末附趙貞吉所撰墓碑。

〔一〕「田」原誤作「曰」，據山大本改。

〔二〕「在」原誤作「石」，據山大本改。

東源讀史一册

明知府田惟祜〔一〕著。刊本。是書俱係論斷史事。

〔一〕「田惟祜」原誤作「申惟祐」，據山大本改。《四庫總目》作田維祜。

藝林剩語十二卷

明諸生顧成〔一〕憲著。松江人。刊本。是書博徵傳記，雜論史事。

〔一〕「成」字原脱，據《千頃堂書目》、《四庫總目》改。

大明官志五卷

刊本。是書備載有明官志及道里、編户、土産等項。末附《儀注》一卷。

詞〔一〕林典故翰苑須〔二〕知合一册

明張位〔三〕輯。新建人。刊本。是書載翰林職掌、儀注，並薪俸、規條。

〔一〕「詞」原作「翰」，據《千頃堂書目》、《四庫總目》改。

〔二〕「須」原誤作「滇」，據山大本、《千頃堂書目》、《四庫總目》改。

〔三〕「張位」原誤作「時任」，據《千頃堂書目》、《四庫總目》改。

古今律曆考七十二卷

明按察使邢雲路〔一〕輯。安肅人。刊本。是書根據百家之言〔二〕，詳考造律、治曆原委。係雲路與魏徵士文魁商〔三〕榷成書。

〔一〕「路」原誤作「絡」，據山大本、《四庫總目》改。

〔二〕「言」原作「意」，據山大本、科圖本改。

〔三〕「商」原誤作「首」，據山大本、科圖本改。

大樂嘉成一册萬古法程一册

明教諭袁〔一〕應兆輯。建業人〔二〕。　是書前册考文廟樂志〔三〕，後册考歷代崇祀姓名、位次，並附宋儒年表〔四〕。

〔一〕「袁」原誤作「表」，據山大本、《四庫總目》、《中國古籍善本書目》改。

〔二〕「建業人」原脱爲「建」，據《浙江採集遺書總録》補。

〔三〕「志」原作「之」，據山大本改。

〔四〕「附宋儒年表」五字原脱，據山大本補。

明職一册

僉都御史吕坤著。刊本。　是書係吕坤撫山右時申誨大小職官而作，共十八條。

西臺漫記六卷

明御史蔣以化〔一〕輯。吴郡〔二〕人。刊本。　是書多述見聞、時事足備史家採擇者。係以化〔三〕官西臺時所〔四〕紀。

〔一〕「以化」原誤作「心純」，據《千頃堂書目》、《四庫總目》改。

〔二〕「郡」原誤作「群」，據山大本、《千頃堂書目》改。
〔三〕「以化」原誤作「心化」，參校記〔二〕。
〔四〕「所」原誤作「事」，據山大本改。

南臺舊聞十六卷

國朝巡道黄叔璥輯。順天人。刊本。　是書係〔一〕御史臺掌故。前〔二〕八卷敘設官命職之原委，後八卷述居官奉職之規範。

〔一〕「係」山大本作「記」。
〔二〕「掌故前」三字原誤倒作「前掌故」。

金雜禮十九卷

不著撰人姓名。抄本。　是書記金代册立、字號、分〔一〕封、祭享等〔二〕制度〔三〕儀文。自〔四〕十二卷以下原有缺文。

〔一〕「分」原作「生」，據山大本改。
〔二〕「等」原作「專」，據山大本改。
〔三〕「度」字原無，據山大本補。
〔四〕「自」原作「百」，據山大本改。

秦氏女訓二册

不著撰人姓名。抄本。　是書採取后妃以下閫德可法及節烈彰著〔一〕者，彙萃成書。

〔一〕「著」字原脱，據山大本補。

考證服飾篇十卷

明吴貢〔一〕南輯。吴江人。刊本。　是書考訂服飾，推其制度之始，並辯證訛謬。

〔一〕「貢」山大本作「自」。

氏族博考十四卷

明淩迪知著。歸安人。刊本。　是書考證名姓受氏之始〔一〕，及支派門第故實。分爲姓氏、譜系、族望三門。後附神仙姓名一卷。

〔一〕「名姓受氏之始」《浙江採集遺書總録》作「得姓之始」，則「名」當作「得」。

姓氏譜纂七卷

明李日華著。嘉興人。刊本。　是書編次姓氏，各係歷代名人事跡於〔一〕下。

〔一〕「於」原作「以」，據山大本改。

氏族箋釋八卷

國朝熊峻運〔一〕著。刊本。　是書編次姓氏，每條各系以駢語。

〔一〕「熊峻運」原誤作「熊凌雲」，據山大本、《四庫總目》、《中國古籍善本書目》改。

古今兵鑑三十五卷

明鄭璧輯。内江人。刊本。　是書採兵家書凡選將〔一〕、練兵、攻守〔二〕、奇正之術，分類排纂。

〔一〕「選將」原作「選時」，據山大本改。
〔二〕「攻守」原作「考守」，據山大本改。

運籌綱〔一〕目八卷決勝綱目十卷

明兵部侍郎葉夢熊著〔二〕。刊本。　是書備述軍務機宜，分列門類，引證前人成事加以論斷。

〔一〕「綱」原誤作「剛」，據山大本、《四庫總目》改。
〔二〕「八卷」至「熊著」十七字原誤作「三十五卷明鄭壁著內江人」，據山大本、《四庫總目》改。

益智編四十一卷

明孫能傳輯。鄞縣人。刊本。　是書雜記前人臨機應變事。分爲十二類七十二目。

全浙兵制三册

明總兵侯繼國〔一〕輯。金山衛人。刊本。　是書專爲備倭而作，詳具水陸各軍規制事宜。

〔一〕「國」原誤作「高」，據《千頃堂書目》、《四庫總目》改。

五行類應九卷

明御史錢春輯。武進人。刊本。　是書取歷代祥〔一〕異之事徵驗五行。後附占〔二〕法。

〔一〕「祥」原誤作「詳」，據山大本改。
〔二〕「占」原誤作「止」，據山大本、科圖本改。

戎〔一〕事類占二十一卷

明李〔二〕克家輯。豫章人。刊本。　是書載行軍占候之術。

〔一〕「戎」原誤作「戒」，據山大本、《千頃堂書目》、《四庫總目》改。

〔二〕「李」字原脱，據山大本、《千頃堂書目》、《四庫總目》補。

類輯練兵諸事十八卷

明少保戚繼光著。登州〔一〕人。刊本。　是書係繼光久任戎行，自輯條〔二〕議事宜，並詳載舟車、馬步及軍器、戰法。

〔一〕「登州」，原作「東拜」，據《四庫總目》、《浙江採集遺書總録》改。

〔二〕「條」原誤作「係」，據山大本改。

參籌〔一〕秘書十卷

明汪三益輯。貴溪人。刊本。　是書專採黄名〔二〕陰符之説，演六壬、遁甲之法，以爲行師要訣。

〔一〕「籌」原誤作「攷」，據《千頃堂書目》、《四庫總目》改。

〔二〕「黄名」疑當作「黄老」。

軍權四卷

明何良臣著。刊本。　是書論述古今用兵機宜，凡一百四十七〔一〕篇。

〔一〕《四庫總目》云：「凡十七目，一百七十四篇」。

武備志二百四十卷

明茅元儀輯。歸安人。刊本。是書以〔一〕兵訣評〔二〕、戰畧考、陣練〔三〕制、軍資乘〔四〕、占度載分部爲五。凡古今兵家言無不採輯。

〔一〕「以」字下原衍「軍」字，據山大本删。

〔二〕「評」原誤作「詳」，據《浙江採集遺書總録》改。

〔三〕「練」原誤作「線」，據山大本改。

〔四〕「乘」原誤作「柔」，據山大本、《浙江採集遺書總録》改。

紀效新書〔一〕十四卷

明少保戚繼光著。定遠人。刊本。是書備紀行軍方畧。自《束伍〔二〕篇》至《練將篇》分十四類。

〔一〕「紀效新書」原誤作「紀要新昌」，據《千頃堂書目》、《四庫總目》改。又，本條原混入上條提要末，今予以單立。

〔二〕「束伍」原誤作「東任」，據山大本、《四庫總目》改。

馬政記十二卷

明太僕卿楊時喬著。上饒人。刊本。是書戰國卿〔一〕馬政，自洪武迄萬曆間止。

〔一〕「戰」疑當作「載」，「卿」疑當作「朝」。

火器圖〔一〕三册

明信陽令顧斌輯。温陵人。刊本〔二〕。是書詳火器攻守之制，各係圖說。

〔一〕「火器圖」原誤作「大器閣」，據《四庫總目》改。

〔二〕山大本作「抄本」。

齊民要術〔一〕十卷

後魏高陽太守賈思勰著。刊本。　是書採據經傳，凡耕農、畜牧、資生之事無不詳列〔二〕，共〔三〕九十二篇。

〔一〕「術」原誤作「述」，據山大本改。

〔二〕「列」原誤作「例」，據山大本改。

〔三〕「共」上原衍「兵」字，據山大本删。

廣諧史十卷

明陳邦俊輯。秀水人。刊本。　是書録古人譎辨之文，始唐迄明。效徐儆絃舊刻《諧史》，增多二百四十二則。

天下山河兩戒〔一〕考十四卷

國朝徐文靖輯。當塗人。刊本。　是書詳考南北兩戒山河分野之次。前八卷係專取《唐書·天文志》爲之注釋，後六卷係參取晉〔二〕、隋、宋三史加以補訂。卷首繪〔三〕列二十四圖。

〔一〕「戒」原作「界」，據山大本、《四庫總目》、《中國叢書綜録》改。

〔二〕「晉」字原無，據山大本補。

〔三〕「繪」原誤作「給」，據《浙江採集遺書總録》改。

二十五言一卷
明西洋利馬竇述。刊本。

職方外紀五卷
明艾儒畧增譯，楊廷筠〔一〕彙記。刊本。　是二書本西人利馬竇所述，儒畧等推演。論天、水、火〔二〕、氣、土，並有圖説。

〔一〕「筠」原作「均」，據山大本、《中國古籍善本書目》改。
〔二〕「火」原作「大」，據山大本改。

名山勝概記四十八卷
未詳編次人〔一〕姓名。刊本。　是書因何鏜之舊廣加蒐採〔二〕。分省重編，較爲詳悉。

〔一〕「人」字原脱，據山大本補。
〔二〕「採」原誤作「宋」，據山大本改。

兩浙名賢録五十四卷外録八卷
明徐象梅著。錢塘人。刊本。　是書分二十二門，輯録浙省人物，自唐、虞迄明代止。外録八卷專録仙、釋兩家。

涪陵記〔一〕善録一册

宋承議郎馮忠恕輯。臨〔二〕安人。刊本〔三〕。　是書係忠恕官涪時憶所聞於其師尹氏和靖〔四〕者，分條劄記。取《惇史》之義曰《紀善録》。

〔一〕「記」原誤作「説」，據山大本、《四庫總目》改。
〔二〕「臨」字原脱，據山大本、《浙江採集遺書總録》補。
〔三〕「刊本」山大本作「抄本」。
〔四〕「靖」原誤作「清」，據山大本改。

建寧人物傳四卷

明提學僉事李默輯。建寧人。刊本。　是書編纂建寧人物，起唐建中迄明景泰，凡四百十七人，各載事實。

楚風補四十八卷

國朝廖元度輯。長沙人。刊本。　是書蒐輯群書、歌詩、謠諺關於楚地者，及楚中前人詩，採摘成編。後附《拾遺》一卷。

晉陵先賢傳二册

明常州知府歐陽東鳳輯。刊本。　是書敘吳季子〔一〕以下迄明代，得六十九人，各有傳論。

〔一〕「吳季子」原誤作「吳李丹」，據山大本、《四庫總目》改。

檇李往哲初編一册

明尚寶卿戚元佐〔一〕輯。嘉興人。刊本。　是書採輯明初迄〔二〕隆、萬時嘉郡〔三〕先達之有懿行〔四〕凡十四人，彙爲一編。

〔一〕「戚元佐」原誤作「戚繼光佐」，據山大本、《千頃堂書目》、《四庫總目》改。
〔二〕「迄」原誤作「輯」，據山大本、科圖本改。
〔三〕「郡」原誤作「群」，據山大本改。
〔四〕「行」下當脱「者」字。

檇李往哲續編一册

明項玉筍輯。嘉興人。刊本。　是書續戚元佐〔一〕所纂，自隆慶迄崇禎，凡十一人，另爲一卷。

〔一〕「佐」原誤作「佐」，據山大本及上條改。

海昌外志五册

明談〔一〕遷著。海寧人。刊本。　是書分列八門，記海寧一縣文獻故跡，蒐輯詳備。

〔一〕「談」原誤作「該」，據山大本、《千頃堂書目》、《四庫總目》改。

開江書四卷

國朝顧士璉輯。婁縣人。刊本。　是書《新劉河志》二卷，專記順治間知府白登明開濬事宜。又

《婁江志》二卷，統記婁江古今原委。新劉河〔一〕即婁江之尾閭也。

〔一〕「新劉河」原作「新劉原委」，據《浙江採集遺書總録》改。

三吴水考十六卷

明御史林應訓輯。懷安人。刊本。是書考訂蘇〔一〕、松、常、鎮、杭、嘉、湖七府水利，列詔令、水源、水道等十二門。

〔一〕「蘇」下原有「州」字，據山大本删。

吴中水利通志十七卷

不著撰人姓名。刊本。是書載蘇、松、常、鎮、杭、嘉、湖七府水利，并輯前人考議、奏疏、敘記諸文，分府〔一〕。

〔一〕「府」下當有脱文。

澉水志八卷

續澉水志九卷

宋常棠輯。明董〔一〕穀輯。刊本。是書詳載海邊形勢、山川、户口、税賦、沿革事蹟。

〔一〕「董」原誤作「重」，據山大本、《千頃堂書目》、《四庫總目》改。

嶺南二紀二卷

國朝毛〔一〕兆儒著。錢塘人。刊本。是書上卷紀嶺南方物，各係以七言絶句。下卷係《粤行日紀詩〔二〕》。

〔一〕「毛」《四庫總目》作「茅」。

〔二〕「日紀詩」原作「日記時」，據山大本改。

粵閩紀畧五卷

國朝尚書杜臻輯。嘉興〔一〕人。刊本。是書自記安撫廣東、福建，沿海方隅、風土、籌〔二〕畧事蹟。并畫兩省輿圖於卷首〔三〕。

〔一〕「嘉興」原作「加興」，據山大本改。

〔二〕「籌」原作「等」，據山大本改。

〔三〕「首」字原脱，《浙江採集遺書總録》《粵閩巡視紀畧》條云：「卷首列兩省輿圖」。據以補。

燕山叢録二十二卷

明徐昌祚著。海虞人。刊本。是書自敦行至俚〔一〕語，爲類二十有二，皆雜〔二〕京師事。

〔一〕「俚」原誤作「偶」，據山大本、《浙江採集遺書總録》改。

〔二〕「雜」疑當作「録」。

東林書院志二卷

明嚴穀輯。無錫人。刊本。是書志書院始末，自沿革、建置以下分十一門。後附《辨》一首、《或問》一卷。

續吴先賢讚十五卷

明劉鳳著。沛國人。刊本。　是書編載明代吴郡[一]諸人事蹟，各系以讚。

〔一〕「郡」原作「邵」。

增補武林舊事八卷

明主事[一]朱[二]廷焕輯。刊本。　是書自宋周密[三]原輯[四]《武林舊事》，紀宋南渡後[五]百二十年[六]典章、風俗，廷焕復爲增續本記之。

〔一〕「主事」原誤作「主視」，據《四庫總目》、《四庫存目標注》改。
〔二〕「朱」原誤作「未」，據《四庫總目》、《四庫存目標注》改。
〔三〕「周密」原作「蜜」，據《四庫總目》改。
〔四〕「輯」原誤作「轉」。
〔五〕「後」原作「有」，據山大本改。
〔六〕「百二十年」原作「二百餘年」，據《四庫總目》、《浙江採集遺書總録》改。

鄢署雜鈔十二卷

國朝鄢陵知縣汪爲熙[一]輯。休寧人。刊本。　是書採輯鄢陵典故，並雜記聞見。後附自作詩文。

〔一〕「熙」《四庫總目》作「熹」。

荆門耆舊紀畧三卷

國朝胡作柄〔一〕著。荆門人。刊本。　是書雜記荆門人物、事蹟。

〔一〕「柄」原作「炳」，據《四庫總目》、《中國古籍善本書目》改。

紀古滇説一册

祀〔一〕張道宗著。刊本。　是書記滇省方域〔二〕，自上古迄宋咸淳間事蹟，考正敘列。

〔一〕「祀」疑爲「宋」字之誤，《四庫總目》、《中國古籍善本書目》均作「題宋張道宗撰」。

〔二〕「域」原作「城」，據山大本、《浙江採集遺書總録》改。

滇略十卷

明謝肇淛著。晉安人。刊本。　是書蒐採覩聞，裒〔一〕敘滇省故實，加以論斷，分爲十畧。

〔一〕「裒」原作「衷」，據《浙江採集遺書總録》改。

鄭開陽雜著五册

明鄭若曾〔一〕著。崑山人。刊本。　是書分《萬里海防》、《江防〔二〕圖考》、《日本圖纂》、《朝鮮圖説》、《琉球圖説》、《安南圖説》、《海防圖〔三〕論》、《海運圖説》、《黄河圖説》、《蘇松浮粮議》十種。

〔一〕「曾」原作「增」，據山大本、《千頃堂書目》、《四庫總目》改。

〔二〕「防」原誤作「夢」，據《四庫全書》本《鄭開陽雜著》改。

〔三〕「圖」下原衍「説」字，據山大本、科圖本删。

琉球録〔一〕二卷

明給事中郭士〔二〕霖輯。永豐人。刊本。　是書係嘉靖間士霖出使琉球，取前〔三〕經奉使之陳侃、高澄所著《琉球録》增益之。前載詔勑、禮儀，後記舟行雜事及國土風俗。

〔一〕《四庫總目》作《使琉球録》。

〔二〕「士」《四庫總目》作「世」。

〔三〕「取前」原作「前取」，今乙正。

皇明象胥〔一〕録八卷

明茅瑞徵著。歸安人。刊本。　是書所載始朝鮮至兀良哈〔二〕，共三十有六國，附諸小番。各詳其風俗、世系、朝貢始末。

〔一〕「胥」原誤作「青」，據《千頃堂書目》、《中國古籍善本書目》改。

〔二〕「兀良哈」原作「元良唅」，據山大本、科圖本改。

粵程雜記一册

明許令典著。海寧人。刊本。　是書紀自浙至粵中風景。分列七目〔一〕，後附圖歌。

〔一〕「目」原作「日」，據山大本、科圖本改。

連陽八排風土記八卷

國朝知縣李來章著。河南人。刊本。　是書記猺種八排風俗〔一〕、土音及勦撫、約束等事宜。

〔一〕「俗」字原無，據山大本補。

安南即〔一〕事一册

元陳孚著。抄本。　是書係孚出使安南所著，紀其山川、風土、城邑。

〔一〕「即」原作「郡」，據山大本、《四庫總目》《安南即事詩》條改。

湖湘五略〔一〕十卷

明御史錢春著。刊本。　是書《疏畧》三卷，《牘〔二〕畧》一卷，《檄畧》二卷，《詳畧》二卷，《讞畧》二卷，皆春巡按湖廣時所著。

〔一〕「湖湘五略」原誤作「湘湖五署」，據《四庫總目》、《中國古籍善本書目》改。

〔二〕「牘」原誤作「續」，據《四庫總目》改。

臺海使槎録八卷

國朝黄叔璥〔一〕輯。刊本。　是書考訂臺灣版〔二〕圖、風俗、題詠。

〔一〕「璥」原誤作「璥」，據山大本、《四庫總目》、《中國叢書綜録》改。

〔二〕「版」原作「板」，據山大本改。

海國聞見録二卷

國朝提督陳倫炯著。同安人。刊本。　是書詳各洋道里、島嶼遠近並風俗物産，下卷繪沿〔一〕海、臺灣、澎湖、瓊州諸圖。

〔一〕「沿」原誤作「洽」，據《浙江採集遺書總録》改。

海外紀事六卷

國朝釋大汕〔一〕著。刊本。　是書因大汕雲遊海外之大越國〔二〕，記所聞見〔三〕並法語、時歌。

〔一〕「汕」原誤作「仙」，據《四庫總目》、《中國古籍善本書目》改。

〔二〕「海外之大越國」，原作「海外至越國」，山大本作「海之大越國」。今據《浙江採集遺書總録》改。

〔三〕「見」原誤作「是」，據山大本改。

百城烟水九卷

國朝張大純輯。長洲人。刊本。　是書備載蘇州一郡〔一〕山水、人物暨歷代名蹟。

〔一〕「郡」原誤作「群」，據山大本改。

二樓小志四卷

國朝汪越、沈廷璐〔一〕輯。刊本。　是書著載宛陵南北二樓圖，並系以志傳暨祠祀古跡。係程元愈原〔二〕本，汪越等重爲增輯。

〔一〕「璐」原誤作「瑠」，據山大本、《四庫總目》、《中國古籍善本書目》改。

〔二〕「原」原作「源」，據山大本改。

二樓紀畧四卷

國朝佟賦偉輯。襄平人。刊本。　是書係賦偉守宛陵時據見聞所及，雜記土俗民風，并其自作詩文。附於《二樓小志》之後。

滄浪小志二卷

國朝宋犖著。商邱〔一〕人。刊本。是書載滄浪亭古跡并題詠詩文。亭在吳口，爲宋蘇舜欽遺跡。

〔一〕「商邱」原作「商陵」，據山大本、《四庫總目》改。

古今源流至論前集〔一〕十卷後集十卷續集十卷別集十卷

宋林駉〔二〕著。宋黄〔三〕履翁著。刊本。是書詳論古今理學制度本末。係宋時科舉對策之本。

〔一〕「前集」原作「全集」，據《四庫總目》、《中國叢書綜録》改。

〔二〕「駉」原誤作「駟」，據《四庫總目》、《中國古籍善本書目》改。

〔三〕「黄」字原脱，據《四庫總目》、《中國古籍善本書目》補。

漢魏百三名家〔一〕八十册

明張溥著。婁縣人。刊本。是書自漢《賈長沙集》迄隋《薛司隸集》凡一百三家，皆搜羅散軼而編次之者。每集各冠以本傳，并附題辭。

〔一〕是書全名《漢魏六朝百三名家集》。

皇霸文紀十二卷

明梅鼎祚輯。宣城人。刊本。　是書彙集上古至秦代之文，凡經傳外銘辭、古刻，悉加蒐録。

西漢文紀二十四卷

明梅鼎祚著。刊〔一〕本。　是書録西漢一代之文〔二〕，間有班、馬所未載。

〔一〕「刊」字原脱，據山大本補。

〔二〕「文」字原脱，據山大本補。

東漢文紀三十二卷

明梅鼎祚著。刊本。　是書取材范史〔一〕，并廣採隸刻〔二〕、碑銘增附於後。

〔一〕「史」原誤作「叟」，據《浙江採集遺書總録》改。

〔二〕「刻」原誤作「朔」，據《浙江採集遺書總録》改。

西晉文紀二十卷

明梅鼎祚輯。刊本。　是書輯典午四朝之文，并追録景帝、宣帝時書奏等編。

宋文紀十八卷

明梅鼎祚著。刊本。　是書彙録劉宋一代之文，後有無名氏及吐谷渾等國奏表。

南齊文紀十卷

明梅鼎祚著。刊本。　是書録蕭齊一代之文，並採及金石諸刻。

北齊文紀三卷

明梅鼎祚著。刊本。　是書録北齊諸文〔一〕，自高歡迄鄭元偉。

〔一〕「諸文」原誤作「文諸」，據山大本、科圖本改。

梁文紀十四卷

明梅鼎祚輯。刊本。　是書録武帝以下四朝之文，并採後梁文數家附後。

陳文紀八卷

明梅鼎祚輯。刊本。　是書編輯武帝以下諸家之文，而以姚最《續畫品》殿焉。

後周文紀八卷

明梅鼎祚輯。刊本。　是書彙録後周諸家之文。

隋文紀八卷

明梅鼎祚輯。刊本。　是書彙録隋代之文，間有唐初諸家之作。爲姚鉉〔一〕《文粹》所未收者亦附採焉。

〔一〕「鉉」原誤作「鋐」，據山大本改。

曾公類説六十卷

宋尚書郎曾慥輯。晉〔一〕江人。刊本。　是書説〔二〕採摭群書，自《穆天子傳》以下共二百五十二種。

〔一〕原無「晉」字，據《四庫總目》補。

〔二〕「説」字當爲衍文。

稗乘二册

陳元允〔一〕輯。刊本。　是書分史畧、訓詁、説家、二氏四門。所採書共四十二種。

〔一〕「允」原作「元」，據山大本、《浙江採集遺書總録》改。

圖書編一百二十七卷

明章潢輯。南昌人。刊本。　是書博〔一〕採群經、諸史、稗官紀載，凡天文〔二〕、地理、禮樂、刑政，分類彙編，體例詳贍〔三〕。

〔一〕「博」原誤作「傳」。

〔二〕「天文」原誤作「天子」，據山大本改。

〔三〕「贍」字原脱，據山大本補。

文苑彙雋二十四卷

明屠隆〔一〕輯。鄞縣人。刊本。　是書取天文、歲時以及鱗介、虫魚典故，編以對偶，各爲注釋，分二十四門。

〔一〕「隆」原作「龍」，據山大本、《浙江採集遺書總録》改。

博學彙書十二卷

國朝來集〔一〕之輯。蕭山人。刊本。　是書採輯經史及前人緒論〔二〕，標題類纂，各究名物源流。

〔一〕「集」原誤作「輯」，據山大本、《四庫總目》、《中國古籍善本書目》改。
〔二〕「論」原誤作「編」，據山大本、《浙江採集遺書總録》改。

古事比〔一〕五十二卷

國朝方中德輯。桐城人。刊本。　是書比〔二〕例事類，取古人事跡相同者，分門纂述。

〔一〕「古事比」原誤作「古此事」，據山大本、《四庫總目》、《中國古籍善本書目》改。
〔二〕「比」原作「此」，據山大本、《浙江採集遺書總録》改。

彙苑詳註三十六卷

明國學生鄒道元輯。晉江人。刊本。　是書摘録經史、百家典故，分門彙編，各系以註。

事物紀原十卷

刊本。　是書自天地、生植至〔一〕蟲魚、鳥獸，各記其源始，分部五十有五。簡〔二〕敬序云，作者逸其姓氏，不可考。

〔一〕「至」原作「之」，據山大本改。
〔二〕「簡」原作「閭」，據《四庫總目》改。

明辨類函六十四卷

明詹景鳳著。新安人。刊本。　是書分《作者辨》十卷,《造化辨》四卷,《人道辨》二十卷,《人品辨》二十卷。類聚古今之事、言而條辨之。大要性理爲宗旨。

事物初略三十四卷

明吕毖〔一〕著。吳郡人。刊本。　是書博考事物原始,凡天時,人事以及器用、動植、飛潛等類詳著出處,分類成編。

〔一〕「吕毖」原誤作「吕毖貞」,據《四庫總目》、《中國古籍善本書目》改。

群書考索〔一〕前集六十六卷後集六十五卷續集五十五卷

宋國子博士章如愚輯。金華人。刊本。　是書前集十五門,後集九門,續集十七門。援證群書,分條辨析文物、典章原委。

〔一〕「群書考索」原誤作「郡書考索」,據山大本、《中國古籍善本書目》改。

事文類聚前集六十卷後集五十卷新集三十六卷別集三十二卷續集二十八卷外集十五卷遺集十五卷

宋祝穆輯。建安人。刊本。　是書採摭古今事實、詩文,分列綱目編次。

續百川學海十六册

明吴永輯。昌江人。刊本。　是書所採凡一百十二種，分爲十集，以續左圭《百川學海》所未録。

廣百川學海十六册

明馮可賓〔一〕輯。北海人。刊本。　是書所採凡一百三十種，亦分十集，以廣左圭、吴永二家所未備。

〔一〕「賓」原誤作「寶」，據山大本、《四庫總目》改。

三才圖會一百六卷

明王圻輯。上海人。刊本。　是書天文、地理、人物三門係圻所纂，自時〔一〕令以下至文史十一門係圻子思義所續。博考〔二〕名物、事理，援引群集，詳繪爲圖。

〔一〕「時」原誤作「持」，據山大本、《四庫總目》改。

〔二〕「考」下原衍「芳」，據山大本删。

古今記林二十九卷

明汪〔一〕士漢輯。刊〔二〕本。　是書分採群書，隨得隨記。自天文至蟲魚爲類二十有七。

〔一〕「汪」原誤作「江」，據山大本、《四庫總目》改。

〔二〕「輯刊」二字原誤倒，據山大本改正。

群書集事淵海四十七卷

不著撰人姓名。刊本。是書纂集故事，上自春秋下迄元代，分門十，爲目五百七十二。

李氏類纂四卷

國朝李繩〔一〕遠輯。嘉興人。抄本。是書分職官、姓氏、事類、物類四門，考證史傳，以類編次。

〔一〕「繩」原誤作「純」，據山大本、《四庫總目》改。

劉氏類山十卷

明宜川〔一〕知縣劉胤〔二〕昌纂。桐城人。刊本。是書自象緯、方輿以下分爲七十類。徵事屬辭，撮取其要。

〔一〕「宜川」原誤作「宣川」，據山大本、《四庫存目標注》改。

〔二〕「胤」原作「元」，據《千頃堂書目》、《中國古籍善本書目》、《四庫存目標注》改。

鴻苞四十八卷〔一〕

明主事屠隆〔二〕著。鄞縣人。刊本。是書雜論經史百家古今人物、時事，旁及仙釋，各有論著。

〔一〕「四十八卷」原作「四十四卷」，據山大本、《千頃堂書目》、《四庫總目》改。

〔二〕「隆」原作「龍」，據山大本、《千頃堂書目》、《四庫總目》改。

事詞類奇三十卷

明徐常吉著。武進人。刊本。是書雜採經史百家之語，分類編纂。

茹古略集三十卷

明程良孺輯。刊本。 是書摘録前代詩文，分類纂輯。共三百九十四目。

文儷[一]十八卷

明荆溪知縣陳翼飛輯。漳州人。刊本。 是書採輯前人駢儷之文，分體編次。

〔一〕「文儷」原誤作「文儦」，據山大本、《千頃堂書目》、《四庫總目》改。

情采編[一]三十六卷

明知府屠本畯[二]輯。鄞縣人。刊本。 是書選録漢、魏迄三唐之詩，皆取其情深而采麗[三]者，故以名篇。

〔一〕「情采編」原作「情採篇」，據山大本、《千頃堂書目》、《四庫總目》改。

〔二〕「畯」原誤作「竣」，據山大本、《千頃堂書目》、《四庫總目》改。

〔三〕「采麗」原誤作「乘鹿」，據山大本改。

宙合編[一]八卷

明林兆珂輯。莆田人。刊本。 是書辨證群籍，以類相從，分爲八集。

〔一〕「編」原作「篇」，據山大本、《四庫總目》改。

古今説海一百四十二卷

明黄標等輯。刊本。 是書分説選、説淵、説畧、説纂四部，採集諸書，共一百三十五種。

沈氏學弢十六卷

明邢部侍郎沈堯中輯。嘉興〔一〕人。刊本。　是書採輯百家，蒐羅逸事，分二十八門。

〔一〕「嘉興」原作「加興」，據山大本、《四庫總目》改。

學古適用〔一〕篇九十一卷

明侍郎吕純如輯。吴人。刊本。　是書纂歷代事實足爲後世法式者，分九十一門。

〔一〕「用」原誤作「周」，據山大本、《千頃堂書目》、《四庫總目》改。

日涉編〔一〕十二卷

明陳堦著。應城人。刊本。　是書分記十二月典故，每月又各載故實、詩詞。

〔一〕「編」原作「篇」，據山大本、《四庫總目》改。

竹香齋類書三十七卷

明張墉輯。錢塘人。刊本。　是書採輯群籍，分門編纂。首倫類、品行，次及政事、藝術、輿地、象緯等類。

時物典彙六卷

明李日華輯。刊本。　是書彙集諸書，自天文至鳥獸，分類二十有四。

群書拾唾十二卷

明張九韶〔一〕輯。臨江人。刊本。　是書自天文至禪宗，分類十二，撮舉備要。

〔一〕「韶」原作「詔」，據山大本、《四庫總目》、《中國古籍善本書目》改。

駢志二十卷

明陳禹謨輯。常熟人。刊本。　是書輯録古〔一〕事之相似者，每條並舉二語，各註出〔二〕處。

〔一〕「古」原作「故」，據山大本、科圖本改。

〔二〕「註出」二字原誤倒，據山大本改正。

合纂類語三十〔一〕二卷

明魯重民輯。錢塘人。刊本。　是書節録經史子集之語而類聚之〔二〕。每條各舉所出，詳于纂言而畧於紀事。

〔一〕「十」原誤作「中」，據山大本、《中國古籍善本書目》改。

〔二〕「聚之」二字原誤倒，據山大本改正。

廣修辭指南二十卷

明陳與郊輯。海寧人。刊本。　是書舊浦南金所輯〔一〕《修〔二〕辭指南》一篇，更採他書以推廣之。

〔一〕「輯」原誤作「輔」，據山大本改。

〔二〕「修」原誤作「備」，據《四庫總目》改。

異物彙苑十八卷〔一〕

閔文振著。浮梁人。刊本。　是書彙録古今事物之怪異者〔二〕，每條各舉所出。

〔一〕「十八卷」原作「二十卷」，據山大本、《四庫總目》改。

〔二〕「者」原誤作「物」，據山大本改。

名義考十二卷

明户部郎周祈〔一〕著。湖廣人。刊本。　是書於象緯、名物、訓詁、方言，各著〔二〕其所自出。分爲四〔三〕種而條繫之。

〔一〕「祈」原誤作「祚」，據山大本、《千頃堂書目》、《四庫總目》改。

〔二〕「著」原誤作「詿」，據山大本改。

〔三〕「爲四」二字原誤倒，據山大本改正。

留青日記〔一〕三十九卷

明教諭田藝衡著。錢塘人。刊本。　是書分類標題，廣蒐僻事、隱語。自甲〔二〕至癸，分作十集。

〔一〕「日記」《千頃堂書目》、《四庫總目》均作「日札」。

〔二〕「甲」原誤作「中」，據山大本改。

五雜俎十六卷

明謝肇淛著。侯官人。刊本。　是書分天、地、人、物、事五部，雜引經史諸子，參以論說。

濬元六卷

國朝張必剛著。潛山人。刊本。　是書論歲時、氣候、陰陽、虛實之理，分綴月令，系以論說。

古今彝語〔一〕十二卷

明少保汪應蛟輯。婺源人。刊本。是書考自唐、虞下芝〔二〕金、元，凡嘉言懿行，編載成書。

〔一〕「語」原作「説」，據《四庫總目》、《中國古籍善本書目》改。

〔二〕「芝」疑當作「及」。

雅俗稽〔一〕言四十卷

明教諭張存紳輯。湖廣人。刊本。是書天文、地理、居食、倫物以至草木、昆蟲，分類纂次，考訂原委。

〔一〕「稽」原作「嵇」，據山大本、《四庫總目》改。

可知編〔一〕八卷

明修撰楊慎輯。新都人。刊本。是書天、地、人總列三部，復於各部下分標門類，考據書傳〔二〕所載，彙輯成編。

〔一〕「編」原作「篇」，據山大本、《四庫總目》改。

〔二〕「傳」原作「類」，據山大本、科圖本改。

典引輯〔一〕要十八卷

國朝丁昌遂輯。懷寧人。刊本。是書摘輯經傳所載三古典實，自秦、漢以下概不收入。

〔一〕「輯」原作「集」，據山大本、《四庫總目》改。

古今評〔一〕録四卷

明商維濬輯。會稽〔二〕人。刊本。　是書摭拾書傳所載並見聞所及瑣事，隨筆劄記，不分門類。

〔一〕「評」原作「平」，據山大本、《四庫總目》改。

〔二〕「會稽」原作「會嵇」，據山大本、《四庫總目》改。

說原十六卷

明諸生穆希文著。嘉興人。刊本。　是書原天地人物之理，根據經籍，彙萃成編。

筆叢三十六卷

明胡〔一〕應麟著。蘭谿人。刊本。　是書正集十種，考證經史及九流、二氏書之原委得失。續集二種，專取楊慎《丹鉛録》、《藝林伐山》二書，兩〔二〕條舉其誤。

〔一〕「胡」原誤作「吳」，據山大本、《千頃堂書目》、《四庫總目》改。

〔二〕「兩」字當誤。

瑯琊代醉編〔一〕四十卷

明太僕丞張鼎思〔二〕輯。蘇州人。刊本。　是書隨筆劄記，凡經史及稗野疑義耿事〔三〕，剖析備載。

〔一〕「代醉編」原作「代睟篇」，據山大本、《千頃堂書目》、《四庫總目》改。

〔二〕「張鼎思」原誤作「張思睿」，據《四庫總目》、《中國叢書綜録》改。

〔三〕「耿事」山大本作「𦖋事」，科圖本作「䀹事」，疑當作「瑣事」。

錢子測語一册

明知府錢琦著。海鹽人。刊本。是書所論皆經世理身之學，凡分八門。

古今釋疑[一]十八卷

國朝方中履著。桐城人。刊本。是書援證百家，論析古今疑義。有[二]經、史至禮、樂、書、數，俱有考辨。

〔一〕「疑」原作「義」，據科圖本、《四庫總目》改。

〔二〕「有」當作「自」。

廣蒙求三十四卷

明同知姚光祚輯。吳郡人。刊本。是書摘取經史典故。比[一]事並列，編爲四言韻語，以廣唐李翰《蒙求》所未備。

〔一〕「比」原作「此」，據山大本改。

賴古堂藏書四册

國朝侍郎周亮工[一]輯。祥符人。刊本。是書採輯説部書十種，自《觀宅四十吉祥相》迄《漁談》止。

〔一〕「工」原誤作「士」。

筆塵〔一〕十八卷

明于慎行著。刊本。　是書雜論古今，多述掌故〔二〕，間及異聞。

〔一〕「塵」原誤作「塵」，據《千頃堂書目》、《四庫總目》改。

〔二〕「掌故」原作「古」，據山大本改。

古雋八卷

明楊慎著。刊本。　是書採取諸經、史、子、集雋語，以資考證。

詩法源流三卷

明王用章〔一〕輯。刊本。　是書上卷述宋、元人論詩法，中卷係傅若川〔二〕選漢、魏及陶潛詩，下卷係吴成等編杜甫詩法。

〔一〕「章」原誤作「葷」，據《千頃堂書目》、《中國古籍善本書目》改。

〔二〕「傅若川」原誤作「傳著川」，據山大本、《四庫總目》改。

樂府廣序三十卷

國朝朱嘉徵輯。海寧人。刊本。　是書取漢、魏樂府諸篇，分爲風、雅、頌三體，而附歌詩、琴曲於後。

事言要玄三十卷

明陳懋學著。福唐〔一〕人。刊本。　是書分天集三卷、地集八卷、人集十四卷、事集二卷、物集三卷，係輯各書，依類編次。

〔一〕「福唐」原作「福堂」，據山大本、《四庫總目》改。

藝林考證稱號十二卷

明沈自南輯。吳江人。刊本。　是書考證稱謂，自宫掖至道釋，分爲十三。

可齋雜記一册

明學士彭時著。刊本〔一〕。　是書自記事〔二〕跡，及在〔三〕舘閣時事。

〔一〕山大本作抄本。

〔二〕「事」原誤作「自」，據山大本改。

〔三〕「在」原誤作「石」，據山大本改。

説畧三十卷

明顧起元著。江寧人。刊本。　是書林集説部書，分類二十有一，始象緯〔一〕終〔二〕虫注。

〔一〕「緯」原誤作「解」，據文淵閣《四庫全書》本《説略》改。

〔二〕「終」原誤作「絡」，據山大本、科圖本改。

竇子紀聞類編四卷

明竇文照輯。秀水人，刊本。　是書自天文至鳥獸，分類二十有四。雜採史傳，隨録見聞。

蘇米譚〔一〕史廣六卷

明郭化著。宣城〔二〕人。刊本。　是書編録蘇軾、米芾二人瑣事、雜論見於文集及宋人説部書者。蘇四卷，米二卷。

〔一〕「譚」原誤作「譯」，據《四庫總目》、《四庫存目標注》改。

〔二〕「宣城」原誤作「寅城」，據《四庫總目》、《四庫存目標注》改。

新編排韻增廣事類氏族大全十二册

不著撰人姓名。刊本。　是書以氏族依韻〔一〕編次，冠以五音，詳列各姓事實。

〔一〕「韻」原作「類」，據山大本、《浙江採集遺書總録》改。

文奇豹斑十二卷

明陳繼儒輯。華亭人。刊本。　是書摭拾群書，自天文迄字學，分十二門，各載故實。

燕山叢録九卷

明邢部郎徐昌祚著。常熟人。刊本。　是書輯録燕中事蹟，列敦行至怪異九門。

汝南圃〔一〕史十二卷

明周文華輯。吳人。刊本。　是書分〔二〕列花木、疏果種植之法。

〔一〕「圃」原誤作「囿」，據山大本、《千頃堂書目》、《四庫總目》改。

〔二〕「分」原誤作「句」，據山大本改。

覺迷〔一〕蠡測三卷

明管志〔二〕道著。刊本。　是書俱論禪理，後有《剩言》、《附録》一册。

〔一〕「迷」原誤作「述」，據山大本、《千頃堂書目》、《四庫總目》改。

〔二〕「志」原誤作「忠」，據《千頃堂書目》、《四庫總目》改。

沈氏蘧説

明舉人沈長卿著。錢塘人。刊本。　是書考據〔一〕經史，雜及見聞，分象緯、五行等七十三篇。

〔一〕「據」原作「舉」，據山大本改。

冰〔一〕署筆談六册

明黄汝良著。刊本。　是書雜記經史子集名人事跡，末卷有缺全頁。

〔一〕「冰」原誤作「水」，據山大本、《千頃堂書目》、《四庫總目》改。

璅探十卷

明李蘅輯。刊本。　是書編集前人藝林逸語。

敦行録二卷

國朝大學士張鵬翮〔一〕輯。遂寧人。刊本。　是書摘録經傳、諸史及前人格言，分孝行、忠賢等二十一門。

〔一〕「翮」字原脱，據《四庫總目》、《四庫存目標注》補。

欣賞編十册

明茅瑞徵輯。刊本。　是書輯録諸家所述游藝、賞心〔一〕之事，自古玉圖、古印譜以下凡六十五種。

〔一〕「心」字原脱，據山大本補。

空同子瞽説〔一〕一册

明編修蘇伯衡著。金華人。刊本。　是書雜論事理，并史傳、詩文。

〔一〕「瞽説」原誤作「瞽謊」，據《千頃堂書目》、《四庫總目》改。

衍極二卷

宋鄭枃〔一〕著，劉有定釋。刊本。　是書前五篇考釋古文，後二篇考訂歷代名人書法。

〔一〕「枃」原誤作「朽」，據《四庫總目》、《中國古籍善本書目》改。

説類六十二卷

明葉向〔一〕高輯。福清人。刊本。　是書採録唐、宋人雜著，分類編次，凡四十六種。

〔一〕「向」原誤作「尚」，據山大本、《千頃堂書目》、《四庫總目》改。

雲谷卧餘二册

國朝張習孔著。歙縣人。刊本。　是書筆記經史軼事遺義及耳目見聞，分條論釋。

培壘居雜録四卷

明鄭端允〔一〕著。海鹽人。刊本。是書本其曾祖曉之家學，復廣以先正格言。

〔一〕「端允」原誤作「瑞元」，據《四庫總目》、《四庫存目標注》改。

説嵩三十二卷

國朝景日眕〔一〕輯。登封人。刊本。是書前分十四篇，紀嵩山之支〔二〕幹，以地爲次。後分十四門，自星野至〔三〕風什，以類爲次，於敘述中多寓詳〔四〕斷。

〔一〕「眕」原誤作「軫」，據山大本、《四庫總目》、《北京圖書館普通古籍總目》改。
〔二〕「支」原作「友」，據山大本改。
〔三〕「至」原誤作「生」，據山大本改。
〔四〕「詳」原作「祥」，據山大本改。

文選〔一〕錦字録二十一卷

明淩迪知輯。歸安人。刊本。是書以宋人《文選類林》及《文選雙字類要》二書繁簡不齊，因爲增損成篇，凡分四十六門。

〔一〕「選」原誤作「進」，據山大本、《四庫總目》《文選錦字》條改。

楚騷綺語六卷

明張之象輯。松江人。刊本。是書仿《漢雋》及〔一〕《文選雙字類要》之體，摘録分編。

〔一〕「及」原誤作「集」，據山大本改。

說詩樂趣二十卷

國朝舉人伍涵芬輯。於潛人。刊本。　是書專採古今詩話，釐爲四十一門。末附《偶吟草》一册。

嗜退庵語存十卷

國朝嚴有穀著。歸安人。刊本。〔一〕　是書摘取前人嘉言懿行，分立誠至慎刑二十門。

〔一〕「本」字原脱。

小語三卷

明姚張斌著。金谿人。刊本。　是書多與友、生談學講藝及問答酧應之語。

何氏語林三十卷

明何良俊著。華亭人。刊本。　是書體仿《世説新語》，其蒐輯自漢、魏迄元、明，共三十八篇，二千七百八十六事。

卮〔一〕林十卷

明周〔二〕嬰著〔三〕。莆田人。刊本。　是書博證史籍〔四〕，采其雋事、逸語，以類標題，末附《補遺》一卷。

〔一〕「卮」原誤作「危」，據山大本、《千頃堂書目》、《四庫總目》改。

〔二〕「周」原誤作「問」，據《千頃堂書目》、《四庫總目》改。

〔三〕「著」字原脱，據山大本補。

〔四〕「史籍」原作「詩藉」，據山大本改。

宋氏養生部六卷

宋氏尊生部十卷

宋氏燕閒部二卷

宋氏樹畜部四卷

明宋詡著。華亭人。刊本。是四書詳證服食、器皿製造事宜，及種植、飛潛等類。

游宧〔一〕餘談一卷

河上楮談三卷續談一卷

明巡撫朱孟震著。新淦人。刊本。是二書係官南中及出守各郡〔二〕巡撫三晉時，讀書有得，并見聞所及，隨筆劄記。

〔一〕「宧」原誤作「官」，據《千頃堂書目》、《四庫總目》改。

〔二〕「郡」原誤作「群」。

禪寄筆談十卷續談五卷

明邢部郎陳師〔一〕撰。錢塘人。刊本。　是書舉生平聞見，分三十三類。續集分爲二十則。後附隨〔二〕筆雜著。

〔一〕「師」字原脱，據山大本、《千頃堂書目》、《四庫總目》補。

〔二〕「附隨」二字原誤倒，據山大本改。

昨非庵日纂二十卷

明鄭瑄著。刊本。　是書分類自宦〔一〕澤至冥〔二〕果，爲門二〔三〕十。多採古人懿行嘉言，隨筆録存。

〔一〕「宦」原誤作「官」，據《浙江採集遺書總録》、《四庫存目標注》改。

〔二〕「冥」原誤作「實」，據《四庫總目》、《浙江採集遺書總録》改。

〔三〕「二」原誤作「上」，據山大本及《四庫總目》《昨非齋日纂》條改。

容膝居雜録六卷

國朝葛芝著。崑山人。刊本。　是書隨筆劄記，闡發義理居多。

畏壘筆〔一〕記四卷

國朝徐昂發著。長洲〔二〕人。刊本。　是書取史傳紀載之失實者，以己見聞分條辨證。

〔一〕「筆」原誤作「等」，據山大本、《四庫總目》改。

〔二〕「長洲」原作「長州」，據《四庫總目》改。

秋檠録一册

明嚴震輯。滁州人。刊本。是書撮舉歷代〔一〕史事、名號各以數計者，凡二百二十九條，以備觀覽。

〔一〕「代」字原脱，據山大本補。

香雪林〔一〕集二十六卷

明王思義輯。刊本。是書專輯古今題咏梅花各體詩文。前有《梅圖》〔二〕二卷，後附《畫梅譜訣》二卷。

〔一〕「林」原誤作「懷」，據《千頃堂書目》、《四庫總目》改。

〔二〕「圖」原誤作「圃」，據山大本、《四庫總目》改。

烟霞小説五册

明侍郎范欽輯。鄞縣人。刊本。是書彙編前人小説，自〔一〕《吴中故語》及《猥談》凡十種。

〔一〕「自」原作「因」，據《浙江採集遺書總録》改。

山居雜志四册

明汪士賢輯。新安人。刊本。是書雜録前人花木〔一〕禽魚、茶疏酒食之譜，彙爲一帙，凡二十種。

〔一〕「木」原誤作「本」，據山大本改。

蟫〔一〕史十一卷

明穆希文輯。嘉興人。刊本。　是書考訂名物原委，分羽〔二〕、毛、鱗、甲四〔三〕門。後附《諸蟲類》一卷。

〔一〕「蟫」原誤作「燂」，據山大本、《千頃堂書目》、《四庫總目》改。

〔二〕「羽」原誤作「明」，據山大本、《四庫總目》改。

〔三〕「四」原誤作「向」，據《四庫總目》改。

牡丹史四卷

明薛鳳翔著。亳州〔一〕人。刊本。　是書前一卷係列四時栽〔二〕植諸法，後各分部辨其種類，及古今故實、前人題咏詩文。

〔一〕「亳州」原誤作「亮」，據《千頃堂書目》、《四庫總目》改。

〔二〕「栽」原作「裁」。

今世説八卷

國朝王晫〔一〕著。仁和人。刊本。　是書仿宋劉義慶《世説新語》之體，係取見聞近事爲之。

〔一〕「晫」原誤作「晫」，據《四庫總目》、《中國叢書綜録》改。

樊紹述集注二卷

國朝孫之騄著。刊本。是書注解樊紹〔一〕述《絳〔二〕守居園池記》、《綿〔三〕州越王樓詩序》二篇。

〔一〕「紹」字原脱。

〔二〕「絳」原誤作「繹」，據山大本、《四庫總目》改。

〔三〕「綿」原誤作「錦」，據山大本、《四庫總目》改。

玉川子詩注五卷

國朝孫之騄著。刊本。是書註釋盧仝〔一〕詩。舊本八十五篇〔二〕，今較《全唐詩》所載多二十二篇〔三〕，又增《櫛〔四〕銘》一篇、《月〔五〕詩》一篇，計百有九篇。

〔一〕「盧仝」原作「盧公」，據《四庫總目》、《浙江採集遺書總録》改。

〔二〕「篇」原作「卷」，據《浙江採集遺書總録》改。

〔三〕按，此説有誤，當爲《全唐詩》所載較舊本多二十二篇。

〔四〕「櫛」原作「椰」，據《四庫總目》、《浙江採集遺書總録》改。

〔五〕「月」原作「自」，據《四庫總目》改。

南漳子二卷

國朝孫之騄著。刊本。是書記述河渚、西溪古蹟、近事。

枝語二卷

國朝孫之騄著。刊本。　是書雜記草木花果〔一〕之事。

〔一〕「草木花果」原作「草菓」，據山大本、《浙江採集遺書總録》改。

潛書四册

國朝知縣唐甄著。夔州人。刊本。　是書分上下四篇，推論學術、致〔一〕治并雜著。

〔一〕「致」原作「政」，據山大本、科圖本改。

古今文房登庸録

明黄謙著。江寧人。刊本〔一〕。　是書因舊有《文房十八士圖説〔二〕》，又續纂十事，以應二十八宿之數。

〔一〕「刊本」山大本作「抄本」。

〔二〕「説」《浙江採集遺書總録》作「讃」。

古器銘釋十卷

明卞蓘〔一〕輯。揚〔二〕州人。刊本。　是書詳釋鼎彝諸器銘文，首有説十四則〔三〕。

〔一〕「卞蓘」原誤作「下衮」，據《千頃堂書目》、《四庫總目》改。

〔二〕原無「揚」字，據《四庫總目》補。

〔三〕「説十四則」原作「記十四」，據《浙江採集遺書總録》改。

古[一]器具名二卷

明胡文焕著。錢塘人。刊本。　是書仿《博古圖》，載商、周、兩漢鼎、彝、尊、斝諸器，各有圖説。後附《古器總説》一卷。

〔一〕「古」原誤作「旨」，據《千頃堂書目》、《四庫總目》改。

管城碩記三十卷

國朝徐文靖著。當塗人。刊本。　是書條辨經史疑義，旁及字學、天文、雜類，分門劄記。

詞苑叢談十二卷

國朝檢討徐釚輯。吴江人。刊本。　是書搜輯古今詞話，分體制、音韻等十二門。

爨下語二卷

明張子遠著。新安人。刊本。　是書分記所得雋語，編以偶對。

酒概四卷

明沈沈輯。無錫人。刊本。　是書采摘酒典，分列源、名、器、釋、法、造等二十二門。

字觿六卷

國朝周亮工著。刊本。　是書係析字家[一]言，本射覆遺意，隨拈一[二]字，旁達其義。

〔一〕「家」字原脱，據山大本補。

〔二〕「一」字原爲空白，據山大本、科圖本補。

舌華録九卷

明曹〔一〕臣輯。新都人。刊本。　是書撮取記傳〔二〕及雜説中古今雋逸語，以類聚之，分十八門。

〔一〕「曹」原誤作「曾」，據《千頃堂書目》、《四庫總目》改。

〔二〕「傳」原誤作「博」。

讀〔一〕畫録四卷

國朝周亮工著。刊本。　是書考論繪事，取近代諸〔二〕畫家各爲之傳，記其佚事。

〔一〕「讀」原誤作「續」，據《四庫總目》、《中國叢書綜録》改。

〔二〕「諸」原誤作「語」，據山大本改。

太古遺音四册

明楊掄〔一〕輯。金陵人。刊本。　是書詳考五音及歷代琴曲指法〔二〕。前列〔三〕圖式。

〔一〕「掄」原誤作「綸」，據《四庫總目》、《中國古籍善本書目》改。

〔二〕「琴曲指法」原誤作「奏尚指南法」，據《浙江採集遺書總録》改。

〔三〕「列」原作「刊」，據《浙江採集遺書總録》改。

琴譜〔一〕正傳六卷

明黄獻著。刊本。　是書獻有自跋云：　年十一即入内府學琴，至六十餘，始成此〔二〕譜。

〔一〕「譜」原誤作「學」，據《四庫總目》、《中國古籍善本書目》改。

〔二〕「此」原誤作「次」，據山大本改。

琴學心聲二卷

國朝莊〔一〕臻鳳著。刊本。　是書諧聲譜詞，製爲十六則。於古曲外別爲十二則〔二〕。列律呂圖説、指法之〔三〕要，並採各體詩歌以附之。

〔一〕「莊」原誤作「張」，據《四庫總目》、《四庫存目標注》改。

〔二〕「則」山大本作「曲」。

〔三〕原無「之」字，據《浙江採集遺書總録》補。

花史二十七卷

明仲徵〔一〕著。嘉興人。刊本。　是書詳列諸花品目及出產事蹟，并蒔植諸法。

〔一〕按，《四庫總目》著録《花史左編》二十七卷，明王路撰，并云：「路字仲遵，嘉興人。」「仲徵」當爲「仲遵」之誤。

琴瑟譜三卷

明生員汪浩然著。瓊州人。刊本。　是書首卷總考琴瑟制度原委，後二卷分考曲調，審其指法。

鳴鶴餘音八卷

元仙遊道士彭致中輯。抄本。　是書〔一〕採輯古今仙真歌詞，多曠達之語。前有虞集序。

〔一〕「書」原誤作「是」，據山大本改。

詞律二十卷

國朝萬樹著。宜興人。刊本。　是書採輯唐、宋以後各家之詞，詳考音韻，審辨體格，以正舊時諸譜之失。

烏衣香牒〔一〕四卷

春駒〔二〕小譜二卷

國朝侍郎陳邦彦著。海寧人。刊本。　是二書一爲燕譜，一爲蝶譜。悉採古今故實、譜詞，彙録成篇。

〔一〕「牒」原誤作「腜」，據山大本、《四庫總目》、《中國叢書綜録》改。

〔二〕「駒」原誤作「餉」，據《四庫總目》、《中國叢書綜録》改。

李延平〔一〕集五卷

宋李〔二〕侗著。延平人。刊本。　是書多係講論〔三〕理學，門人朱熹編定。

〔一〕「平」字原脱，據《四庫總目》、《中國古籍善本書目》補。

〔二〕「李」字原脱，據山大本、《四庫總目》、《中國古籍善本書目》補。

〔三〕「論」原作「學」，據山大本改。

玩齋文集十卷

元尚書〔一〕貢師泰著。宣城人。刊本。　是書係自著詩文集，末附《拾遺》一卷。

〔一〕「書」原誤作「少」，據山大本、《浙江採集遺書總録》改。

王光庵集四册

明王賓著。長洲〔一〕人。刊本〔二〕。

〔一〕「長洲」原作「長沙」，據山大本、《千頃堂書目》、《四庫總目》改。

〔二〕山大本作「抄本」。

王文成全集三十卷

明王守仁著。餘姚人。刊本。

陽明要書八卷附年譜三卷逸事辨證二卷

明王守仁著，葉紹顒輯。刊本。

西村詩集二卷

明朱朴著。海鹽人。刊本。

夏東巖詩集六卷

明太僕卿夏尚樸著。永豐人。刊本。

鄒荻翁集六册

明鄒枚著。竟陵〔一〕人。刊本。

〔一〕「竟陵」原作「金陵」，據山大本、科圖本改。

沈司成集一卷滴露軒〔一〕藏稿一卷長水文鈔十卷

明南京〔二〕司業沈懋孝著。平湖人。刊本。

〔一〕「軒」原誤作「輯」，據山大本、《中國古籍善本書目》改。

〔二〕「南京」原作「居」，據《浙江採集遺書總録》改。

文温州集十二卷

明知府文林著。長洲〔一〕人。刊本。

〔一〕「洲」原作「州」，據《四庫總目》《瑯琊漫鈔》條、《文温州集》條改。

許黄門集十三卷附録一卷

明給事中許相卿著。海鹽人。刊本。

居業次編〔一〕五卷

明尚書〔二〕孫鑛著。餘姚人。刊本。

〔一〕「編」原作「篇」，據山大本、《浙江採集遺書總録》改。

〔二〕「書」原誤作「少」，據山大本、《千頃堂書目》改。

元光漫集五卷

明布政使李徵著。桃源人。刊本。

虛〔一〕齋遺稿十卷

明提學副使祝萃著。海寧人。刊本。

〔一〕「虛」原誤作「靈」，據山大本、《千頃堂書目》改。

天隱子稿十七卷

明嚴果著。震澤人。刊本。

許長孺集十卷

明御史許聞造著。海鹽人。刊本。

黄門集三卷

明太常卿陳與郊〔一〕著。海鹽人。刊本。

〔一〕「與郊」原誤作「興效」，據山大本、《千頃堂書目》、《四庫總目》改。

蘋川集八卷

明陳與郊著。刊本。

張文忠集十八卷

明大學士張孚敬著。永嘉人。刊本。

承啟堂稿二十九卷

明太常卿錢薇〔一〕著。海鹽人。刊本。

〔一〕「薇」原作「微」，據山大本、《千頃堂書目》、《四庫總目》改。

落落齋遺集十卷

明御史李應昇〔二〕著。江陰人。刊本。

〔二〕「昇」原誤「异」，據《千頃堂書目》《落落齋遺稿》條、《浙江採集遺書總録》改。

内閣奏稿十卷〔一〕

明大學士張位著。刊本。

〔一〕《四庫總目》著録《内閣奏題稿》十卷，《浙江採集遺書總録》著録《内閣奏稿》十卷，均作明大學士趙志皐撰。

鄒忠介公奏疏五卷

明左都御史鄒元標著。吉水人。刊本。

鄒子存真集〔一〕十一卷

明鄒〔二〕元標著。刊本。

〔一〕「鄒子存真集」原誤作「鄧子存真録集」，據《中國古籍善本書目》改。

〔二〕「鄒」原誤作「鄧」，據《中國古籍善本書目》改。

周來王奏議四卷

明御史周宗建著。吴江人。刊本。

歐餘〔一〕漫録十二卷

明閔元衢著。烏程人。刊本。

〔一〕「餘」原誤作「陽」，據山大本、《千頃堂書目》、《四庫總目》改。

寶日堂初集三十二卷

明吏部侍郎張鼐著。華亭人。刊本。

尊拙堂文集十二卷附録一册

明禮部主事丁元薦著。故鄣人。刊本。

自廣齋集〔一〕十六卷

明舉人張世偉著。吴郡人。刊本。

〔一〕「齋集」二字原誤倒，據山大本、《千頃堂書目》改。

可經堂集七卷

明尚書徐石麒〔一〕著。嘉興人。刊本。

〔一〕「麒」原誤作「麟」，據山大本、《千頃堂書目》、《中國古籍善本書目》改。

念臺奏疏五卷

明左都御史劉宗周著。山陰人。刊本。

峚〔一〕陽草堂集三十六卷〔二〕附中庸大學論語孟子説及詩書論世五種

明庶吉士鄭鄤〔三〕著。武進人。刊本。

〔一〕「峚」原誤作「岑」，據《千頃堂書目》、《四庫總目》、《中國古籍善本書目》改。

〔二〕「卷」下原衍「明」字，據山大本删。

〔三〕「鄤」原誤作「鄿」，據《千頃堂書目》、《四庫總目》、《中國古籍善本書目》改。

清風亭稿八卷

明給事中童軒著。鄱陽人。刊本。

薄〔一〕游草六卷

明行人謝廷諒著。宣城人。刊本。

〔一〕「薄」原誤作「蒲」，據山大本、《千頃堂書目》、《四庫總目》改。

少峯〔一〕草堂集四册

明布政使林應亮著。侯官人。刊本。

〔一〕「峯」原誤作「莑」，據山大本、《千頃堂書目》、《四庫總目》改。

許靈長集二册

明許〔一〕光祚著。關西人。刊本。

〔一〕「許」字原脱，據山大本、《四庫總目》補。

春煦軒集十二卷
明户部尚書王好問著。欒亭人。刊本。

葛光禄[一]集六卷
明光禄卿葛徵奇著。海鹽人。刊本。

〔一〕「光禄」原誤作「克録」，據山大本、《千頃堂書目》改。

蔡虚齋文集五卷
明祭酒蔡清著。晉江人。刊本。

月湖淨藁十九卷遺稿一卷續稿二卷四稿十卷五稿七卷六稿七卷
明禮部尚書楊廉著。豐城人。刊本。

明德先生文集二十六卷
明尚書吕維祺著。河南人。刊本。

耄[一]年録七卷
明按察副使茅坤著。歸安人。刊本。

〔一〕「耄」原誤作「老」，據《千頃堂書目》、《四庫總目》改。

説劍齋稿八卷
明都尉何良臣著。江寧人。刊本。

張水南集十一卷〔一〕

太常寺卿張袞著。江陰人。刊本。

〔一〕「十一卷」原作「十二卷」，據山大本、《四庫總目》改。

調象庵稿四十卷

明提學僉事鄒迪光著。無錫人。刊本。

鄒聚所文集六卷附外〔一〕**集一册**〔二〕

明按察使僉事鄒得涵著。高安人。刊本。

〔一〕「附外」二字原誤倒，據山大本改正。

〔二〕「册」上原有「卷」字，據山大本、科圖本删。

覺非集十卷

明副都御史羅亨信著。南雄人。刊本。

禮部集八卷

明禮部主事華叔陽著。無錫人。刊本。

劉清〔一〕**惠公集十二卷**

明工〔二〕部尚書劉麟著。安仁人。刊本。

〔一〕「清」原作「忠」，據《千頃堂書目》、《四庫總目》改。

〔二〕「工」原誤作「二」，據山大本、《四庫總目》改。

西桐〔一〕先生文集十六卷

明太學生熊直著。吉水人。刊本。

〔一〕「桐」字當誤，《千頃堂書目》作「磵」，《四庫總目》作「澗」。

思勉齋集十二卷〔一〕

明徐允禄著。嘉定人。刊本。

〔一〕「卷」原作「集」，據科圖本改。

白石樵真稿二十四卷

明陳繼儒〔一〕著。華亭人。刊本。

〔一〕「儒」原作「孺」，據山大本、《中國古籍善本書目》改。

貞石堂集十二卷

明推官温璜〔一〕著。烏程人。刊本。

〔一〕「璜」原作「横」，據《千頃堂書目》改。

大司空〔一〕遺稿十一卷

明工〔二〕部尚書陳紹儒〔三〕著。南海人。刊本。

〔一〕「大司空」原誤作「大空同」，據山大本、《四庫總目》改。
〔二〕「工」原誤作「二」，據山大本、《四庫總目》改。
〔三〕「紹儒」原誤作「繼孺」，據山大本、《四庫總目》改。

蘧〔一〕園集十卷

明舉人顧簡著〔二〕。歸安人。刊本。

〔一〕「蘧」原作「遽」，據山大本、《四庫總目》改。
〔二〕「著」字原脱，據山大本補。

豐草〔一〕菴前集三卷文集三卷未焚〔二〕稿三卷雜著十卷詩集十二卷別集六卷四暑四卷

明董説著。烏程人。刊本。

〔一〕「草」原誤作「革」，據《中國古籍善本書目》、《中國叢書綜録》改。
〔二〕「焚」原作「定」，據山大本、《浙江採集遺書總録》改。

鶴灘稿六卷〔一〕

明修撰錢福著。華亭人。刊本。

〔一〕「六卷」原作「七卷」，據山大本、《千頃堂書目》《鶴灘文集》條、《四庫總目》《鶴灘集》條改。

賜閒堂集四十卷〔一〕

明大學士申時行著。吳縣人。刊本。

〔一〕「賜閒堂集四十卷」原作「賜問堂内集十卷」，據山大本、《千頃堂書目》、《四庫總目》改。

素園〔一〕存稿十八卷

明户部侍郎方弘靜著。新安人。刊本。

〔一〕「園」原誤作「困」，據山大本、《千頃堂書目》、《四庫總目》改。

梅谷集十八卷〔一〕

明庶吉士莊履豐著。温陵人。刊本。

〔一〕「卷」原誤作「集」，據山大本、《千頃堂書目》改。

歐陽恭簡公集二十二卷

明吏部侍郎歐陽鐸〔一〕著。泰和人。刊本。

〔一〕「鐸」原誤作「鏵」，據山大本、《千頃堂書目》、《四庫總目》改。

七星劉詩文稿抄〔一〕十卷

明進士劉鴻著。泰和人。刊本。

〔一〕「詩文稿抄」山大本作「詩文鈔」。

旗陽林氏三先生集三册

明知府林春澤、侍郎林應亮、林如楚著。俱侯官人。刊本。

新安二布衣詩八卷

明吳兆〔一〕、程嘉遂〔二〕著。刊本。

〔一〕「兆」原誤作「北」，據山大本、《中國古籍善本書目》改。

〔二〕「嘉遂」原誤作「遠燧」，據山大本、《中國古籍善本書目》改。

射堂詩鈔十四卷

明吳夢暘〔一〕著。歸安人。刊本。

〔一〕「暘」原誤作「思」，據《千頃堂書目》、《四庫總目》改。

性靈稿二卷

明貢生朱師孔著。新安人。刊本。

壯遊編一册

明王子幻〔一〕著。刊本。

〔一〕「幻」原誤作「紉」，據《四庫總目》、《四庫存目標注》改。

畫嚮四册

明李永昌著。刊本。

四遊稿六卷

明大學士張位著。刊本。

彭比部集八卷

明刑部侍郎彭輅著。海鹽人。刊本。

夏忠靖公集六卷後附遺事二册

明吏部尚書夏原吉著。湘陰人。刊本。

鬱洲〔一〕遺稿九卷

明大學士梁儲著。南海人。刊本。

〔一〕「鬱洲」原作「瑩州」，據《千頃堂書目》、《四庫總目》改。

楊太史家藏集八卷

明吏部侍郎楊起元著。歸善人。刊本。

程文恭公遺稿三十一卷

明工部侍郎程文德著。永康人。刊本。

蓮鬚閣集二十六卷〔一〕

明職方主事黎遂球著。番禺〔二〕人。刊本〔三〕。

〔一〕山大本作二十卷。

〔二〕「番禺」原誤作「香偶」，據《千頃堂書目》改。

〔三〕「刊本」二字原脱，據山大本補。

天傭子集二十卷

明艾南英著。東鄉人。刊本。

姚成〔一〕菴文集十六卷

明知縣姚舜牧著。烏程人。刊本。

〔一〕「成」《浙江採集遺書總録》、《千頃堂書目》作「承」。

弘藝録三十二卷

明員外郎邵經邦著。仁和人。刊本。

白雲集三卷

明陳昂著。莆田人。刊本。

白房集三卷續集一卷白房雜〔一〕述三卷

明朱衮著。刊本。

〔一〕「雜」字原爲空白，據山大本、《浙江採集遺書總録》補。

費文憲公集七卷

明大學士費宏著。鉛山〔二〕人。刊本。

〔一〕「鉛山」原誤作「銘山」，據山大本、《千頃堂書目》、《四庫總目》改。

費文通公集五卷

明尚書費寀著〔一〕。鉛山〔二〕人。刊本。

〔一〕「著」字原脱，據山大本補。

〔二〕「鉛山」原誤作「銘山」，據山大本、《千頃堂書目》、《四庫總目》改。

平橋稿十八卷

明進士鄭文康著。崑山人。刊本。

學文堂〔一〕集十册

清〔二〕進士陳玉璂著。常州人。刊本。

〔一〕「文堂」二字原誤倒，據山大本、《四庫總目》、《中國古籍善本書目》改。

〔二〕「清」原作「明」，據《四庫總目》、《中國古籍善本書目》、《明清進士題名碑録索引》改。

姑山遺集三十卷

明沈壽民〔一〕著。宣城人。刊本。

〔一〕「民」原誤作「良」，據山大本、《千頃堂書目》、《中國古籍善本書目》改。

冬〔一〕谿集二卷

明釋方澤〔二〕著。刊本。

〔一〕「冬」原誤作「各」，據《千頃堂書目》、《四庫總目》改。

〔二〕「澤」原誤作「釋」，據《千頃堂書目》、《四庫總目》改。

以上俱係明人詩文集。

三賢集

國朝魏一〔一〕鰲輯。刊本。　是書輯元右贊善劉因詩文集四卷，明贈太常〔二〕少卿楊繼盛詩文集四卷，國朝舉人孫奇逢詩文集四卷。以上俱容城人，故而合刻。

〔一〕「一」原作「二」，據山大本、《浙江採集遺書總録》、《東北地區古籍綫裝書聯合目録》改。

〔二〕「常」原作「保」，據山大本、《四庫總目》《楊忠愍集》條改。

楊黄門奏疏二册

國朝侍郎楊雍建著。海寧人。刊本。

撫黔奏議八卷

國朝楊雍建著。刊本。

蘧廬詩二册

國朝韓純玉〔一〕著。歸安人。刊本。

〔一〕「玉」原誤作「至」，據《四庫總目》、《中國古籍善本書目》改。

賓村集〔一〕二十五卷

國朝内閣學士徐倬著。德清人。刊本。

〔一〕「賓村集」疑當作「蘋村集」，《四庫總目》著録徐倬《蘋村類稾》三十卷《附録》二卷，并稱「倬字方虎，蘋村其號也」。

愛日堂詩集二十七卷

國朝大學士陳元龍著。海寧人。刊本。

耿巖文選二册

國朝編修沈珩〔一〕著。海寧人。刊本。

〔一〕「珩」原誤作「衍」，據《四庫總目》、《中國古籍善本書目》改。

畏壘山人詩集四卷

國朝編修徐昂發著。長洲人。刊本。

庸書二十册〔一〕

國朝侍讀學士張貞生著。廬陵人。刊本。

〔一〕山大本、《四庫總目》均作二十卷。

韜光庵記遊詩三卷

國朝鄧錫璿編。錢塘人。刊本。

德星堂集十四卷附河工〔一〕集一册

國朝侍郎許汝霖著。海寧人。刊本。

〔一〕「工」原誤作「二」，據《四庫總目》改。

以上十種俱係〔一〕國朝人〔二〕詩文集。

〔一〕「俱係」二字原誤倒，據山大本改正。

〔二〕「人」字原脱，據山大本補。

李衛〔一〕公望江南歌一册

唐李靖著。刊本〔二〕。　是書係行軍占驗，後附李淳風《占〔三〕法》、諸葛亮《氣候歌》二篇。

〔一〕「衛」原誤作「衡」，據山大本、《中國古籍善本書目》改。

〔二〕山大本作「抄本」。

〔三〕「占」原作「古」，據山大本、《浙江採集遺書總録》改。

九章録要二卷

國朝屠〔一〕文漪輯。松江人。刊本。　是書纂乘除零〔二〕分諸算法，共十二篇。

〔一〕「屠」原誤作「杜」，據山大本、《四庫總目》、《中國古籍善本書目》改。

〔二〕「零」原作「另」，據山大本改。

太乙金鏡[一]八卷

唐[二]内供奉王希明著[三]。抄本。　是書推算太乙運用及九宮分野、主客勝負之法。

[一]「金鏡」二字原誤倒，據山大本、《四庫總目》《太乙金鏡式經》條改。

[二]「唐」字原脱，據山大本、《四庫總目》補。

[三]「著」字原脱，據山大本補。

都天流年圖説二册

明黄汝和著。豫章人。抄本。　是書排次六十年都天，按方圖説。爲道釋修造[一]之法。

[一]「道釋修造」原誤作「送擇造」，據山大本改。

渾蓋通憲圖説二卷

明李之藻輯。仁和人。刊本。　是書列渾象諸圖，分條論辨黄道、赤道、周天分度[一]之説。

[一]「度」原作「圖」，據山大本、科圖本改。

地理圖經合注[一]一卷尅擇[二]備要三卷

國朝趙斌輯。上虞人。刊本。　是書前二卷係郭璞《葬經》，斌爲輯注。後[三]係其師釋[四]友真所傳地學及斌自撰。各種彙次成編。

[一]「注」原作「經」，據山大本、《浙江採集遺書總録》改。

[二]「擇」原作「撰」，據《浙江採集遺書總録》改。

〔三〕「後」原作「數」。

〔四〕「釋」原作「擇」，據《浙江採集遺書總録》改。

六壬心鏡三卷

徐道符著。未詳時代。抄本。　是書推論六壬數學，分門系訣〔一〕，凡一百八十一篇。

〔一〕「訣」原作「誤」，據山大本、《浙江採集遺書總録》改。

星占三卷

明劉基著〔一〕。青田人。刊本。　是書〔二〕繪列星圖，闡明陰陽、五行、祥異，附以占驗之方。

〔一〕《四庫總目》作「劉孔昭撰」。

〔二〕「書」原作「圖」，據山大本改。

三元延壽書四卷

明胡文愌〔一〕著。錢塘人。刊本。　是書論服食、起居、養生之法，後附圖説。

〔一〕「愌」山大本作「焕」。按，該書當作元李鵬飛撰，《四庫總目》、《中國叢書綜録》均作元李鵬飛撰。《四庫存目標注》稱該書有明胡文焕刻《壽養叢書》本，蓋原文之誤源於此。

萬壽〔一〕仙書四册

國朝曹無極〔二〕輯。金壇人。抄本。　是書專論導引之法，中有圖説。

〔一〕「壽」原作「年」，據山大本、《四庫總目》改。

〔二〕「極」原誤作「慊」，據《四庫總目》、《四庫存目標注》改。

得一參五七卷

國朝姜中貞〔一〕著。會稽人。刊本。是書取《陰符經》、《道德經》、《參同契》、《黄庭經》、《悟真篇〔二〕》五書，各爲注釋〔三〕。自號得一子，故以名書。

〔一〕「姜中貞」原誤作「美中真」，據《四庫總目》、《四庫存目標注》改。
〔二〕「篇」原作「編」，據山大本、《四庫總目》改。
〔三〕「各爲注釋」原誤作「爲各注擇」，據山大本改。

玉洞藏書四册〔一〕

明李堪〔二〕輯。應城人。刊本〔三〕。是書本《悟真篇》，删其繁複，闡明龍虎鉛汞〔四〕之術。

〔一〕「四册」山大本、《四庫總目》、《浙江採集遺書總録》作「四卷」。
〔二〕「堪」原誤作「湛」，據山大本、《四庫總目》改。
〔三〕山大本作「抄本」。
〔四〕「汞」原誤作「録」，據科圖本、《浙江採集遺書總録》改。

金丹大要十卷

上陽真人著，其弟子天琮歐陽天璹〔一〕序。

〔一〕「璹」原作「疇」，據山大本、科圖本改。

金碧古文龍虎經三卷
宋保義郎王道注。
周易參同契三卷
抱一子陳顯微註[一]。
〔一〕「註」原作「著」，據山大本改。
周易參同契通真義三卷
朝散郎真一子彭曉註。
周易參同契分章注[一]三卷
會稽魏伯陽譔，上陽子註。
〔一〕「參同契分章注」原誤作「參同分黄注」，據《四庫總目》、《中國古籍善本書目》改。
丹書一卷
未詳撰人姓氏。
玄學正宗二卷
元俞琰著。
悟真篇註疏三卷
象川[一]翁葆光注。

〔一〕「象川」原誤作「家川」，據《四庫總目》改。

諸真玄奥集〔一〕九卷

未詳撰人姓氏。

〔一〕「諸真玄奥集」原誤作「諸集元臭集」，據《中國古籍善本書目》改。

群仙珠玉集四卷

未詳撰人姓氏。俱刊本。　是十書〔一〕統名《金丹正理大全》，明嘉靖間宗室周恭王睦〔二〕㰘校刊。

〔一〕「十書」二字原誤倒，據山大本改正。「十書」爲《金丹大要》至此書十種。

〔二〕「睦」原誤作「陸」，據《浙江採集遺書總録》改。

隱山鄙事四卷

國朝李子金輯。刊本。　是書本西人利瑪竇《幾何原本》、艾儒畧《幾何要法》二書，子金爲之删注成編。

地理人天共寶十二卷

明黄〔一〕慎輯。海陽人。刊本。　是書博考堪輿家各種雜述，並系圖説。

〔一〕「黄」原誤作「王」，據山大本、《千頃堂書目》及《四庫總目》《堪輿類纂人天共寶》條改。

青囊經三卷

華南逸民〔一〕陳摶釋註，金精山人廖〔二〕瑀補注。

〔一〕「民」原誤作「氏」，據山大本、科圖本改。
〔二〕「廖」下原衍「廖」字，據科圖本删。

青烏〔一〕經一卷

秦樗里子〔二〕嬴疾著。

〔一〕「烏」原誤作「鳥」，據《浙江採集遺書總録》改。
〔二〕「秦樗里子」原作「奏栲里子」，據《浙江採集遺書總録》改。

狐首經一卷

宋濟水游光敬輯注。

青〔一〕霆經一卷

漢留侯張良著，宋張元〔二〕注。

〔一〕「青」原作「赤」，據《浙江採集遺書總録》改。
〔二〕「張元」原作「張洞元」，據《浙江採集遺書總録》改。

葬〔一〕書古本一卷

晉郭璞〔二〕著，明黄慎訂。

〔一〕「葬」原誤作「英」，據《浙江採集遺書總録》改。
〔二〕「璞」原誤作「濮」，據《浙江採集遺書總録》改。

葬經今文〔一〕一卷

宋蔡元定纂，明張希元注。俱刊本。是六書俱係崑山盛符升〔二〕彙刻〔三〕，總名《地學古經》。

〔一〕「葬經今文」原誤作「壟經合文」，據《浙江採集遺書總録》改。

〔二〕「升」原誤作「册」，據《浙江採集遺書總録》改。

〔三〕「刻」原誤作「列」，據山大本、《浙江採集遺書總録》改。

天〔一〕皇鰲極鎮世三卷〔二〕

真人邱延翰正傳，唐楊筠松補〔三〕義，宋吳錦鑾、廖禹編輯。抄本。

〔一〕「天」原作「大」，據山大本、科圖本改。

〔二〕「卷」原作「書」，據山大本、科圖本改。

〔三〕「補」原作「袝」，據《浙江採集遺書總録》改。

地理玉函纂要二卷

未著撰人姓氏。抄本。

寸金穴法〔一〕六卷

未著撰人姓氏。抄本。

〔一〕「穴法」原作「火注」，據《四庫總目》改。

定穴立向〔一〕要訣四册

宛陵山人梅自實輯。抄本。　是四書俱係堪輿家言，各有圖説，彙爲一編。

〔一〕「立向」原作「定問」，據《浙江採集遺書總録》改。

理氣考正論一册

國朝楊光先著。新安人。抄本。　是書辨論屯理諸家之説，正其謬誤。

夢〔一〕占類考十二卷

明張鳳〔二〕翼輯。長洲人。刊本。　是書紀古今夢兆。自天象〔三〕至〔四〕説夢，分類三〔五〕十有四。

〔一〕「夢」原誤作「亭」，據《千頃堂書目》、《四庫總目》改。

〔二〕「鳳」原誤作「雞」，據《千頃堂書目》、《四庫總目》改。

〔三〕「象」原誤作「家」，據《浙江採集遺書總録》改。

〔四〕「至」原作「之」，據山大本改。

〔五〕原無「三」字，據《四庫總目》、《浙江採集遺書總録》補。

神農本〔一〕草經疏〔二〕三十卷

明繆希雍著。常熟人。刊本。　是書自序言，據經以疏義，緣義以致用。參訂疑誤，分門闡發。並著〔三〕論三十餘首，以道古今之變。

〔一〕「本」原誤作「木」，據山大本、《四庫總目》改。

〔二〕「經疏」二字原誤倒，據《四庫總目》改。

〔三〕「著」原誤作「者」，據山大本、科圖本改。

類證〔一〕普濟本事方十卷

宋學士許叔微輯。刊本。　是書博採名方〔二〕，分類辨證，著有藥案。

〔一〕「證」原作「症」，據《四庫總目》、《中國古籍善本書目》改。

〔二〕「名方」原作「方谷」，據山大本改。

醫説十卷

宋張杲〔一〕輯。刊本。　是書首載歷代名醫及各家〔二〕著述，詳開症候，并集諸方，像〔三〕類編次。

〔一〕「杲」原誤作「果」，據《四庫總目》、《中國古籍善本書目》改。

〔二〕「家」字原脱，據山大本補。

〔三〕「像」疑當作「依」。

瘡瘍經驗全書十三卷〔一〕

宋竇漢卿輯。合肥人。刊本。　是書原名《竇太師全書》。漢卿以瘍〔二〕醫行於慶曆、詳符之間。至明隆慶中，其裔孫夢麟〔三〕重爲增訂梓行。

〔一〕「十三卷」原作「十二卷」，據山大本、科圖本、《四庫總目》改。

〔二〕「瘍」原誤作「病」，據《浙江採集遺書總録》改。

〔三〕「麟」原作「粦」，據《四庫總目》、《浙江採集遺書總録》改。

重刊〔一〕巢氏諸病源〔二〕候總論五十卷

隋太醫博士巢元方著。刊本。　是書隋大業中元方奉〔三〕勅所撰。薈萃群説，研究脉理，詳列各症。

〔一〕「刊」原作「行」，據《中國古籍善本書目》改。

〔二〕「源」原誤作「涼」，據《四庫總目》、《中國古籍善本書目》改。

〔三〕「奉」原誤作「奎」，據《浙江採集遺書總録》改。

仁端録十六卷

明徐謙〔一〕著。嘉興人。抄本。　是書條列小兒痘疹諸法，各附辨論。

〔一〕「謙」原誤作「議」，據《四庫總目》、《中醫圖書聯合目録》改。

赤水玄珠二十四册

明孫一奎輯。新安人。刊本。　是書採集〔一〕群書，究悉病源。分門彙載，以辨症爲主。宋〔二〕有《醫旨緒餘》二卷、《醫案》二卷。

〔一〕「採集」原作「雜」，據山大本改。

〔二〕「宋」當爲「末」字之誤。

普門醫品四十八卷

明巡撫王化貞[一]著輯。諸城人。刊本。　是書於《本草綱目》中抄録其方之善者，之[二]旁推諸名家驗方，詳列症候，依類彙編。後附《醫品補遺》四卷。

〔一〕「貞」原誤作「卓」，據《四庫總目》、《中國古籍善本書目》改。

〔二〕「之」字疑誤或爲衍文。

本草乘雅[一]十二册

明盧之頤著。錢塘人。刊本。　是書考證藥性，參以診治之法。

〔一〕「本草乘雅」原誤作「木草乘雜」，據《千頃堂書目》、《四庫總目》改。

蘭室秘藏三卷

金[一]李果著。刊本。　是書以各症分二十一門，每門冠以醫論，後列成方。

〔一〕「金」原誤作「明」，據《四庫總目》、《中國古籍善本書目》改。

馬師津梁[一]八卷

明馬元儀著。抄本。　是書備列方劑，兼載各症。其學本之李士材、喻嘉言。新安汪廉[二]夫爲之編輯。

〔一〕「馬師津梁」原誤作「馬帥律梁」，據《千頃堂書目》、《四庫總目》改。

〔二〕「廉」《四庫總目》作「濂」。

聖濟總録纂要二十六卷

未詳撰人姓氏。刊本。　是書係宋政和間詔集各醫，出御藏禁方秘論，纂輯成篇。

類經圖〔一〕翼十一卷附翼四卷

明張介賓著。會稽人。刊本。　是書權本《内經》一書，發明五行生尅及經脉所在，著爲圖説，以志翼經之意。

〔一〕「圖」原作「成」，據《四庫總目》《類經》條、《浙江採集遺書總録》改。

石山醫案三卷

推求師意二卷

痘治附辨一卷

是三〔一〕書俱明祁門汪機編輯，陳桷〔二〕校勘。大旨本朱丹溪〔三〕之説。

〔一〕「三」原誤作「四」。

〔二〕「桷」原誤作「桶」，據《四庫總目》改。

〔三〕「溪」原誤作「漢」，據《四庫總目》改。

張氏醫通〔一〕十六卷

國朝張璐〔二〕著。長洲人。刊本。　是書原本《靈樞》、《金匱》諸書〔三〕，博採方論，間附醫案。

〔一〕「通」字原脱，據山大本、《四庫總目》、《中醫圖書聯合目録》補。
〔二〕「璐」原誤作「瑢」，據《四庫總目》、《中醫圖書聯合目録》改。
〔三〕「書」原作「説」，據山大本、科圖本改。

文選樓藏書記卷三

儀徵阮保定元撰　會稽李慈銘校訂

周易要義十卷

宋安撫使魏了翁著。浦江人。抄本〔一〕。是〔二〕書條論大義，掇舉注疏之説而折衷之。

〔一〕「抄本」二字原無，據山大本補。

〔二〕「是」上原有「刊」字，據山大本删。

易數鈎深〔一〕圖三卷

元張理著。抄本。是書推究河洛之源，發明先〔二〕天圖象。

〔一〕「鈎深」原誤作「鈞課」，據《四庫總目》、《中國古籍善本書目》改。

〔二〕「先」原誤作「光」，據山大本改。

易筮通變三卷

元道士雷思齊撰。臨川人。刊本。是書分卜筮、立〔一〕卦、九六、衍數、命蓍〔二〕，爲五篇。援證他經，詳推筮占之義。

〔一〕「立」原作「變」，據《四庫總目》改。

〔二〕「蓍」原誤作「著」，據山大本、《四庫總目》改。

呆齋〔一〕周易圖釋三卷

明侍郎劉定之著。永新人。抄本。是書原本宋儒之說，以圖括其總，以〔二〕釋舉其畧。

〔一〕「呆齋」原誤作「朵齊」，據山大本、《四庫總目》改。

〔二〕「以」原作「之」，據山大本改。

易圖識漏一册

明黄芹著。龍岩人。抄本。是書列圖二十有七，各系以先儒之説，並附案斷。

葉八白易傳十六卷

明葉山著。抄本。是書專釋上下經毋〔一〕爻，歷引史事以證其義。

〔一〕「毋」疑當作「每」。

易占經緯五卷

明尚書韓邦奇著。朝邑人。刊本。是書以《易》卦爻爲經，焦氏《易林》爲緯，皆推明數學。

周易贊義六卷又繫辭一卷

明馬理著。三原人。刊本。是書參酌鄭、王、程、朱之〔一〕説，兼論義理、象占。

〔一〕「之」原作「子」，據科圖本改。

易論二冊

國朝徐善著。秀水人。抄本。　是書統論大義，推究天人、象數之原。

增修東萊書説〔一〕三十五卷

宋時瀾輯。金華人。抄本。　是書以吕氏《書説》初時門人亟於板行，雜南〔二〕未〔三〕純，瀾〔四〕因面受東萊之旨，重加修定。

〔一〕「説」原誤作「記」，據《四庫總目》、《中國古籍善本書目》改。
〔二〕「南」當作「爾」。
〔三〕「未」原誤作「朱」，據科圖本改。
〔四〕「瀾」原誤作「潤」，據山大本、科圖本改。

魯齋〔一〕書疑九卷

宋王柏著。金華人。抄本。　是書於《尚書》今古文〔二〕篇次、節次俱有改正。

〔一〕「齋」原誤作「齊」，據《四庫總目》《書疑》條改。
〔二〕「文」字原脱，據山大本補。

尚書詳解十三卷

元臨安軍學教授胡士行著。廬陵人。抄本。　是書取諸儒之説，句〔一〕析〔二〕字解，附有圖考。

〔一〕「句」原誤作「白」，據山大本改。
〔二〕「析」原誤作「折」，據科圖本改。

書義矜〔一〕式六卷

元進士王充耘輯。抄本。　是書節取篇中有關治理者，詳爲訓解。

〔一〕「矜」原誤作「於」，據山大本、《四庫總目》、《中國古籍善本書目》改。

書經直指六卷

抄本。　是書檃括蔡傳，歸於明簡。有錢溥序云其書不載姓氏，想爲元儒所著。

尚書考異三册

明國子監助教梅鷟著〔一〕。旌〔二〕德人。抄本。　是書專辨古文〔三〕之僞，并考證今文字義、音釋。

〔一〕「著」原誤作「者」，據山大本改。
〔二〕「旌」原誤作「族」，據山大本、科圖本改。
〔三〕「文」原誤作「今」，據山大本、科圖本改。

尚書疑義六卷

明馬明衡著。抄本。　是書條論大旨，多依蔡傳。其於蔡傳有所疑者，則爲辨論，故名疑義。

書義卓躍六卷

明教諭陳雅言著。永豐人。抄本。　是書分節闡發書義，旨宗蔡傳。

禹貢詳畧二册

明韓邦奇著。抄本。　是書畧舉蔡傳於前，而復旁〔一〕引衆説詳釋於後。末附各圖。

〔一〕「旁」原作「傍」，據山大本改。

詩補傳三十卷

宋進士范處義著。金華人。抄本。　是書以毛氏傳爲主，兼取諸家之説以補之。

詩傳會通二十卷

元朱公遷輯。番陽人。刊本。　是書一遵朱傳，旁採諸説以疏其義。并有公遷門人王逢、何英增釋。

詩義斷法五卷

抄本。　是書係元代科舉之學，題曰「建安日新堂新刊謝氏詩斷」，不著名。

詩演義十四卷

明梁寅〔一〕著。臨江人。刊本。　是書博採訓詁〔二〕，以推演朱傳未備之義。

〔一〕「寅」原誤作「演」，據山大本、《千頃堂書目》、《四庫總目》改。

〔二〕「詁」原誤作「話」，據科圖本改。

周禮句解十二卷

宋朱申著。刊本。　是書分句詮〔一〕釋，考核詳悉。

〔一〕「詮」原誤作「銓」，據山大本、科圖本改。

周禮圖説二卷

明王應電〔一〕著。蘇州人。刊本。　是書取《周禮》制度詳繪爲圖，而以諸家辨證附焉。

〔一〕「電」原誤作「雷」，據山大本、《千頃堂書目》、《四庫總目》改。

春秋經解十五卷

宋龍圖閣大學士孫覺著。高郵人。抄本。　是書專宗《穀梁傳》之義，間〔一〕採三傳及唐啖、趙、陸諸家之説以折衷之。

〔一〕「間」原誤作「門」，據山大本改。

春秋左傳詳節句〔一〕解三十五卷

宋朱申著。刊本。　是書融會杜注以下諸説，分節詮〔二〕解，附以斷論。并仿《通鑑》之例，以甲子表年。

〔一〕「句」原作「註」，據山大本、《浙江採集遺書總録》改。

〔二〕「詮」原作「銓」。

春秋王霸列國世紀三卷

宋李琪著。抄本。　是書分記周朝列國之事，緯以十二公年世，各系論説。

春秋或問十卷

元大學博士程端學著。鄞縣人。抄本。

是書條列諸家之説，援經據傳，各有折衷。

春秋諸傳辨疑四卷

明宗室睦㮮〔一〕著。刊本。

是書不主以例解經之説，隨條辯證，凡一百八十二則。

〔一〕「睦㮮」原誤作「陸㯉」，據《千頃堂書目》、《四庫總目》改。

春秋諸傳會通二十四卷

元進士〔一〕李廉〔二〕輯。廬陵人。抄本。

是書採輯《左氏》、《公》、《穀》以下各家之説，大旨以胡傳爲宗〔三〕。

〔一〕「進士」原作「學士」，山大本、科圖本作「進士」，《四庫總目》云：「明楊士奇《東里集》云：『廉於至正壬午以《春秋》舉於鄉，擢陳祖仁榜進士。』」據以改。

〔二〕「廉」原誤作「濂」，據科圖本、《四庫總目》、《中國古籍善本書目》改。

〔三〕「旨以胡傳爲宗」六字原脱，據山大本補。

春秋左傳類解二十卷

明劉績著。刊本。

是書取經傳之文，分國編次，仍採各家注釋附焉。前有《地譜世系》一卷。

春秋録疑〔一〕十六卷

明知府趙恒著。晉江人。抄本。

是書參酌群〔二〕説，詳釋疑義。

〔一〕「録疑」原作「疑録」，據《千頃堂書目》、《四庫總目》改。
〔二〕「群」原作「解」，據山大本改。

春秋類編三十一卷

明秦淪〔一〕著。無錫人，刊本。　是書仿《史記》本紀、世家、列傳之例，分人編次〔二〕。

〔一〕「淪」原誤作「綸」，據《千頃堂書目》、《中國古籍善本書目》改。
〔二〕「次」字原脱，據山大本補。

左傳附註五卷

明陸粲著。長洲人。刊本。　是書所採釋文訓詁〔一〕，多註疏所未備，並取注疏中疑誤、衍脱者，别爲《後録》附於卷末。

〔一〕「詁」原誤作「話」，據山大本改。

孝經集講〔一〕一册

明熊兆著。泰州人。抄本。　是書遵朱子本，並採經傳及諸儒之説，參以己意，前列圖解。

〔一〕「講」原誤作「解」，據山大本、《千頃堂書目》、《四庫總目》改。

四書經疑貫通八卷

元進士王充耘著。抄本。　是書設爲問答，發明書〔一〕疑義。

〔一〕「書」上當脱「四」字。

河洛真數二卷

宋陳摶[一]著。抄本。　是書闡發數學、卦義，兼及五行、納甲之説。

〔一〕「摶」原誤作「博」，據《四庫總目》改。

皇極經世節要三册

元周奭撰。抄本。　是書本康節原書，撮其要而推闡之。前論元會運世，後論音學。

太極圖分解一册

明羅鶚著。抄本。　是書分節詳解[一]，博引群説，推原二氣五行[二]之理。

〔一〕「解」字原脱，據山大本補。

〔二〕「行」原誤作「五」，據山大本、科圖本改。

雅樂考二十卷

明仙遊縣教諭韋焕著。常熟人。抄本。　是書考樂，根據經、子及音律、圖譜並諸家異同之説，分爲八篇。

鍾律通考六卷

明倪復著。四明人。抄本。　是書本之《儀禮》經傳，以蔡元定之説歷[一]考古今制度。分二十七章，後附管色圖説。

〔一〕「歷」原作「經」，據山大本改。

讀書記六十一卷

宋資政殿學士真德秀著。是書分爲三集。甲集、丁集多闡明理學，詮釋經傳。乙集專録經史中自唐、虞迄唐代輔臣事業。

逸語一册

明賀隆著。永嘉人。抄本。是書闡明理數，考正十二律陰陽相生之説。

孔子編年五卷

宋胡舜陟輯。績溪人。抄本。是書彙輯經傳、《家語》之文，分年編記。

孔子遺語一册

不著撰人姓名。抄本。是書摘取史傳、諸子中語，纂輯成書。

東家雜記二卷

宋朝議〔一〕大夫孔傳著。刊本。是書記孔子姓系及歷代封典、闕里古蹟〔二〕。前有生卒年月日考異。

〔一〕「議」原作「儀」，據山大本、《四庫總目》改。

〔二〕「古蹟」原作「事蹟」。據山大本、科圖本改。

三遷志六卷

明僉事史鶚輯。刊本。　是書考訂亞〔一〕聖世系及尊崇典禮。

〔一〕「亞」原誤作「要」，據山大本改。

聖駕臨雍録一册

明祭酒費誾著。刊本。　是書記明弘治元年駕〔一〕臨太學儀注并賜賚諸典。

〔一〕「駕」原誤作「賀」，據山大本、科圖本改。

尊聖〔一〕集四卷

明教諭陳堯道輯。曲江人。刊本。　是書記敘孔子世系、事蹟及歷代封爵並禮樂之制。

〔一〕「聖」原誤作「駕」，據山大本、《四庫總目》改。

道南三〔一〕先生遺書十一卷

抄本。　是書係宋楊時《語録》，羅從彦《集録二程語録》〔二〕、《議論要語》、《尊堯録》三種，李侗《師弟子問答》。

〔一〕「三」字原脱，據山大本、《四庫總目》補。

〔二〕「録」字原脱，據《浙江採集遺書總録》補。

景行録一册

元史弼著。刊本。　是書所採多經史、語録中格言。

草盧輯粹〔一〕七卷

明王蓂〔二〕輯。刊本。　是書係採輯吴澄集中講學精〔三〕粹之語。

〔一〕「粹」原誤作「梓」，據山大本、《千頃堂書目》、《四庫總目》改。
〔二〕「蓂」原誤作「萱」，據山大本、《千頃堂書目》、《四庫總目》改。
〔三〕「精」原誤作「經」，據山大本改。

心學録四卷

明王蓂〔一〕輯。金溪人。抄本。　是書編次宋儒陸九淵講〔二〕學之語五百二十條，間爲論説發明於各條之下。

〔一〕「蓂」原誤作「萱」，據山大本、《千頃堂書目》、《四庫總目》改。
〔二〕「講」原誤作「輯」，據山大本、科圖本改。

聖學大成十二卷補遺一卷

國朝孫鍾瑞輯。嘉〔一〕興人。抄本。　是書採輯明儒語録，凡九十人，發明聖學宗旨。

〔一〕「嘉」原誤作「加」，據山大本、《四庫總目》改。

東石講學録十一卷

明王蓂〔一〕著。抄本。　是書闡發先儒理學。蓂門人黄文龍編次。因蓂自號東石子，故名。

〔一〕「蓂」原誤作「萱」，據山大本、《千頃堂書目》、《四庫總目》改。

劉先生邇言十六卷

宋劉炎著。處州人。刊本。　是書多言性命之學，設爲問答以伸〔一〕己見。

〔一〕「伸」原誤作「仲」，據山大本、科圖本改。

消閒録十卷

明成勇著。刊本。　是書博採經籍有關身心性命之學，各附闡釋。

東越正〔一〕學録十六卷

明周汝登著。嵊縣人。刊本。　是書多係闡發性理，後附詩二卷〔二〕。

〔一〕「正」《千頃堂書目》、《四庫總目》作「證」。

〔二〕「二卷」原作「一卷」，據山大本、科圖本改。

正學編二卷

明陳琛著。晉江人。抄本。　是書闡明性理之學，分二十一篇，兼論古今人品。末附絶句十章。

楓山語録一册

明沈伯咸輯。抄本。　是書記章懋論學之語。

歲寒居答問〔一〕二卷

國朝孫奇逢著。容城人。抄本。　是書發明理學，前列《格物説》及興學規則。

〔一〕「答問」原作「問答」，據山大本、《四庫總目》改正。

講學二卷

國朝李培著。長水〔一〕人。抄本。是書講明心學，列有條目，並附語録辨論。

〔一〕「長水」《浙江採集遺書總目》作「秀水」，北圖藏鈔本署「嘉興」，秀水屬嘉興，當作嘉興爲是。

皇王大紀八十卷

宋承務郎胡宏著。崇安人。抄本。是書述皇帝王伯〔一〕之事。始盤古氏，終〔二〕於周末，各附論斷。

〔一〕「伯」下原衍「知」字，據山大本、《浙江採集遺書總録》删。

〔二〕「終」字原脱，據山大本、《浙江採集遺書總録》補。

大事紀十二卷通釋三卷〔一〕解題十二卷

宋吕祖謙著。金華人。刊本。是書仿司馬遷年表大事紀，參稽〔二〕增損。序稱起春秋迄五代，其實所記至漢武帝征和三年止。

〔一〕「三卷」原作「二卷」，據山大本、科圖本、《四庫總目》改。

〔二〕「稽」原誤作「嵇」，據山大本、科圖本改。

大事紀續編七十七卷

明翰林學士王禕著。金華人。刊本。是書續吕祖謙之《大事紀》，編纂自漢迄五代事蹟。

世譜增定二卷

明應天府尹〔一〕吕顓著。關西人。刊本。是書考自伏羲迄元代興革，每代各附黄善繼〔二〕提要，間有史論。

〔一〕「尹」字原脱，據山大本、《四庫總目》補。

〔二〕「繼」字原脱，據《四庫總目》補。

綱目愚管二十卷

明鄭宣著。括〔一〕蒼人。刊本。是書訂正《宋史》綱目十九卷，《元〔二〕史》綱目一卷。於二史書法、體例多所駁正。

〔一〕「括」原誤作「抬」，據科圖本改。

〔二〕「元」字原脱，據《浙江採集遺書總録》補。

直説通畧十三卷

元鄭鎮孫著。括蒼人。刊本。是書據《資治通鑑》及《外紀》諸書，加以宋、遼、金之事，撮其畧編成直解。

兩〔一〕漢筆記六卷

宋迪功郎錢時著。嚴州人。抄本。是書摘録《漢書》中關治要者，系以論説。

〔二〕「兩」原誤作「西」，據山大本、《四庫總目》、《中國叢書綜録》改。

三國紀年一卷

宋陳亮著。永康人。抄本。　是書用編年體紀〔一〕蜀、魏、吴三國事蹟，系以論斷。

〔一〕「紀」字原脱，據山大本補。

三國雜事二卷

宋提舉〔一〕常平唐庚著。丹徒人。抄本。　是書辨正三國事蹟，各有論斷。

〔一〕「舉」原作「學」，據山大本、《四庫總目》改。

蜀漢本末三卷

元趙居信著。信都人。抄本。　是書仿朱〔一〕子《綱目》體例，詳記昭〔二〕烈始末。有缺頁。

〔一〕「朱」原誤作「宋」，據《浙江採集遺書總録》改。
〔二〕「昭」原誤作「照」，據山大本、《浙江採集遺書總録》改。

漢唐〔一〕秘史六卷

明寧王〔二〕權著。抄本。　是書採録漢唐事實，因編年體，附載列三〔三〕等論斷。

〔一〕「唐」原誤作「書」，據《千頃堂書目》、《四庫總目》改。
〔二〕「王」原誤作「三」，據《四庫總目》改。
〔三〕「列三」，據《四庫總目》當爲「劉三吾」之誤。

東觀奏〔一〕記三卷

唐右〔二〕補闕裴庭裕著。抄本。　是書係庭裕與修《宣宗實録》，隨採睹〔三〕聞，雜記成編。

〔一〕「奏」原誤作「泰山」，據《四庫總目》、《浙江採集遺書總録》改。
〔二〕「右」原誤作「石」，據山大本、《四庫總目》改。
〔三〕「睹」原誤作「諸」，據山大本、科圖本改。

大唐傳載一册

不著撰人姓名。抄本。　是書雜記唐代逸事。

南部新書十卷

宋員外郎錢易〔一〕撰。抄本。　是書雜記唐初至五代朝野故事。

〔一〕「易」字原脱，據《四庫總目》、《中國古籍善本書目》補。

宋紀受終考三卷

明程敏政著。新安人。刊本。　是書備用《通鑑》、《家記》諸書，辨正宋太祖、太宗受終之事。以闢胡一桂〔一〕、陳桱〔二〕、楊維禎、貝瓊詩家之謬誤。

〔一〕「桂」原誤作「柱」。
〔二〕「桱」原誤作「栖」。以上兩條據福建省圖書館藏明弘治四年戴銑刻本《宋紀受終考》改。

靖康蒙塵録一册

不著撰人姓名。抄本。是書記宋徽、欽北狩始末。

清溪弄兵録一册

不著撰人姓名。抄本。是書載〔一〕宋宣和中睦州方臘作亂始末〔二〕。

〔一〕原無「載」字，據山大本補。

〔二〕「末」字下原有「記」字，據山大本删。

建炎維〔一〕揚録一册

不著撰人姓名。抄本。是書載建炎渡江時事。

〔一〕「維」原誤作「繼」，據《四庫總目》、《中國叢書綜録》改。

建炎時政紀三卷

宋大學士李綱著。邵武人。抄本。是書記建炎時期朝政大畧。

嘉祐雜志一册

不著撰人姓名。抄本。是書雜記見聞并嘉祐間諸人軼事。

燉煌〔一〕新録一册

不著撰人姓名。抄本。是書記宋講信使張義潮出〔二〕使全圖，記所見聞。

忠獻韓魏王别録二卷

〔一〕「煌」原作「皇」，據山大本、《中國叢書綜録》改。

〔二〕「出」原誤作「山」。

宋觀察推官王巖叟〔一〕著。刊本。　是書敘録韓琦逸事。

〔一〕「叟」原誤作「更」，據山大本、《四庫總目》、《中國古籍善本書目》改。

豐清敏公遺〔一〕事一册

宋李朴編。贛州人。抄本。　是書紀禮部尚書豐稷〔二〕事實。有紹熙間朱子序。後附録一卷，係〔三〕其十一世〔四〕孫豐慶所輯。

〔一〕「遺」原誤作「道」，據《四庫總目》、《中國古籍善本書目》改。

〔二〕「稷」原誤作「魏」，據《四庫總目》、《浙江採集遺書總録》改。

〔三〕「係」原誤作「偏」。

〔四〕按，原無「十一世」三字。《四庫總目》《豐清敏遺事》條云：「書末又有稷注《孟子》三章、《幸學詩》一首，及曾鞏所贈歌行、《袁桷祠記》，則明景泰中其十一世孫河南參政慶所搜討增入也。」《中國古籍善本書目》著録《附録》爲明豐慶輯。據以補。

思賢録五卷

元謝應芳輯。毘陵人。刊本。　是書專録宋臣鄒浩事實，並其遺文〔一〕。

〔一〕「並其遺文」四字原脱，據山大本補。

五先生政〔一〕蹟一册

明李貴輯。豐城人。刊本。　是書載宋儒周敦頤、程顥〔二〕、張載、朱熹、陸九淵居官事蹟。

〔一〕「政」原誤作「雅」，據《千頃堂書目》、《四庫總目》改。

〔二〕「顥」原作「灝」，據山大本改。

元公年譜一册

明張元禎〔一〕編。抄本〔二〕。　是書編敘宋儒周敦頤事蹟。

〔一〕「禎」《中國歷代人物年譜考録》作「楨」。

〔二〕「本」字原脱，據山大本補。

象山年譜一卷

宋四明袁燮、李子愿同輯。刊本。　是書編敘宋陸九淵事實。

南宋名臣言行録十六卷

明大學士尹直輯。澄江人。抄本。　是書於《宋名臣言行録》五集之外，補集陳俊〔一〕卿以下諸賢，得一百二十有一人。

〔一〕「俊」原作「後」，據《四庫總目》改。

金志一册

金宇文懋昭。抄本。　是書採〔一〕述金代事畧。

〔一〕「採」原誤作「宋」，據山大本改。

歸潛志八卷

元劉祁著。抄本。　是書條記金代事蹟，多正史所未備。

南遷録一册

金秘書省著作〔一〕郎張師顔著。抄本。　是書記金朝南遷汴京事蹟。元浦元玠跋稱，與《金國志》所載各殊，當以此編爲正。

〔一〕「作」原誤作「侍」，據山大本、《四庫總目》改。

遼志一册

宋葉隆禮著。抄本。　是書採述遼代事畧。

劉文靖公遺事一册

元參知政事蘇天爵著。趙郡〔一〕人。抄本。　是書選次元儒劉因事蹟及出處大畧。

〔一〕「郡」原誤作「群」，據山大本改。

國初事蹟一卷

明侍郎劉辰著。刊本。　是書係永樂間經進之書，載明太祖開創事蹟。

國初禮賢録一册

明劉基著。青田人。抄本。　是書記洪武初優禮賢士典蹟。

北平録一册

不著撰人姓名。抄本。　是書記洪武北征沙漠之事。

平蜀記一册

不著撰人姓名。抄本。　是書記明洪武四年平蜀之事。

高皇后傳〔一〕一册

刊本。　是書記明高皇后事蹟，係永樂間頒行之本。

〔一〕「傳」字原脱，據山大本、《浙江採集遺書總録》補。

皇明傳信録七卷

不著撰人姓名。抄本。　是書輯述朝野紀聞，始洪武迄正德年止。

成憲録十一卷

不著撰人姓名。抄本。　是書記明自洪武迄天順朝政績。

翦〔二〕勝野聞三卷

明徐禎卿著。抄本。　是書專記洪武時軼事。

〔一〕「翦」原作「剪」，據《千頃堂書目》、《四庫總目》改。

賢識録一册

明翰林侍讀陸釴〔一〕著。崑山人。刊本。　是書輯録舊聞，皆〔二〕洪武時事。

〔一〕「釴」原誤作「鉞」，據《千頃堂書目》、《四庫總目》改。

〔二〕「皆」原誤作「見」，據山大本、科圖本改。

平黔三記一册

刊本。　是書記洪武壬子、正統己未、嘉靖甲〔一〕子三次平黔之事。題曰點〔二〕蒼山人，不著姓名。

〔一〕「甲」原誤作「申」，據山大本、科圖本改。

〔二〕「點」原誤作「黔」，據山大本、《千頃堂書目》、《四庫總目》改。

九朝談纂十册

不著撰人姓名。抄本。　是書採輯諸稗史，自洪武至正德九朝朝野雜事。

雙溪雜記一册

明尚書王瓊著。晉溪人。刊本。　是書雜採洪武至正德時事，各有論斷。

革除逸史二卷

明宗室睦檡〔一〕著。刊本。　是書記〔二〕建文四年之事。

〔一〕「睦檡」原誤作「陸樏」，據《四庫總目》改。

〔二〕「記」字原脱，據山大本、科圖本補。

備〔一〕遺録一册

明張芹輯。新淦人。抄本。是書〔二〕本宋端儀所録四十六人，採其事蹟，依次編紀。其行實無考者則存姓氏、爵里於後。

〔一〕「備」原誤作「補」，據山大本、《千頃堂書目》、《四庫總目》改。

〔二〕「書」原誤作「初」，據山大本、科圖本改。

革朝遺忠録二卷

明郁衮輯。嘉興人。刊本。是書因〔一〕宋端儀《革除録》、張芹《備遺録》、何孟〔二〕春《續録》，彙爲一編。

〔一〕「因」原誤作「田」，據山大本、科圖本改。

〔二〕「孟」原誤作「益」，據《千頃堂書目》、《浙江採集遺書總録》改。

革除遺事六卷

明侍郎黄佐輯。香山人。抄本。是書亦本〔一〕宋端儀、張芹所録，旁採諸家傳記，廣所未備。

〔一〕「亦本」原誤倒，據山大本改正。

革除遺事十六卷

明符驗著。黄岩人。抄本。是書與黄佐所輯〔一〕各有詳畧。

〔一〕「輯」原作「補」，據山大本改。

懷忠録七卷

明鄭應旂著。莆田人。抄本。　是書亦記建文事。末附《後論列傳》四十篇，《外録》一卷，《附録》〔二〕一卷。

〔二〕「録」原作「後」，據山大本、科圖本改。

拾遺書一册

明〔一〕林塾著。蒲陽人。抄本。　是書於正德間補記建文殉難諸臣姓名。

〔一〕「明」字原脱，據山大本、《四庫總目》補。

革除編年一册

不著撰人姓名。抄本。　是書分年編載建文朝事。

館閣漫録三册

明張元忭著。山陰人。抄本。　是書記明代朝政，自永樂迄正德止。原分十卷，今本連寫不分。

治世餘聞録二卷

明陳洪謨著。抄本。　是書專載明弘治年事。

繼世紀聞五卷

明陳洪謨著。抄本。　是書紀明正德年事。

正統臨戎録一册

明指揮使哈銘著。抄本。　是書記明英宗北狩時事。

北征事蹟一册

明錦衣指揮同知袁[一]彬著。新昌人。抄本。　是書紀北狩事，係纂修《實録》時經進本。

〔一〕「袁」原誤作「表」，據山大本、《千頃堂書目》、《四庫總目》改。

否泰録一卷

明侍郎劉定之著。永新人。抄本。

出使録一卷

明給事中李實著。合州人。抄本。　是二書俱記英宗北狩事實。

閣諭録四卷

明大學士楊一清輯。抄本。　是書編次嘉靖平閩閣臣會題諸疏。

南征録一卷

明布政使張瑄著。江浦人。抄本。　是書係天順間征南廣苗蠻時逐日筆記。

南内記一册

刊本。　是書係明嘉靖時有布衣曾入南内，因歷紀所見。不著姓名。

皇明紀畧四卷

明皇甫録著。吴郡人。刊本。　是書雜記明代朝事。

平定交南録一卷

抄本。　是書記明定興忠烈王張輔平定安南事蹟。

損齋備忘録二卷

明梅純〔一〕著。抄本。　是書雜記朝野故事，並詩文經史。

〔一〕「純」原誤作「統」，據《千頃堂書目》、《四庫總目》改。

乙未私志一卷

明太常少卿余〔一〕寅著。鄞縣人。刊本。　是書記萬曆乙未年兵部失〔二〕察事略。

〔一〕「余」原誤作「金」，據《千頃堂書目》、《四庫總目》改。

〔二〕「失」原誤作「大」，據《四庫總目》改。

平吴凱旋録四卷

刊本。　是書記明嘉靖間都指揮湯慶平定崇明海寇事，反〔一〕吴中紳士歌頌詩詞。

〔一〕「反」當作「及」。

使琉球録一册

明正使陳侃著。四明人。刊本。　是書記程途風土及所行典禮。

鎮平世系紀二卷

明宗室睦㮮〔一〕著。刊本。　是書記恭靖王有爌始封鎮平迄七世譜系，後載家傳。

〔一〕「睦㮮」原誤作「陸㰄」，據《四庫總目》改。

皇朝功臣封爵考八卷

刊本。是書記明代受封諸臣，自開國迄嘉、隆間。每人各爲一傳，前有典例一卷。

公侯簿三册

抄本。　是書編載明代公、侯、伯封襲始末。係嘉靖編定底簿。

三家世典一册

明武定侯郭勛著。臨淮人。抄本。　是書記徐達、沐英、郭英三家世系、勳閥〔一〕及遭遇本末。

〔一〕「勳閥」原誤作「動代」，據《四庫總目》改。

鍾鼎逸事一册

明李文秀著〔一〕。刊本。　是書輯明沐〔二〕英祠祀，並纂其逸事。

〔一〕「著」字原脱，據山大本、科圖本補。

〔二〕「沐」原誤作「沬」，據山大本、《四庫總目》改。

殿閣詞林記二十二卷

明學士廖道南著。刊本。　是書記明洪武至嘉靖間殿閣諸臣寵遇，及制度、陳奏，分門編纂。

靖難功臣録一册

不著撰人姓名。抄本。　是書記永樂時翊戴諸臣功績。

内閣行實二册

明雷禮〔一〕著。抄本。　是書記明代閣臣故實，起洪武至天〔二〕順止。

〔一〕「禮」原誤作「理」，據《千頃堂書目》、《四庫總目》改。

〔二〕「天」原誤作「大」，據山大本改。

掾曹名臣録一卷

明尚書王瓊著。抄本。　是書輯明代掾吏爲名臣者，記其事蹟始末。

南城召對録一册

明大學士李時著。抄本。　是書自記嘉靖年入相南城召對之語。

馬端肅公三記三卷

明尚書馬文升〔一〕著。鈞陽人〔二〕。刊本。　是書自記平石城、撫遼陽、復哈密〔三〕三事。

〔一〕「升」原誤作「井」，據《四庫總目》、《浙江採集遺書總録》改。

〔二〕「鈞陽人」三字原脱，據山大本、《浙江採集遺書總録》補。

〔三〕「密」原誤作「察」，據山大本、《四庫總目》改。

夏忠靖公遺事一册

明太僕少卿夏崇文編。刊本。　是書係崇文述其祖〔一〕夏原吉遺事。

〔一〕「祖」原誤作「徂」，據《四庫總目》改。

忠烈編十卷

刊本。　是書記明孫燧死節論祭、建祠及諸家詩文。

使西日記二卷

明太僕少卿都穆著。吳郡人。刊本。　是書記正德年穆爲禮部郎中，被命勑封壽陽王妃事。

雲中紀變二册

明山西僉事孫允〔一〕中編。抄本。　是書記嘉靖時雲中五堡兵變始末。

〔一〕「允」原誤作「元」，據山大本、《千頃堂書目》、《四庫總目》改。

平番始末二卷

明巡撫許進著。靈寶人。抄本。　是書係進自敘弘治間征剿土番〔一〕始末。其子祭酒許誥〔二〕於嘉靖九年繕進呈。

〔一〕「土番」《四庫總目》作「土魯番」。

〔二〕「誥」原作「浩」，據山大本、《四庫總目》改。

土魯番哈密〔一〕事蹟一卷

抄本。　是書記明正德、嘉靖間經畧事蹟。

〔一〕「密」原誤作「察」，據山大本、《四庫總目》《哈密事蹟》條改。

南泰〔一〕紀畧一册滕峽紀畧一册

明尹耕撰。蔚州人。刊本。　是二書〔二〕詳載廣西平〔三〕傜始末，各系論斷。

〔一〕「泰」原誤作「秦」，據山大本、《四庫總目》改。

〔二〕「二書」二字原誤倒，據山大本、科圖本改正。

〔三〕「平」原作「土」，據《四庫總目》、《浙江採集遺書總録》改。

嶺南客對一册

不著撰人姓名。抄本。　是書設爲問答，論招撫嶺南峒蠻之事。

征蠻紀畧二卷

明征蠻將軍王尚文著。刊本。　是書記萬曆時征剿廣西叛苗事畧。

龍憑〔一〕紀畧一卷

明田汝成撰。錢塘人。刊本。　是書記明粵西副使翁萬達戡定土夷韋應、李寰〔二〕、趙楷三人事蹟。

〔一〕「憑」原作「平」，據《千頃堂書目》、《四庫總目》改。

〔二〕「寰」原誤作「震」，據《四庫總目》《龍憑紀略》條、《南泰紀略》條改。

商文毅公遺行集一册

明商汝頤輯〔一〕。淳安人。抄本。　是書係汝頤述其祖〔二〕商輅遺行。

〔一〕「頤輯」二字原誤倒，據山大本、科圖本改正。

〔二〕「祖」字原脱，據《四庫總目》《商文毅公行實》條、《浙江採集遺書總録》改。

昭鑒録〔一〕十一卷

不著撰人姓名。抄本。　是書輯〔二〕兩漢迄宋宗藩事實可爲法鑒者。

〔一〕「昭鑒録」原誤作「招鑒」，據山大本、《四庫總目》改。

〔二〕「輯」字原脱，據山大本補。

外戚事鑒二卷

明宣宗時勅修。抄本。　是書纂自漢迄元外戚事蹟，分善可爲法、惡可爲戒二門。

三才考二十六卷

明魏顯國著。刊本。　是書分司天、輿地、職官三門，詳考列宿、五行、輿圖、官制。

東漢會要四十卷

宋奉議郎徐天麟著。抄本。　是書取材范史，旁貫諸書，裒次東漢典章，撮其綱要。係〔一〕寶慶間經進之本。聞〔二〕有缺。

〔一〕「係」原誤作「孫」，據山大本、科圖本改。

〔二〕「聞」當爲「間」字之誤。

大唐詔令〔一〕一百三十卷

宋宋綬著。抄本。　是書編輯唐代詔令、册文。

〔一〕「令」原誤作「今」，據山大本、科圖本改。

政和五禮新儀二百四十卷〔一〕

抄本。　是書係知〔二〕樞密院事鄭居中等奉勅撰修。凡制度、儀節、器具、品物、條議皆備。

〔一〕「二百四十卷」原作「二百四卷」，據山大本、《浙江採集遺書總録》改。

〔二〕「知」原誤作「和」，據山大本、《浙江採集遺書總録》改。又，「知」上原有「採」字，據山大本删。

謚苑二卷

明宗室睦㰅〔一〕著。刊本。　是書取《史記》、《獨斷》及蘇洵、鄭樵等十二家説，分代編次。

〔一〕「睦㰅」原誤作「陸㯿」，據《四庫總目》改。

歷代兵制八卷

宋陳傅良著。永嘉人。抄本。　是書記兵制，自周、漢至宋止。

營造法式三十四卷
宋通直郎李誡〔一〕著。抄本。　是書係誡於崇慶初年勅備纂，元祐開表進〔二〕。

〔一〕「李誡」原誤作「李誠備」，據《四庫總目》、《中國叢書綜録》改。
〔二〕此句多誤，「誠」當作「誡」，「勅備纂」當作「奉勅修纂」，「開」當作「間」。又據《四庫總目》，誡於紹聖四年奉勅撰輯，元符三年奏上之，故句中年號亦有誤。

大明集禮五十三卷
刊本。　是書分載五禮，採附雅樂。明洪武二年奉勅纂修。

皇朝典章十二册
抄本。　是書纂集明代詔誥，起洪武至嘉靖止。

皇朝詔制八卷
明尚書霍韜著〔一〕輯。　是書始洪武至嘉靖止，備載詔制。

〔一〕「著」山大本作「等」。

大禮集議四卷
明禮部尚書席書〔一〕等修。刊本。　是書專載興獻之禮，分奏議〔二〕、會議、續議、廟議，各一卷，私議別爲附録。

〔一〕「書」原誤作「畫」，據山大本、《四庫總目》改。

〔二〕「議」原誤作「禮」，據山大本、《四庫總目》改。

兩〔一〕河經畧二册

明經理河漕潘季〔二〕馴、總督漕運江一麟同著。刊本。　是書載經理兩河事宜，前有圖說。

〔一〕「兩」原誤作「西」，據山大本、《四庫總目》改。

〔二〕「季」原誤作「李」，據山大本、《四庫總目》改。

治河總考四卷

明僉事車〔一〕璽輯。　是書載歷代河道遷徙、淤決，並修治、防塞〔二〕方畧。

〔一〕「車」原誤作「專」，據山大本、《千頃堂書目》、《四庫總目》改。

〔二〕「塞」原誤作「寒」，據山大本改。

兩〔一〕河管見三卷

明尚書潘季馴著。刊本。　是書首卷係圖說，二卷設爲問難以明治河之義，三卷詳修築事宜。

〔一〕「兩」原誤作「西」，據山大本、《四庫總目》改。

新河成疏一册

明郎中游季勳等輯。刊本。　是書載自南陽至留城創濬新河諸奏議。

膠萊新河議畧二卷

明副使王獻著。刊本。　是書詳志膠萊海道，開新河以備海運。

漕運〔一〕志十卷

明〔二〕總運都督同知楊希仁輯。刊本。　是書詳記漕政，分表七卷，畧三卷，前有圖一卷。

〔一〕「漕運」原誤作「溜通」，據《千頃堂書目》、《四庫總目》改。

〔二〕「明」字原脱，據山大本、《四庫總目》補。

漕政舉要十八卷

明邵寶著。刊本。　是書專論河渠〔一〕、倉厫、轉運之畧。

〔一〕「渠」原誤作「集」，據《四庫總目》《漕政舉要録》條改。

漕河奏議四卷

明侍郎王以旂著。刊本。　是書因嘉靖間運河淺澀，督理河道，王以旂相度形勢，前後奏議彙録成編。

新濬海鹽内河圖説一卷

刊本。　是書係明萬曆年間增築土塘、新濬内河，繪圖音説〔一〕。

〔一〕按，《浙江採集遺書總録》此條云：「右書係載明萬曆間增築海鹽土塘、新濬内河二事，繪圖系説。」原文中「音説」蓋爲

「系説」之誤。

海運詳考一册

副都御史王宗沐〔一〕著。臨海人。刊本。　是書詳述海運變通之宜興〔二〕造舟通運之制。

〔一〕「沐」原誤作「林」，據山大本、《千頃堂書目》、《四庫總目》改。

〔二〕「興」疑爲「與」字之誤。

海運誌〔一〕二卷

明王宗沐著。刊本。　是書詳載題請移册及海運記程事宜，並附風雨占驗。

〔一〕「誌」字原脱，據山大本補。

全陝政要三卷

明參政龔輝著。餘姚人。刊本。　是書於陝西藩封、官署、户口〔一〕、田賦、吏治、軍政分條記載，後附地圖。

〔一〕「口」原誤作「日」，據山大本、《四庫總目》、《全陝政要略》條改。

八閩政議三卷

刊本。　是書分列部運、鹽〔一〕法、綱銀三事條款，明嘉靖閩省詳定。

〔一〕「運、鹽」二字原誤倒，據山大本、《浙江採集遺書總録》改。

茶馬類考六卷

明御史胡彦著。沔陽人。刊本。是書敘茶法、鹽法、馬政歷代之制，首列陝西邊鎮諸圖。

民事録十卷

明尚書桂萼著。刊本。是書係萼初令武康時課民農桑種藝之事。

救荒活民書三卷

宋從政郎董煟〔一〕著。抄本。是書上卷備記歷代卹災之事，中卷條陳救荒之策，下卷述當時名賢議〔二〕論見諸施行者。

〔一〕「煟」原誤作「渭」，據山大本、《四庫總目》、《中國叢書綜録》改。

〔二〕「議」字原脱，據山大本、科圖本補。

救荒活民補遺書三卷

明朱熊著。江陰人。刊本。是書考經史、傳記所載歷代荒政，因董煟舊編重加補輯〔一〕。

〔一〕「輯」上原衍「輔」字，據科圖本删。

處苗近事一册

明副使李愷輯。刊本。是書敘明代湖廣、貴州諸省撫苗事宜。

會稽〔一〕志二十卷

宋知紹興府沈作賓、通判施宿著。刊本。是書記紹興一郡山川、風土、事實。

〔一〕「稽」原誤作「嵇」，據山大本、《四庫總目》改。

會稽〔一〕續志八卷

宋張淏〔二〕著。大梁人。抄本。　是書因施宿《會稽志》續紀嘉泰以後二十五年事實，並補正前志缺誤。

〔一〕「稽」原誤作「嵇」，據山大本、《四庫總目》改。

〔二〕「淏」原誤作「漢」，據《四庫總目》、《中國叢書綜録》改。

赤城志四十卷

宋國子司業陳耆卿輯。台州人。刊本。　是書詳志台郡輿圖、名勝、人物、風土，分十五門。

赤城新志二十三卷

明國子監祭酒謝鐸輯。台州人。刊本。　是書續宋陳耆卿舊志，起宋嘉定迄明弘治。畧仿其例，間有增損。

赤城會通記二十卷

明尚書王啟著。黄〔一〕岩人。刊本。　是書分次時代，記台州一郡故實。

〔一〕「著、黄」二字原誤倒，據山大本、《四庫總目》改正。

成化〔一〕杭州府志六十三卷

明大理寺卿夏時正纂。仁和人。刊本。　是書採摭舊志，旁輯見聞，記杭州一府事實。

〔一〕「化」原誤作「仁」，據山大本、《四庫總目》改。

括蒼彙紀十五卷

明何鏜〔二〕著。麗水人。刊本。　是書備記處州一郡十邑故蹟。始輿圖記至雜事分十七門。

〔二〕「鏜」原誤作「鍾」，據山大本、《千頃堂書目》、《四庫總目》改。

金華賢達傳十二卷

明鄭柏著。浦陽人。刊本。　是書載金華一郡人物，分門立傳，編次事實。

四明文獻録一册

明按察使僉事黄潤玉著。鄞縣人。刊本。　是書分鄉先生、鄉大夫二門，採自漢迄明凡四十四人，各係傳贊。

浦陽人物志二卷

明學士宋濂著。金華人。刊本。　是書仿合傳體例，分爲五門，各係以贊。後附題名一册。

義烏人物志二卷

明金江著。義烏人。刊本。　是書分忠義、孝友、政事、文學四門，載義烏一縣人物。

餘姚海堤集四卷

明葉翼輯。鄞縣人。刊本。　是書因元餘姚州判葉〔一〕恒修築海堤，裔孫翼彙輯各家歌頌詩文成集。

〔一〕「葉」原誤作「華」，據《浙江採集遺書總録》改。

金陵志十五卷

元張鉉著。陝〔一〕州人。元刊本。　是書採輯前史，自圖考、通紀、年表、疆域、山川、官守、田〔二〕賦、民俗、學校、兵防、祠祀、古蹟、人物、摭遺〔三〕、論辨，分十五門。

〔一〕「陝」原誤作「俠」，據山大本、《浙江採集遺書總録》改。
〔二〕「田」原誤作「四」，據山大本、科圖本改。
〔三〕「遺」原誤作「拾」，據山大本、《四庫總目》《至大金陵新志》條改。

金陵世紀四卷

明翰林侍講〔一〕陳沂著。鄞縣人。刊本。　是書以明初定都金陵，取凡都邑、城郭、宮闕、郊〔二〕廟及官署、辟廱、衢〔三〕市、第宅、山川、津梁〔四〕、臺苑等類，以次纂録。

〔一〕「講」原誤作「郎」，據山大本、《四庫總目》、《浙江採集遺書總録》改。
〔二〕「郊」原誤作「効」，據山大本、《浙江採集遺書總録》改。
〔三〕「衢」原誤作「衙」，據山大本、《四庫總目》改。
〔四〕「梁」原誤作「果」，據山大本、《四庫總目》改。

金陵古今圖考一册

明陳沂著。刊本。　是書歷考金陵郡縣建置、山川形勢，爲圖説十六篇。

全〔一〕吴水略七卷〔二〕

明吴韶〔三〕著。華亭人。刊本。　是書載杭、嘉、湖、蘇、松、常、鎮等府水利。前有圖畧，兼及海塘。

〔一〕「全」原誤作「金」，據山大本、《四庫總目》改。
〔二〕「七卷」原誤作「上」，據山大本、《四庫總目》改。
〔三〕「韶」原誤作「詔」，據山大本、《四庫總目》改。

中都志十卷

明給事中柳瑛著。鳳陽人。刊本。　是書志鳳陽一郡事跡，因嘉泰、紹熙〔一〕舊志失傳，重爲補輯。

〔一〕「熙」原誤作「頤」，據山大本、科圖本改。

姑蘇志六十卷

明大學士王鏊輯。長洲人。刊本。　是書因吴寬未成之書校訂增益，詳載蘇州一郡事實。

虔臺志十二卷〔一〕

明副都御史唐胄等輯。刊本。　是書係提督江西、福建、廣東、湖廣軍務都臺之志，因治在虔州，故名[二]。

〔一〕「卷」原誤作「志」，據《浙江採集遺書總録》改。

〔二〕「名」字原脱，據山大本、科圖本補。

虔臺續志五卷

明巡撫談愷著。刊本。是書因虔臺原有舊志，愷爲續成。詳載所轄郡邑官弁、兵制及歷任政蹟[一]。

〔一〕「蹟」原作「續」，據山大本、科圖本改。

楚記六十卷

明侍講廖道南著。刊本。是書專載楚省文獻，分目十五，以補郢志之所未詳。

鄖臺[一]志九卷

明參議張緒輯。刊本。是書因嘉靖間葉照撫治鄖陽，輯録建置始末，起成化迄嘉靖止。

〔一〕「臺」原誤作「豐」，據山大本、《千頃堂書目》、《四庫總目》《鄖臺志略》條改。

豫章今古記一册

抄本。是書載郡縣、古蹟、山水、人物，分十一部。書首[一]標唐，不著撰人姓名。

〔一〕原無「首」字，據山大本、科圖本補。

齊乘六卷

元兵部侍郎于欽著。青州人。刊本。是書記齊郡舊跡。凡分六門，曰沿革、曰郡邑、曰古跡、曰亭館、曰土俗、曰人物。

嘉靖維揚志三十八卷

明盛儀著。江都人。抄本。　是書採取各史及寶祐志，分志傳三十七卷、圖一卷。

毘[一]陵人品記

明給事毛憲、紹興通判葉金同輯。刊本。　是書記常州[二]人物，始商、周迄明代。

〔一〕「毘」原誤作「昆」，據《千頃堂書目》、《四庫總目》改。

〔二〕「州」下山大本有「郡」字。

滁州誌四卷

明胡松著。刊本。　是書載滁州山水、人物、事跡，體例近古。

南滁會[一]景編十卷

明太僕卿趙廷瑞著。刊本。　是書分列滁州名勝，彙輯前人題詠詩文。

〔一〕「會」原作「給」，據《千頃堂書目》、《四庫總目》改。山大本、科圖本作「繪」。

商畧六册

明任慶雲著。商州人。刊本。　是書係商州地誌，分地理至雜述八門，後列商南、洛南、山陽、鎮安四邑地誌。

廣州人物傳〔一〕二十四卷

明黄佐著。南海人。刊本。　是書取材史志，並採稗〔二〕乘所載。人各爲傳，自漢迄元止。

〔一〕「傳」原誤作「博」，據山大本、《四庫總目》改。

〔二〕「稗」原誤作「裨」，據山大本、《浙江採集遺書總録》改。

桂海虞衡志一卷

宋范成大著。吴郡人。抄本。　是書志採桂山水、風俗、物産、服食諸類。

昌國州圖志七卷

元鄉貢進士郭薦等修。抄本。　是書修於元大德二年，昌國州判官馮福京董其事。州即今定海縣。

莆陽文獻六册

明鄭岳輯。莆田人。刊本。　是書畧仿史例。前帙類聚詩文、雜著，爲十三卷。後帙編次列傳，爲七十四篇。

崇安縣志四卷

明訓導李讓輯。抄本。　是書類聚簡賅，分目五十有五。

京口三山〔一〕志六卷

明張莱輯。鎮江人。刊本。　是書記金山、焦山、北固山形勝，並名人記詠詩文〔二〕。

〔一〕「山」原誤作「江」，據山大本、《四庫總目》改。
〔二〕「文」原誤作「史」，據山大本、科圖本改。

鄧尉山志一册

明沈津〔一〕著。長洲人。刊本。是書志蘇州鄧尉之名勝及題詠詩文。

〔一〕「津」原誤作「律」，據山大本、《千頃堂書目》、《四庫總目》改。

石湖志畧一册文畧一册

明工部侍郎盧師陳輯。刊本。是書記石湖名勝。列〔一〕本志至〔二〕遊覽十門爲《志畧》，採輯前人題詠詩文爲《文畧》。

〔一〕「列」原誤作「刻」，據山大本、科圖本改。
〔二〕「至」原誤作「在」，據山大本、科圖本改。

石鼓書院志五卷

明衡州府知府周詔輯。富順人。刊本。是書詳書院沿革、名勝、人物、詞翰。

龍川〔一〕别志八卷

宋端明殿學士蘇轍著。眉山人。抄本。是書敘録周世宗迄宋慶曆間軼事。

〔一〕「川」原誤作「州」，據山大本、《四庫總目》、《中國叢書綜録》改。

龍門志二卷

明河津知縣樊得仁脩。關中人。刊本。是書前卷記龍門事跡，後卷集前人題詠。

千金堤志八卷

明謝廷諒等修。刊本。是書志撫州城外千金堤之成績，並諸人記詠詩文。堤所以防臨汝之水也。

下陴紀談二卷

明知府皇甫録著。吳郡人。刊本。是書係守順慶時隨筆劄記風土事實。

陝西鎮〔一〕考一卷

不著撰人姓名。抄本。是書詳載陝西邊徼城堡要害。

〔一〕「鎮」原誤作「頌」，據山大本、《四庫總目》改。

朝鮮志二卷

明蘇贊成著。朝鮮人。抄本。是書係嘉靖間侍讀華察奉使朝鮮，其國送此册，備載其山川、古跡、土俗、民風。

朝鮮雜志一册

明董〔二〕越。寧都〔三〕人。抄本。是書雜記朝鮮山川、古跡、風俗、物産。

〔一〕「董」原誤作「童」，據山大本、《四庫總目》改。
〔二〕「都」原誤作「郡」，據《四庫總目》及下條改。

朝鮮賦一冊

明翰林侍講董越著。寧都人。刊本。　是書係弘治間〔一〕越奉使朝鮮時〔二〕記其山川、風土、人物、土產。

〔一〕「間」原誤作「閩」，據山大本、科圖本改。
〔二〕「時」原誤作「使」，據山大本改。

南中志一冊

晉常璩著。江原人。刊本。　是書記蜀南中諸郡建置事跡，後載人物。

使交録十八卷

明學士錢溥著。松江人。刊本。　是書紀安南事蹟及自著詩文，後附送行詩、序。

越嶠書二十卷

明李文鳳著。宜山人。抄本。　是書詳載安南始末，後附詩賦。

南詔事畧一冊

明雲南巡撫顧應祥録。吳興人。刊本。　是書歷敘南詔〔一〕七姓〔二〕沿革、事蹟。

〔一〕「詔」字原爲空白，據山大本、《浙江採集遺書總録》補。

〔二〕「姓」原誤作「始」，據山大本、《浙江採集遺書總録》改。

南夷書〔一〕一卷

明行人司張洪著。抄本。　是書係洪奉使撫諭滇南土司，紀其風土始末。

〔一〕「南夷書」原作「不知姓名」，山大本作「不知書名」，今據《四庫總目》、《浙江採集遺書總録》改。

塞〔一〕語一册

明尹耕著。刊本。　是書備述邊塞〔二〕法制、形勢，繫以論説。

〔一〕「塞」原誤作「寒」，據山大本、《四庫總目》、《中國古籍善本書目》改。

〔二〕「塞」原誤作「寒」，據科圖本改。

異域志一册

元周致中著。抄本。　是書係致中奉使外番六次，因作此編。初名《嬴蟲録》，後人改今名。

異域圖志一册

明寧獻王權著。刊本。　是書載殊域形勢，凡一百五十八國。

海道經一册

刊本。　是書明應良序云：不知何人所述，南自閩、浙，北極遼海，數千萬里如指諸掌。後附元朱〔一〕晞顔《鯨背吟》一卷。

〔一〕「朱」原作「米」，據《四庫總目》《鯨背吟集》條改。

海防圖論〔一〕一卷

不著撰人姓名。刊本。　是書詳繪〔二〕自浙東至遼東沿海之圖，中附《守禦方畧論》六篇〔三〕。

〔一〕「圖論」原誤作「國」，據山大本、《四庫總目》改。

〔二〕「繪」原誤作「総」，據山大本、科圖本改。

〔三〕「篇」原作「編」，據山大本、科圖本、《浙江採集遺書總録》改。

奉使高麗記一册

宋員外郎徐兢著。抄本。　是書紀載出使典制及道里、風土、事跡，前序高麗世次。

真臘風土記一册

元周達觀撰，永嘉人。抄本。　是書雜記真臘城廓、宫室、服飾、官屬、物産等類，凡四十條。

島〔一〕夷志畧一册

元汪焕章著。豫章人。抄本。　是書記海島各夷風土、物産。

〔一〕「島」原誤作「鳥」，據科圖本、《四庫總目》改。

日本朝貢考畧一卷

明張迪著。抄本。　是書記日本歷代朝貢事跡及土俗。後載《宋》、《元史》《日本列傳》二篇、《書史會要》一則。

日本考畧一卷

明諸生薛俊著。定海人。刊本。　是書記日本國事跡，列沿革至防禦爲十六門，後有補遺。

日本圖纂一册

明鄭〔一〕若曾著。崑山人。刊本。　是書記日本山川、風俗、貢道、器械，各〔二〕繪爲圖，後詳防禦之法。

〔一〕「鄭」原誤作「陳」，據山大本、《千頃堂書目》、《四庫總目》改。

〔二〕「各」原誤作「谷」，據山大本、科圖本改。

古史餘論一册

不著撰人姓名。刊本。　是書摘取宋蘇轍《古史〔一〕》，詳加〔二〕辨論。

〔一〕「古史」原誤作「古今」，據山大本、科圖本改。

〔二〕「加」上原衍「爲」字，據科圖本删。

夷齊録五卷

明都察院右〔一〕僉都御史張玭著。晉陽人。刊本。　是書係玭出守永平府時，其地即夷齊故里，搜輯論贊、雜著成篇。前列圖象。

〔一〕「右」原誤作「石」，據山大本、科圖本改。

戰國人才言行録十卷

明秦瀹輯。無錫人。刊本。　是書分世家三卷、列傳七卷，俱載戰國時人言行。

史剡一册

宋司馬光著。抄本。　是書撮論《史記》之訛，凡八條。

温公徽言一册

宋司馬光著。涑水人。刊本。　是書温公暮年隨手摘〔一〕録經史嘉言、懿行，垂示後昆〔二〕。

〔一〕「摘」原誤作「滴」，據山大本、科圖本改。

〔二〕「後昆」原作「昆後」，據山大本、科圖本改。

世史積疑二卷

明都御〔一〕史李士實〔二〕著。豫章人。抄本。　是書取《史記》、兩《漢書》中所載疑似之處，分條考論。

〔一〕「都御」原作「御都」，據山大本、科圖本改。

〔二〕「實」原誤作「賢」，據山大本、《千頃堂書目》、《四庫總目》改。

兀〔一〕涯西漢事議二卷

明張邦奇著。鄞縣人。抄本。　是書起高祖迄安漢公止，標列本事，係以論説。

〔一〕「兀」原誤作「凡」，據《四庫總目》、《中國古籍善本書目》改。

史要編〔一〕十卷

明巡撫梁夢龍著。真定人〔二〕。刊本。是書取歷代正史及各家稗傳、序表，彙録成編。

〔一〕「編」原作「篇」，據山大本、《千頃堂書目》、《四庫總目》改。

〔二〕「人」字原脱，據山大本、科圖本補。

宋元史發微四卷

明陸侹著。四明人。刊本。是書條舉《宋、元史》之事，辨論其得失。

宋論三卷

侍郎劉定之著。永新人。刊本。是書取歷代興亡事蹟，各爲圖説。隆慶間經進之本。

歷代忠義録十四卷

明提學副使王蕡著。金谿人。刊本。是書起自商、周迄元，載守節諸臣。

名相贊一册

明尹直著。抄本。是書採摭漢、唐、宋三朝賢相事實，各係以贊。

疑獄集十卷

刊本。是書取古人折獄精審之事而類敘之。前四卷爲五代和凝及其子㠓所輯，後六卷爲明張景所續。

文選樓藏書記卷四

儀徵阮保定元撰　會稽李慈銘校訂

政詢一册

明按察使彭韶輯。莆田人。刊本。　是書録宋朱子及真德秀所論居官爲政之要。

救民忠告二卷風憲忠告一卷廟堂忠告一卷

元御史中丞張養浩著。濟南人。刊本。　是書多言服官從政之要。

十二論一册

明何仲默[一]著。抄本。　是書論政術，自《嚴治》至《心迹》十二篇。

〔一〕「默」原作「熙」。按：是書明何景明撰，景明字仲默。則「熙」字誤。今據《四庫總目》改。

讀書備忘八卷

明知府范理著。天台人。刊本。　是書始西漢，迄唐代，凡前人爵里出處，録其要畧，以備遺忘。

學史十三卷

明尚〔一〕書邵寶著。無錫人。刊本。　是書雜舉各史疑義，逐條論斷。

〔一〕「尚」字原脱，據山大本補。

聞見類纂小史十四卷

明訓導魏偁撰〔一〕。鄞縣人。抄本。　是書係仿《筆談》、《揮麈録》之例，劄記時事，自洪武迄成化止，分内外篇。

〔一〕「撰」字原脱，據山大本補。

善行録八卷

明兵部侍郎張時徹〔一〕著。鄞縣人。刊本。　是書詳載周秦以來名人事跡，誌勸善之意，凡二百九十人。

〔一〕「張時徹」原誤作「張時微」，據山大本、《四庫總目》改。

善行續〔一〕録二卷

不著撰人姓名。刊本。　是書仿張時徹〔二〕，所録自漢迄宋名人事蹟，廣其未備。

〔一〕「續」原誤作「蹟」，據山大本、《四庫總目》改。

〔二〕「徹」原誤作「徵」，據山大本改。

責備餘談二卷

明太常卿方鵬著。崑山人。刊本。　是書採自春秋以下迄元代諸史事蹟。

感應類從志一册

晉司空張華著。抄本。　是書雜記物類感應，各爲偶語，下有注釋。

銅劍讚一篇

梁江淹著。抄本。　是篇歷引紀傳，詳以銅爲兵之制。

酉陽雜俎續集四卷

唐少卿段〔一〕成式著。抄本。　是書成式既輯《酉陽雜俎》之後，複補輯此書爲續集。

〔一〕「段」原誤作「敁」，據山大本改。

兼明書五卷

唐邱光庭撰。抄本。　是書考證經籍及史選中疑義。末卷係雜記。

意林五卷

唐馬總〔一〕輯。扶風人。抄本。　是書本梁庾仲容所抄子書三十卷中掇其精要，自《鬻子》至徐子《中論》凡七十一家。前有貞元間戴叔倫、柳柏存二序。

〔一〕「總」下原衍「軼」字，據山大本、《四庫總目》删。

漫叟拾遺一册

唐元結著。抄本。　是書多係雜著，有竹岡居士跋，未詳何人。

松牕雜録一册

唐李濬著。抄本。　是書雜記唐元採〔一〕朝軼事。

〔一〕「唐元採」當作「唐玄宗」。

晏公類要一百卷

宋宰相晏殊著。臨川人。抄本。　是書流傳久闕，他本止三十七卷，亦無序目。今本載序目，中缺四十四卷，與吴玉墀家所藏抄本多十九卷，至此本所闕而吴本有者，又十六卷。

紀纂淵〔一〕海一百九十五卷

宋福州教授潘自牧輯。金華人。刊本。　是書記事纂言分十二部，一千二百四十六門，以經、史、子、集先後爲次。

〔一〕「淵」原誤作「淵」，據山大本改。

娱書堂詩話一册

宋宗室趙與虤著。抄本。　是書條論詩法，兼有考證。

自警篇九卷

宋趙善璙著。刊本。　是書集宋代名賢嘉言懿行足爲矜式者，分類凡九。

負暄野録二卷
宋陳槱著。抄本。是書雜論書法，後附文房諸評。卷末有至正〔一〕七年王東跋云：莫知何人所述。

〔一〕「正」原誤作「止」，據山大本改。

金石録三十卷
宋宗室趙明誠輯。抄本。是書收集三代迄於五〔一〕季金石文字，編纂成書。首卷有缺頁。

〔一〕「五」原誤作「石」，據山大本改。

錦帶補註
宋杜開注。刊本。是書取梁蕭統《十二月錦帶書》，於每篇〔一〕各爲補注。

〔一〕山大本「篇」下有「下」字。

金漳蘭譜三卷
宋趙時庚著。抄本。是書品列蘭譜，並詳載種植澆灌之法。

巖下放言三卷
宋葉夢得〔一〕著。抄本。是書雜記見聞所得，隨時編輯。

〔一〕「葉夢得」原誤作「葉適」，據《四庫總目》、《中國古籍善本書目》改。

古文苑二十一卷

宋章樵輯。武林人。刊本。　是書因唐人舊編周秦兩漢各體古文，校正訓註。復取漢晉史册遺文以補之。

千古功名鏡十三卷

宋吳大有〔一〕著。抄本。　是書雜敘古今休咎〔二〕報應。

〔一〕「有」字原脱，據山大本、《四庫總目》補。

〔二〕「休咎」二字原脱，據山大本補。

翠屏筆談一册

宋王應龍輯。抄〔一〕本。　是書雜録古蹟詩詞，後附韓侂胄開釁始末。

〔一〕「抄」字原脱，據山大本補。

天問天對解一册

宋楊萬里輯。廬陵人。刊本。　是書取屈原《天問篇》及柳宗元《天對》合成，篇各附註釋。

墨譜法式三卷

宋李〔一〕孝美著。趙郡人。刊本〔二〕。　是書詳製墨〔三〕之法，兼列圖説。

〔一〕「李」字原脱，據山大本、《四庫總目》補。

〔二〕「刊本」山大本作「抄本」。

〔三〕「墨」原誤作「目」，據山大本改。

章申〔一〕公九事一册

宋米〔二〕芾録。抄本。　是書録章惇評〔三〕論書〔四〕翰九則。

〔一〕「申」原誤作「中」，據《四庫總目》改。

〔二〕「米」原誤作「朱」，據山大本改。

〔三〕「評」原誤作「許」，據山大本、《浙江採集遺書總録》改。

〔四〕「書」字原脱，據山大本、《浙江採集遺書總録》補。

唐朝名畫録一册

宋朱景玄〔一〕著。吳郡人。刊本。　是書録唐代畫家，第其品格。

〔一〕「玄」原誤作「先」，據山大本、《中國叢書綜録》改。

嘯堂集古録二卷

宋王球著。抄本。　是書摹録商〔一〕、周彝鼎諸品款識。

〔一〕「商」字原脱，據山大本補。

開顏録二卷

宋校書郎周文玘輯。刊本。　是書纂輯史傳故實，凡可解頤者録之。〔一〕

〔一〕「之」字原脱，據山大本補。

觀林詩話一卷

宋吳聿著。抄本。　是書多論唐宋人詩。

續玄怪録四卷

宋李復言著。抄本。　是書録唐代幽怪之事。

錢氏私誌二卷

宋迪功郎錢世昭著。抄本。　是書係雜記故實。

深雪偶談一册

宋方岳著。天台人。抄本。　是書雜論唐宋人詩詞。

侯鯖録八卷

宋宗室趙德麟〔一〕著。刊本。　是書採拾前人詩文逸事及奇字隱語。

〔一〕「麟」原誤作「粦」，據《四庫總目》改。

春明退朝録三卷

宋諫議大夫宋〔一〕敏求著。常山人。抄本。　是書記宋〔二〕代朝章典故。

〔一〕「宋」原誤作「宗」，據山大本改。

〔二〕「宋」原誤作「採」，據山大本改。

宜齋野乘一卷

宋吴枋著。江陰人。抄本。　是書記史傳事實〔一〕。

〔一〕「事實」山大本作「故事」。

郭氏山水訓纂一册

宋郭思著。温縣人。抄本。　是書多述其父郭熙論畫，後附《圖畫見聞誌補》一卷。

林泉高致一册

宋郭思輯。抄本。　是書集王維、荆浩、李成三家論山水法，并其父郭熙《林泉高致》、《山水訓》等篇，總目《林泉高致》。後附董〔一〕羽《畫龍法》。

〔一〕「董」原誤作「童」，據山大本、《四庫總目》改。

内府古器評〔一〕二卷

宋〔二〕張掄〔三〕著。抄本。　是書記宋〔四〕内府所藏彝鼎，中多辨證。

〔一〕「評」原誤作「詳」，據《四庫總目》《紹興内府古器評》條、《中國古籍善本書目》改。

〔二〕「宋」原誤作「採」，據山大本、《四庫總目·紹興内府古器評》條改。

〔三〕「掄」下原衍「才」字，據《四庫總目》《紹興内府古器評》條、《中國古籍善本書目》改。

〔四〕「宋」原誤作「採」，據山大本改。

五代名畫補遺一卷〔一〕

宋劉道醇著。彭城人。刊本。　是書分人物、山水、走獸、花竹、屋木、塑作，彫木七門，計二十四人。

〔一〕「卷」上原衍「册」字，據山大本删。

宋朝名畫録〔一〕**三卷**

宋劉道醇著。抄本。　是書分人物、山水、獸畜〔二〕、花卉、鬼神、屋木六門，計九十二人。

〔一〕「録」《四庫總目》、《中國叢書綜録》作「評」。

〔二〕「畜」原誤作「蓄」，據山大本改。

讀書漫筆十八卷

宋方瀾著。莆田人。抄本。　是書係瀾讀史所記，自《漢書》〔一〕迄《唐書》隨手摘録，并附論斷。

〔一〕「書」字原脱，據山大本補。

琴史六卷

宋秘書省正字朱長文著。蘇州人。抄本。　是書前五卷記古帝王及歷代名人之精於琴學者，後一卷辨論琴理，凡十一篇。

優古堂詩話一册

宋吳幵〔一〕著〔二〕。抄本。　是書雜論唐宋人詩，辨證故事。

〔一〕「幵」原誤作「并」，據《四庫總目》、《中國古籍善本書目》改。

〔二〕「著」字原脱，據山大本補。

莊子義海纂微一百六卷

宋中都道士褚伯秀輯。抄本。　是書本陳碧虚所纂八家之註，益以郭象、吕思卿以下十三家註解，并附伯秀己説，薈萃成編。

湘〔一〕山野録三卷續録一卷

宋僧文瑩著。吴郡人。抄本。　是書雜録宋時朝野故實。

〔一〕「湘」原誤作「相」，據山大本、《四庫總目》改。

玉壺清話十卷

宋僧文瑩著。抄本。　是書摘録史傳軼事並雜記見聞。

王氏談録一卷

抄本。　是書雜記文史。後有王洙〔一〕跋云：「此編必嘉祐以前臣公所爲。」又一跋云：「是集乃王原叔著。」未詳孰是。

〔一〕「洙」原誤作「深」，據山大本、《四庫總目》改。

幽居録二卷

不著撰人姓名。抄本。　是書雜記宋代録事〔一〕。

〔一〕「録事」疑當作「雜事」。

紺珠集十三卷

不著撰人姓名。抄本。　是書採輯子史〔一〕百家典實，標題分注。序云：「不知起自何代。」而馬端臨《經籍考》以爲宋〔二〕朱勝非撰。未詳孰是。

〔一〕「史」原誤作「吏」，據山大本改。

〔二〕「宋」原誤作「采」，據山大本改。

都城紀勝一册

不著撰人姓名。抄本。　是書紀南宋建都臨安時風土雜事。

翰苑叢抄三十卷

不著編次姓名。抄本。　是書係宋人所抄各家雜著。

詩〔一〕話一卷

宋陳日華著。抄本。　是書多記唐宋人詩話，間有故事。後附《談諧》一卷。

〔一〕「詩」原誤作「待」，據山大本、《四庫總目》改。

四聲等子〔一〕一卷

遼釋行均著。抄本。　是書詳辨三十六字母清濁輕重之等。

〔一〕「四聲等子」原誤作「四聲字」，據山大本、《四庫總目》改。

香譜四卷

元陳敬編。河南人。抄本。　是書博採諸香出處、製法，并附詩文。

脚氣集一册

元車若水著。天台人。抄本。　是書雜論經史并瑣事。

六藝綱目二卷

元〔一〕舒〔二〕天民著。鄞縣人。抄本。　是書分禮、樂、射、御、書、數六門，摭拾經傳，編次四言成句，下註節目。後附《字原》、《六藝發論》〔三〕二篇。

〔一〕「元」字原脱，據山大本補。

〔二〕「舒」原誤作「許」，據山大本、《四庫總目》改。

〔三〕「論」山大本作「原」。

飲膳正要三卷

元太醫〔一〕忽思〔二〕慧著。刊本。　是書論列養生服食及物性所宜。

〔一〕「醫」原誤作「鑒」，據山大本改。

〔二〕「思」原誤作「因」，據山大本、《中國叢書綜録》改。

黄文獻公筆記一册

元侍講黄溍著。金華人。抄本。

是書辨經六則，辨史十六則，雜辨十三則。末附碑銘謚議。

選詩補註八卷補遺二卷續編四卷

元劉履著。上虞人。刊本。

是書註釋以朱子《詩傳》、《楚辭注》爲法，更取古歌辭及唐宋諸作，分卷輯注以附之。

聲音文字通〔一〕三十二卷

明趙謙著。餘姚人。抄本。

是書原〔二〕本皇極經世之學，審音辨聲，著爲圖譜，分配卦象。

〔一〕「通」原誤作「道」，據山大本、《四庫總目》改。

〔二〕「原」字原脱，據山大本補。

原始秘書八卷

明寧獻王權著。抄本。

是書博採百家子〔一〕史之書，推究事物原始，分五十七門。

〔一〕「子」原誤作「之」，據山大本改。

南濠詩話一册

明都穆著。吴郡人。刊本。

是書雜論宋元明人詩。

懷麓堂詩話一册

明大學士李東陽著。刊本。

是書雜論漢魏六朝唐宋人詩。

天心復要二册

明鮑泰著。新安人。抄本。　是書耑論推測度數，分列圖説。

蟫精雋十六卷

明徐伯齡著。剡城人〔一〕。抄本。　是書雜録文史軼事並考證詩詞故實。間有缺失。

〔一〕「四庫總目」云：「自署曰古剡，蓋嵊縣人。」

延休堂漫録三十六〔一〕卷

明羅鳳著。抄本。　是書雜録古今碎事微文，隨條辨證。

〔一〕「六」字原脱，據山大本、《四庫總目》補。

東谷〔一〕贅言二卷

明敖英著。清江人。刊本。　是書雜論故〔二〕事並見聞所及。

〔一〕「谷」原誤作「各」，據山大本、《四庫總目》改。
〔二〕「故」下原衍「今」字，據《浙江採集遺書總録》删。

厭次瑣〔一〕談一卷

明知縣劉世偉著。陽信〔二〕人。刊本。　是書雜記史傳瑣事，間有評論。

〔一〕「瑣」原誤作「項」，據《四庫總目》改。
〔二〕「陽信」原誤倒作「信陽」，據山大本、《四庫總目》改。

過庭詩話二卷

明劉世偉著。刊本。　是書辨論詩格，以才調爲尚。

紀善録一卷

明杜瓊著。抄本。　是書就瓊見聞條記前人善事。

丹鉛總録三[一]十七卷續録十二卷餘録十七卷摘録十三卷

明修撰楊慎著。成都人。刊本。　是四書分類編纂故實，搜剔碎文瑣事，詳於考據。

〔一〕「三」《四庫總目》、《中國叢書綜録》作「二」。

轉注古音略五卷

明楊慎著。刊本。　是書本許氏《説文》，旁加引證，以發揮六書轉注之義。

詩話補遺三卷

楊慎著。刊本。　是書採摘古詩，多所引據，并及前人遺事。

石鼓文一卷音釋一卷經文一卷

明楊慎輯。刊本。　是書慎序[一]稱得蘇軾舊本，因爲摹刻。後有附録各詩。

〔一〕「序」原誤作「亭」，據山大本改。

古今識鑒八卷

明尚寶[一]少卿袁忠[二]徹著。鄞縣人。刊本。　是書採古來相法有奇驗者。

〔一〕「寶」原誤作「書」，據山大本、《四庫總目》改。

〔二〕「袁忠」原誤作「表宗」，據山大本、《四庫總目》改。

虞初志八卷〔一〕

刊本。　是書類集小説自《齊諧記》至《白猿傳》，凡三十二種。

〔一〕「卷」山大本作「册」。

郊外農談三卷

明張鈇〔一〕著。慈谿人。刊本。　是書雜記種植，考據經史詩文并古今逸事。

〔一〕「鈇」原誤作「鉄」，據《千頃堂書目》、《四庫總目》改。

鼓吹續編十卷

明朱紹、朱積同〔一〕選。江陰人。刊本。　是書續元好問之編，選宋元明詩之有聲調者。

〔一〕「同」原誤作「今」，據山大本、《四庫總目》改。

胡文穆公雜著一册

明〔一〕大學士胡廣著。抄本。　是書雜論史傳之事。

〔一〕「明」字原脱，據山大本補。

推篷〔一〕寤語九卷

明李豫亨〔二〕著。松江人。刊本。　是書分測微、源教、本術、還真、訂疑、畋政六篇。篇各分章。

多論道術。

〔一〕「篷」原誤作「蓬」，據山大本、《四庫總目》改。

〔二〕「亨」原誤作「享」，據山大本、《四庫總目》改。

應菴任意録十四卷

明羅鶴著。泰和人。抄本。　是書雜論各史詩文并明代逸事。

古言二卷

明尚書鄭曉著。海鹽人。刊本。　是書摘解經史大義。

射林八卷

明朱克〔一〕裕著。吳郡人。刊本。　是書分輿象、君臣、政事、藝文、禮樂、疆戎〔二〕、田賦七門，採輯經史，以資科舉之業。

〔一〕「克」，《四庫總目》作「光」。

〔二〕「戎」原誤作「界」，據山大本、《四庫總目》改。

保和官服圖説一册

刊本。　是書係明嘉靖間更定親王、世子、郡〔一〕王冠服之制。大學士張璁奉勅撰説。

〔一〕「郡」原誤作「群」，據山大本改。

冠圖一册

不著撰人姓名。抄本。是書歷考古今冠制，各繪爲圖。

歸閑述夢一册

明尚書趙璜著。安福人。抄本。是書係趙璜歸田後，追〔一〕述平生政績。

〔一〕「追」字原脱，據山大本補。

正思齋雜記二卷

明進士劉教著。安成人。抄本。是書錯論古今朝野事跡。

東溪漫〔一〕語一册

明曹煜〔二〕著。抄本。是書各條多發明理學之語。

〔一〕「漫」《四庫總目》作「蔓」。

〔二〕「煜」字原脱，據山大本、《四庫總目》補。

夜燈管測二卷

明沈愷著。松江人。刊本。是書錯記史中雜事。每條附以論斷。

陳石亭雜録一册

明翰林侍〔一〕講陳沂著。鄞縣人。抄本。是書分四類記明代雜事。

〔一〕「侍」下原衍「郎」字，據山大本刪。

三餘贅筆二卷

明主事都印〔一〕著。吴郡人。抄本。　是書雜採見聞，隨時筆記。

〔一〕「印」原誤作「叩」，據《千頃堂書目》、《四庫總目》改。

耆舊續聞十卷

宋陳鵠著。吴郡人。抄本。　是書多載宋人詩文逸事。

冀越集記一册

元行省郎中熊太古著。豫章人。刊本。　是書紀元代典章，並五行四氣，花木鳥獸，雜説。

冬遊記一册

明羅洪先著。刊本。　是書係洪先赴召道金陵時，紀其同志論學之語。

雜誡〔一〕一册

明文學博士方孝孺著。寧海人〔二〕。刊本。　是書多論理學經濟，分三十八章。

〔一〕「誡」原誤作「成」，據《千頃堂書目》、《四庫總目》改。

〔二〕「寧海」原誤倒作「海寧」，據山大本改。

吴氏墨記一册

明吴頤元輯。歙縣人。刊本〔一〕。　是書紀〔二〕明歙人吴楚製墨之法及名人投贈詩文。

〔一〕「明」至「本」十字原脱，據山大本補。

〔二〕「是書紀」三字原脱，據山大本補。

蓬窗類記〔一〕五卷

明刑部郎黄暐〔二〕著。吳郡人。抄本。　是書載明代典故並雜記時事。

〔一〕「記」原誤作「語」，據山大本、《四庫總目》改。

〔二〕「暐」原誤作「膞」，據山大本、《四庫總目》改。

百泉子緒論一册

明郎中皇甫汸〔一〕著。長洲人。刊本。　是書分八篇，皆論時俗之失。

〔一〕「汸」原誤作「仿」，據《千頃堂書目》、《四庫總目》改。

謇齋瑣綴〔一〕録八卷

明大學士尹直著。抄本。　是書多載明代朝野故事。

〔一〕「綴」原誤作「緞」，據《千頃堂書目》、《四庫總目》改。

復齋日記二卷

明許浩著。餘姚人。抄本。　是書雜記時事。

玉唾壺二卷

明臨淄令王一槐著。杭州人。抄本。　是書雜考經籍及詩文等類。

說文解字韻譜〔一〕二卷

明陳鉅輯。餘姚人。刊本。　是書取許氏原本，參以夏竦、周伯琦諸家之注，分類譜次。

〔一〕「譜」原誤作「語」，據山大本、《千頃堂書目》改。

楊公筆録

明朝奉郎楊彥齡著。抄本。　是書雜取故實及瑣事各條。

山堂瑣語二卷

明提學僉事陳霆著。德清人。刊本。　是書折衷前言，考據往跡。本霆舊作《墨談》、《華休》〔一〕二書，摘取成篇。

〔一〕《千頃堂書目》著録陳霆《兩山墨談》、《緑鄉筆林》二書，疑「華休」當作「筆林」。

渚山堂詞話〔一〕三卷

明陳霆著。刊本。　是書輯唐宋五代至明初人詞話。

〔一〕「話」原誤作「録」，據山大本、《四庫總目》改。

渚山堂詩話三卷

明陳霆著。刊本。　是書評論品格、風調兼有考證。

古穰雜録三卷

明大學士李賢著。南陽人。抄本。　是書雜記朝野故事。

同文備考八卷

明王應電著。崑山人。抄本。　是書論篆與《説文》頗有同異。後附《聲韻會通》一卷，《韻要〔一〕粗釋》一卷。

〔一〕「要」原誤作「安」，據山大本、《四庫總目》改。

法家裒集一册

明蘇祐輯。抄本。　是書節録律例。本潘智〔一〕所輯，補綴成編。

〔一〕「智」原誤作「志」，據山大本、《四庫總目》改。

大明通寶義一卷

明副使羅汝芳著。浙江人。刊本。　是書論鑄錢利弊。《本義》、《通義》、《廣義》三篇。

簡籍遺詞〔一〕二卷

明黄溥著。鄞縣人。刊本。　是書考古論事，雜取見聞，疑義多所發明。

〔一〕「詞」《四庫總目》作「聞」。

月河所聞集一册

明莫君陳著。吴興人。抄本。　是書撮舉故〔一〕實，條列成篇〔二〕。

〔一〕「故」原誤作「胡」。

〔二〕「篇」山大本作「編」。

西村省己録二卷

明教授顧諒著。上虞人。刊本。　是書條列格言，旁采六籍，以爲省己之説。

見聞〔一〕隨録一册

明尚書韓〔二〕邦奇著。朝邑人。抄本。　是書采輯經史、性理諸書，以及前明防邊經畧、列朝政績。

〔一〕《四庫總目》「聞」下有「考」字。
〔二〕「韓」原誤作「輯」，據山大本、《四庫總目》改。

百〔一〕感録一卷

明丁汝弼著。懷〔二〕寧人。抄本。　是書雜論鳥獸虫魚之類，爲觀物達生之言。

〔一〕「百」原誤作「有」，據山大本、《千頃堂書目》改。
〔二〕「懷」原誤作「壞」，據山大本、《千頃堂書目》改。

西樵野記十卷

明侯甸著。吴郡人。抄本。　是書隨筆記録見聞。

紀夢要覽二卷

明禮部尚書童軒著。鄱陽人。刊本。　是書考列史傳所載夢驗。

冶〔一〕城客論〔二〕二卷

明陸采〔三〕著。長洲人。抄本。　是書劄記聞見瑣事，多涉幽異。

〔一〕「冶」原誤作「治」，據《四庫總目》、《中國古籍善本書目》改。

〔二〕「論」原誤作「語」，據《四庫總目》、《中國古籍善本書目》改。

〔三〕「采」原誤作「採」，據山大本、《四庫總目》改。

病〔一〕逸漫記一册

明陸釴著。太倉人。抄本。　是書隨手筆記朝野時事〔二〕。

〔一〕「病」原誤作「痛」，據山大本、《四庫總目》改。

〔二〕「是」至「事」十字原無，據山大本補。

寓圃雜記十卷

明王〔一〕錡著。長洲人。抄本。　是二書〔二〕記明代朝野雜事。

〔一〕「王」原誤作「玉」，據山大本、《四庫總目》改。

〔二〕「是二書」山大本作「是事」，按「是事」疑「是書」之誤。

齊民要書一册

明温純輯。刊本。　是書前載勸諭詩文，後有家禮節要及蠶桑諸法。

北窗瑣語一册

明余永麟著。鄞縣人。抄本。

是書雜録明初朝野瑣事。

皇明書畫史四卷

明嘉定劉璋著。抄本。

是書紀明代各家書畫，後録元人之佚於紀載者。

水經注碑目一册

明楊慎著。抄本。

是書取酈注所載古碑，撮舉其目而考詳之。

離〔一〕騷草木疏補四卷

刊本。

是書本宋〔二〕吴仁傑疏。明屠本畯復補其闕。

〔一〕「離」原誤作「雜」，據山大本改。

〔二〕「宋」原誤作「宗」，據山大本、《四庫總目》改。

黎〔一〕洲野乘一册

明舒纓〔二〕著。刊本。

是書論太極、性理，及歲表、列傳，凡書、表、傳共十五篇。

〔一〕「黎」《四庫總目》作「黎」。

〔二〕「纓」原誤作「櫻」，據《四庫總目》改。

竹下寤言二卷

明王文禄著。海鹽人。刊本。

是書分十四篇，篇各分章，倣諸子體。

張乖〔一〕崖事文録四卷

明教諭〔二〕顔端輯。應山人。刊本。是書輯張詠治蜀時遺事並其詩文〔三〕識。末附明代文〔四〕人題詠詩篇。

〔一〕「乖」原誤作「乘」，據《四庫總目》改。

〔二〕「諭」原誤作「論」，據《四庫總目》改。

〔三〕「詩文」原作「計又」，據《浙江採集遺書總録》本條改。

〔四〕「文」原誤作「之」，據山大本改。

效顰集二卷

明趙弼著。刊本。是書傳記二十五篇，多載善惡果報之事。

劍陽名儒録二卷

明太守李璧輯。刊本。是書輯宋黄裳軼文遺事并祠〔一〕記墓誌。

〔一〕「祠」原誤作「詞」，據山大本改。

存愚録一册

明張純纂。永嘉人。刊本。是書前論性理兼及史評、詩品，後綴雜説。

海涵萬象録四卷

明〔一〕黄潤玉著。四明人。刊本。是書發明性理、經傳、子史，及古今人物詩文雜説〔二〕。

〔一〕「明」字原脱，據山大本補。

〔二〕「是」至「説」十九字原脱，據山大本補。

墅談六卷

明胡侍輯。關西人。刊本〔一〕。　　是書雜記瑣事。

〔一〕「墅」至「本」十三字原脱，據山大本補。

畫志一卷

明沈與文著。抄本。　　是書記王維〔一〕至商琦各畫家十八〔二〕人，後附葉夢得《評畫行》詩註。

〔一〕「維」原誤作「繼」，據《四庫總目》改。

〔二〕「十八」《四庫總目》作「十九」。

中麓畫品一卷

明李開先〔一〕著。章邱人。刊本。　　是書雜論畫品並各家師法。

〔一〕「先」原誤作「光」，據山大本改。

海内奇觀十卷

明楊爾曾著。錢塘人。刊本。　　是書紀天下山川名勝，各有圖説。

東園客談一册

明孫道易著。抄本。　　是書雜記元時逸事。

歷朝翰墨選註十四卷

明尚書屠隆輯。鄞縣人。刊本。　是書採自《春秋左傳》迄前明諸家辭，今彙訂成編。

名筆私〔一〕鈔六卷

明御史曾佩輯。臨川人。刊本。　是書係佩按閩時，採録唐宋元明諸名賢著作，以誌八閩勝蹟。

〔一〕「私」原誤作「詩」，據山大本、《四庫總目》改。

吴中金石新編八卷

明通判陳暐輯。刊本。　是書係暐通判蘇州時各碑記，標題分類，凡七篇〔一〕。

〔一〕《四庫總目》云：「區爲七目，凡一百餘篇。」

吏隱録二卷

明太醫院沈津〔一〕著。吴郡人。刊本。　是書所〔二〕記多朝野逸事，并著其先世事蹟。

〔一〕「津」原誤作「聿」，據《千頃堂書目》、《四庫總目》改。

〔二〕「所」原誤作「取」，據山大本改。

柏〔一〕齋三書四卷

明何塘著。懷慶人。刊本。　是書自撰《陰陽》、《樂律》、《儒學》三書，名曰「管見」。後附《醫學》一卷。

〔一〕「柏」原誤作「拓」，據山大本、《四庫總目》改。

少林古今録二卷

明知縣劉思温輯。刊本。　是書集唐宋元明〔一〕少林題詠及序贊碑銘，分詩類、記類二卷。

〔一〕「明」原作「各」，據山大本改。

浮〔一〕物一册

明祝允明著。抄本。　是書隨筆劄記見聞，係以論斷。

〔一〕「浮」原誤作「淳」，據山大本、《四庫總目》改。

溪堂麗〔一〕宿一册

明曹文炳輯。抄本。　是書纂輯《昭明遺事》至《蓮幕燕談》，凡十種。

〔一〕「麗」原作「皕」，據《浙江採集遺書總録》改。

李氏居室記五卷

明李濂著。河南人。刊本。　是書自著堂閣諸記並文房雜器諸箴銘。

唫堂博笑〔一〕集五卷

不著撰人姓名。抄本。　是書記古今女史之以詩文傳者，分死節、勸戒、奇遇、題詠、寄情五門。

〔一〕「博笑」原誤作「傳笈」，據《千頃堂書目》、《四庫總目》改。

萬卷菁華前集八十卷後集八十卷續集三十四卷

不著撰人姓名。抄本。　是書〔一〕分别門類，編輯經史歷代事實。

〔一〕「書」原誤作「門」，據山大本改。

俗語一册

不著撰人姓名。抄本。　是書考訂俗語之原本經傳者，又記各書所載方言。

瀛艖談苑五卷

明釣瀛子著。不詳姓名。抄本。　是書分類記載明代故實。

燃犀集四卷

不著撰人姓名。刊本。　是書編輯怪異之事，列七十二則。

緯畧類編〔一〕三十五卷

不著撰人姓名。刊本。〔二〕　是書博採群書〔三〕雋異瑣〔四〕屑之事，分類編輯。

〔一〕「編」原誤作「篇」，據山大本、《四庫總目》改。

〔二〕「刊本」山大本作「抄本」。

〔三〕「書」山大本作「籍」。

〔四〕「瑣」原誤作「瑣」，據山大本改。

事始一册

不著撰人姓名。抄本。是書雜考輿服、官制〔一〕、器用、名物之原，證以經史。

〔一〕「輿服官制」原誤作「與官服制」，據山大本改。

畫記〔一〕補遺二卷

不著撰人姓名。抄本。是書紀宋代畫家九十九人，後附元代畫家。有明人小序云：爲嘉興吴景長所記。

〔一〕「記」《四庫總目》作「紀」。

蒙泉雜言二卷

不著撰人姓名。抄本。是書〔一〕雜論理氣、人物。

〔一〕「書」原誤作「爲」，據山大本改。

立齋閑録四卷

明宋端儀著。閩人。抄本。是書雜採諸家所記政典堪爲法戒者，自明初〔一〕迄宣德間止。

〔一〕「初」字原脱，據山大本補。

吹劍録外集一册

不著撰人姓名。抄本。是書編輯前言往事，寓勸戒之意。係范欽作揚州〔一〕守時所抄。有自記。

〔一〕「揚州」原誤作「楊刊」，據山大本改。

竹莊詩話二十二卷

不著姓名。抄本。　是書輯兩漢迄宋人詩，各採前人評語、詩話載於本詩之前〔一〕。

〔一〕「之前」二字原脱，據山大本補。

書訣一册

不著撰人姓名。抄本。　是書載作書之法，並敘古今各體善書人姓氏，上自三皇迄明代止。

東皐雜記一册

不著撰人姓名。抄本。　是書雜記見聞軼事，係明人所著。

南溪詩話二册

不著撰人姓名。刊本。　是書摘録古今詩話。明正德間王承裕序云：南溪，逸其姓名，當爲勝國時〔一〕人。

〔一〕「時」原誤作「持」，據山大本改。

布粟集八〔一〕卷

刊本。　是書摘取諸子中語。題曰布粟子，一號鳳臺，係明人。不著姓名。

〔一〕「八」原誤作「人」，據山大本改。

莝〔一〕録三卷

不著撰人姓名。抄本。　是書始文〔二〕房，終畜養，計十二門。雜論服御、飲食、製治之法。

〔一〕「莝」原誤作「莁」，據《四庫總目》改。

〔二〕「文」原誤作「大」，據山大本、《四庫總目》改。

實賓録一册

抄本。　是書輯録古人別名，各注來歷。卷中自稱蘇〔一〕雲人翁。未詳姓氏。

〔一〕山大本「蘇」下有「臺」字。

無能子三卷

不著撰人姓名。抄本。　是書多記所傳所見及問答，語體仿老莊，凡三十四篇。

南窗紀談一册

不著撰人姓名。抄本。　是書摘取前代人物故實及名人緒論，不編次第。

荆溪林下偶談八卷

不著撰人姓名。抄本。　是書評論詩文雜説，間附己意。

頤山詩話一卷

刊本。　是書雜論古今詩品高下。序曰：頤山老農。不著姓氏。

山樵暇語十卷

明代人撰。不著姓名。抄本。　是書雜論詩文故實兼覩記軼事。

竹爐新詠一册

刊本。　是書係明吴寬、倪岳〔一〕諸人題詠惠山竹爐之詩，前列圖贊，後有缺頁。

〔一〕「倪岳」原誤倒作「岳倪」，據山大本改。

林泉隨筆一册

明張綸著。淮浦人。抄本。　是書論經傳子史及唐宋元各家詩，辨析疑義，隨筆紀録。

春雨堂隨筆一册

明陸深著。松江人。刊本。　是書雜記詩畫并前人遺事。

守溪長語一册

明王鏊〔一〕著。刊本。　是書錯記明代遺事。

〔一〕「鏊」原誤作「鰲」，據山大本、《中國叢書綜録》改。

徐仙〔一〕翰藻十四卷

刊本。　是書相傳元至元間，靈濟真人徐〔二〕知證降〔三〕神於閩之鰲峯。此示自著詩文，閩人〔四〕彙而梓之。後附《贊靈集》四卷。

〔一〕「仙」原誤作「山」，據山大本、《四庫總目》改。

〔二〕「徐」原誤作「待」，據山大本、《四庫總目》改。

〔三〕「降」原誤作「隆」，據《四庫總目》改。

〔四〕「人」原誤作「爲」，據山大本改。

文選類林十八卷

宋劉〔一〕攽編。清江人。刊本。　是書掇取《文選》字句，分類編次。

〔一〕「劉」原誤作「列」，據《四庫總目》、《中國古籍善本書目》改。

嚴陵集九卷

宋知軍州董弅〔一〕輯。廣川人。刊本。　是書起六朝迄宋宣和間名人題咏嚴陵詩文，彙集成編。

〔一〕「董弅」原誤作「童并」，據山大本、《四庫總目》改。

楚範六卷

明張之象著。松江人。刊本。　是書論《離騷》體裁、音韻，分十一門。

楚騷協韻十卷

明屠畯著。鄞縣人。刊本。　是書專考叶韻，前列《讀騷大旨》六編〔一〕。

〔一〕「編」山大本作「篇」。

風雅遺音二卷

宋林正大輯。刊本。　是書係將前書詩古文〔一〕詞可入〔二〕樂律者，彙輯成編。

〔一〕「文」原誤作「令」，據山大本改。

〔二〕「入」原誤作「人」，據山大本改。

文翰類選大成一百六十三卷

明寧府左長史李伯璵輯。上海人。刊本。　是書分六十四類，博採自唐虞迄明各體詩文，係成化時伯璵應寧王教輯。

三國志文類六十卷

不著編輯姓名。抄本。　是書分詔、教令、表奏、書疏等二十二門，各以類敘。

六朝聲偶集七卷

明徐獻忠輯。吳郡人。刊本。　是書輯齊、梁、陳、隋四朝各家詩。

三賢集三卷

明翰林楊名編。蜀人。刊本。　是書因周敦頤、王十朋、宋濂三人曾官夔州，嘉靖間建祠於夔，并次其遺文爲《三賢集》。

十先生奧論前集十五卷後集十五卷續集十五卷

刊本。　是書係集呂祖謙、楊萬里、胡寅、方恬、陳傅良、葉適、劉穆元、張震、朱子、張栻、楊時、戴溪、陳武諸家論説經史之文，附以註釋。內有抄補七卷，原缺五卷。

群公小簡六卷

明陳廷璉輯。刊本。　是書載宋蘇軾、方岳以下六家小簡。

群公四六續集四册

不載編輯人姓名。抄本。　是書彙編宋代人四六甲乙至壬癸十集，內缺庚辛二集。

百段錦二册

宋上舍方順孫輯。閩人。刊本。　是書摘取唐宋名人文，各標格式以爲〔一〕行文程法。

〔一〕自「是書因周敦頤」至「各標格式以爲」原本計一葉全闕，據山大本補。

皇元風雅二卷

抄本。

元音十二卷

明定海丞張中達著。刊本。　是二書係編輯元代諸詩。

皇明兩朝疏抄十二卷

刊本。　是書載明代嘉靖、隆慶兩朝諸臣奏疏，分三十七類。

盛明百家詩一百册

明俞憲編。無錫人。刊本。　是書前後兩集，於嘉靖間選録彙刻，分家編次。

皇明珠玉八卷

明王諤輯。江陰人。刊本。　是書選録明代諸家近體詩。

二妙集十二卷

明巡撫唐順之輯。武進人。刊本。　是書選盛唐杜甫以下迄明〔一〕代各家詩。

〔一〕「明」原誤作「時」，據《四庫總目》改。

金華文統十三卷

明知府趙鶴輯。江都人。刊本。　是書輯金華一郡人文，較五先生《正學編》而更詳。

四明風雅四卷

明戴鯨、張時徹輯。刊本。　是書録寧波一郡人詩，自漢迄明止。〔一〕

〔一〕《四庫總目》云：「所録明代寧波之詩，自洪武迄嘉靖。」《浙江採集遺書總録》云「自明初迄萬曆間止」。《西諦書跋》云「入選者皆明人」。

古虞文録二卷

明工部侍郎楊儀著。上虞人。刊本。　是書採録上虞一縣古今詩文。〔一〕

〔一〕按：楊儀，常熟人。《古虞文録》所收係古人著作關於常熟之詩文。參《四庫總目》本條。

天台集三卷前集別集一卷續集三卷續〔一〕集別編六卷

宋〔二〕林表民輯。天台人。刊本。　是書採取六朝迄宋代題咏天台諸作。其原本係李桀家藏，林氏〔三〕以次編輯者。

〔一〕「續」原誤作「編」，據山大本、《四庫總目》改。
〔二〕「宋」原誤作「朱」，據《四庫總目》改。
〔三〕「林氏」原誤作「村民」，據山大本改。

蓬萊觀海亭集二卷

明推官潘滋輯。新安人。刊本。　是書採〔一〕歷代記詠登州觀海亭詩文。

〔一〕「是書採」山大本作「是書係採集」。

太白樓集十卷

明工部郎中蔡〔一〕鍊輯。餘姚人。刊本。　是書裒集古今記詠太白樓詩文諸作。樓在濟寧城東。

〔一〕「蔡」原誤作「集」，據《四庫總目》改。

滕王閣集十卷

明南昌〔一〕訓導董遵輯。刊本。　是書輯唐王勃、韓愈以下至元明人題詠詩文。

〔一〕「昌」字原脱，據山大本補。

西湖八社詩〔一〕一册

明祝時亨〔二〕、高應冕等著。刊本。　是書係時〔三〕亨〔四〕等詩社唱和之作。

〔一〕《四庫總目》、《中國叢書綜録》作「西湖八社詩帖」。

〔二〕「亨」《四庫總目》、《中國叢書綜録》作「泰」。

〔三〕「時」原誤作「明」，據山大本改。

〔四〕據《四庫總目》「亨」當作「泰」。

石鐘山集八卷

明參議王恕著，王元佐續。刊本。　是書録《水經注》以下紀詠石鐘山詩文。

滄海遺珠集四卷

明珠璨〔一〕輯。海陽人。刊本。　是書編輯各詩，自朱經而下凡二十一〔二〕人。

〔一〕「璨」當作「陳璨」。《藏園訂補郘亭知見傳本書目》著録明成化十三年萬載知縣陳璨重刻本，即其人。唯陳璨爲重刻者，則非編者。《四庫總目》云爲沐昂輯，可參。

〔二〕「二十一」《四庫總目》作「二十」。

荆溪唱和詩一册

刊本。　是書係明顧從義、沈明臣等八人唱和詩。

橋門聽雨詩一卷

刊本。　是書係明永樂己丑進士陳燧等在太學唱和之作，共七十八首。

瑞石山紫陽道院集二卷

明羽士范應虚輯。　刊〔一〕本。　是書多載瑞石山古〔二〕蹟，後附詩文。

〔一〕「刊」原誤作「別」，據山大本改。

〔二〕「古」山大本作「勝」。

王右丞集十四卷

唐王維著，宋劉辰翁註。　刊本。

玄英先生集八卷

唐方干〔一〕著。　新安人。　刊本。

〔一〕「干」原誤作「千」，據《四庫總目》、《中國叢書綜録》改。

昔遊集〔一〕三卷

唐尚書右僕射李紳著。　無錫人。　抄本。

〔一〕「昔遊集」《四庫總目》、《中國叢書綜録》作「追昔遊集」。

以上係唐人詩文集。

田表聖奏議集一册

宋工部尚書田錫著。洪雅人。抄本。

方秋崖小簡十四卷

宋袁州守方岳著。祁門人。抄本。

内簡尺牘十卷拾遺一卷

宋尚書孫覿著。抄本。

鄮〔一〕峯漫録五十卷

宋太史史浩著。鄞縣人。抄本。

〔一〕「鄮」原誤作「鄖」，據《四庫總目》、《中國叢書綜録》「鄮峰真隱漫録」條改。

羅鄂州詩文集五卷

宋知鄂州羅願著。歙縣人。抄本。

以上係宋人詩文集。

麗則遺音四卷

元提舉楊維楨著。會稽〔二〕人。抄本。

〔一〕「稽」原誤作「嵇」，據山大本改。

范德機集七卷

元范梈著。抄本。

曹文貞詩集十卷

元曹復亨著。刊本。

滄浪櫂歌一卷

元陶宗儀著。天台人。刊本。

光岳英華十五卷

元許中麗〔一〕編。刊本。

〔一〕「麗」原誤作「麓」，據山大本、《四庫總目》改。

虞伯〔一〕生詩續三卷

元虞集著。抄本。

〔一〕「伯」原誤作「柏」，據山大本、《四庫總目》改。

剡源集三十二卷

元教授戴〔一〕表元著。奉化人。抄本。

〔一〕「戴」原誤作「載」，據山大本、《四庫總目》改。

桐山老農集一册

元魯貞著。開化人。抄本。

以上係元人詩文集。

廣寒殿記一册

明仁〔一〕宗御製。抄本。

〔一〕「仁」《四庫總目》、《中國叢書綜録》作「宣」。

商文毅〔一〕公疏稿略〔二〕一册

明大學士淳安商輅著。抄本。

〔一〕「毅」原誤作「穀」，據《四庫總目》、《中國叢書綜録》改。

〔二〕「略」原誤作「昭」，據山大本、《四庫總目》改。

東塘詩集十卷

明尚書毛伯温著。吉水人。刊本。

西巡類稿八卷

明江西右參政吳廷舉著。刊本。

奕世增光集八卷

明祭酒魏校著。刊本。

冢宰文集一册

明尚書張統著。富平人。抄本。

鄭思齋文一册

明鄭洛書著。莆[一]陽人。抄本。

〔一〕「莆」原誤作「蒲」，據山大本改。

王介塘文畧一册

明王相著。鄞縣人。抄本。

傅山人集三卷

明傅汝舟[一]著。閩人。抄本。

〔一〕「舟」原誤作「州」，據《千頃堂書目》、《四庫總目》改。

新河初議一册

明尚書胡世寧著。仁和人。刊本。

孫毅菴奏議二卷

明應天府尹孫懋[一]著。慈谿人。刊本。

［二］「懋」原誤作「樹」，據《千頃堂書目》、《四庫總目》改。

葉海峯文一册

明刑部郎中葉良佩著。太平人。抄本。［一］

［一］「抄本」二字原脱，據山大本補。

世緯［一］一册

明提學袁袠［二］著。刊本。

［一］「緯」原誤作「諱」，據山大本、《四庫總目》改。

［二］「袁袠」原誤作「表袌」，據《千頃堂書目》、《四庫總目》改。

太平金鏡策八卷

明［一］布衣趙天麟著。東平人。刊本。

［一］「明」，《千頃堂書目》、《四庫總目》作「元」。

二戴小簡二卷

明戴豪［一］、戴顒著。天台人。抄本。

［一］「戴豪」二字原脱，據山大本、《四庫總目》補。

逃虚子詩集十一卷

明少師［一］姚廣孝著。長洲人。抄本。

〔一〕「師」原誤作「卿」，據山大本、《四庫總目》《逃虛子集》條改。

東墅詩集六卷

明左庶子周述著。吉水人。抄本。

李山人詩集二卷

明李生寅著。鄞縣人。刊本。

句漏集四卷

明顧起綸著。抄本。

草窗集二卷

明太醫院吏目劉溥著。吳人。刊本。

白雲樵唱詩一册

明翰林典籍王恭〔一〕著。長樂人。抄本。

〔一〕「恭」原誤作「叅」，據山大本、《四庫總目》改。

楊文定公詩集八卷

明大學士楊溥著。石首人。刊本。

東園〔一〕詩集續編八卷

明尚書鄭紀著。屏山人。刊本。

〔一〕「圜」原誤作「國」，據《四庫總目》、《中國叢書綜録》改。

栗太行山居集八卷

明舉人栗應宏著。上黨人。刊本。

田秬〔一〕山稿一册

明提學副使田頊〔二〕著。龍溪人。抄本。

〔一〕「秬」原誤作「柜」，據《千頃堂書目・秬山詩集》、《四庫總目・秬山稾》改。

〔二〕「頊」原誤作「頓」，據《千頃堂書目》、《四庫總目》改。

斗南詩集四卷

明教授胡虚白撰。福昌人。抄本。

全〔一〕室外集十卷

明釋宗泐〔二〕著。抄本。

〔一〕「全」原誤作「金」，據《千頃堂書目》、《四庫總目》改。

〔二〕「泐」原誤作「泐」，據《千頃堂書目》、《四庫總目》改。

甬東山人稿七卷

明布衣吕時著。鄞縣人。刊本。

節愛汪府君詩集一册

明雲南巡撫汪文盛著。抄本。

會稽懷古詩一卷

明侍讀唐之淳著。山陰人。刊本。

越草一卷

明沈明臣著。鄞縣人。刊本。

金陵勝覽詩一卷

明章思著。山陰人。刊本。

清江二家詩各二卷

明知府孫偉、提學敖英著。刊本。

赤城集二卷

明顧起綸著。蘇州人。刊本。〔一〕

西槎彙粹草〔二〕二卷

明郎中龔煇著。鄞縣人。刊本。

〔一〕自「栗太行山居集」至「蘇州人刊本」原本全闕，據山大本補。

〔一〕「西槎彙粹草」,《千頃堂書目》作「西槎疏草」,《四庫總目》作「西槎彙草」。

觀政集一冊

明李濂著。抄本。

張伎〔二〕陵集七卷

明主事張鳳翔著。漢中人。抄本。

〔二〕「伎」原誤作「使」,據《千頃堂書目》、《四庫總目》改。

揚州瓊華集二冊

明楊端輯。四明人。刊本。

筠溪家藏集三十卷

明侍郎鍾芳著。刊本。

以上係明人詩文集。

諸真元奧十卷

宋黄自如〔一〕輯。盱〔二〕江人。刊本。　是書論修煉養生之法,採輯宋張平叔、石泰、薛道源〔三〕、陳楠、葛〔四〕長庚、友〔五〕欽等各家所著。

〔一〕「宋黄自如」,《四庫總目》作「明朱載墇」。
〔二〕「旴」原誤作「盱」,據山大本改。
〔三〕「源」原誤作「光」,據《四庫總目》改。
〔四〕「葛」原誤作「陸」,據《四庫總目》改。
〔五〕「友」原誤作「支」,據《四庫總目》改。此人全名「趙友欽」。

霞外雜俎一册

刊本。　是書多發養生之旨,爲鐵脚道人所著。有明敖英後序云:道人姓杜,名巽才。

證道謌一卷

宋釋元〔一〕覺著,釋彦琪註。刊本。　是書推闡禪理,爲曹溪宗。

〔一〕「元」字原脱,據山大本、《中國叢書綜録》補。

觀化集一册

明宗室朱約佶著。刊本。　是書前列三圖〔一〕,後係詩語賦,皆論道家之術。

〔一〕「圖」原誤作「國」,據山大本、《四庫總目》改。

陶〔一〕隱居重定甘〔二〕巫石氏星經一册

梁陶弘景輯。抄本。　是書以甘氏、巫氏、石〔三〕氏三家星官著於圖録,後附張衡星書《大象賦》。

〔一〕「陶」原作「陽」,據《浙江採集遺書總録》改。

〔二〕「甘」字原脱，據山大本補。

〔三〕「石」原作「古」，據《浙江採集遺書總録》改。

天文主管一册

金司天臺少監武亢〔一〕著。抄本。　是書詳考星象，列三垣二十八宿圖説。其《周天立〔二〕象賦》以下類記〔三〕《五星休咎》。

〔一〕「亢」原誤作「元」，據山大本、《四庫總目》改。

〔二〕「立」原誤作「元」，據《四庫總目》改。

〔三〕「記」原誤作「託」，據山大本改。

測圓海鏡十卷

元翰林學士李冶〔一〕著。樂城人。刊本。　是書紀句股算法，分類釋義。

〔一〕「冶」原誤作「治」，據山大本、《四庫總目》改。

天元玉歷祥異賦十册

抄本。　是書係明洪熙間御製。考驗災祥，各繪圖像，下附前人論説。

靈棋經一册

不著撰人姓名。抄本。　是書詳靈棋之法，布棋成卦以占兵行凶吉。後有劉基〔一〕序。《明史》載劉基《靈棋經》，疑即是書。

〔一〕「基」原誤作「其」，據山大本改。

象緯彙編二卷

明韓萬鍾著。蘄陽人。抄本。　是書本丹元子《步天歌》、馬氏《通考》，彙次成編。

天文精義賦四卷

岳熙載著。刊本。　是書於天體渾天、分野、日月、五星、列宿，各爲一賦，並爲集註。

太公兵法一册

抄本。　是書按《隋志》有二卷、六卷者，今止一卷。

邵康節加一倍法一册

不著撰人姓名。抄本。　是書推論先天之數并載吉凶星例。

天〔一〕漢全占一册

不著撰人姓名。抄本。　是書詳繪星象，首載《步天歌》，後〔二〕係諸星考證。

〔一〕「天」原誤作「文」，據山大本改。

〔二〕「後」下原衍「有」字，據山大本删。

天文諸〔一〕占一册

抄本〔二〕。　是書占驗吉凶，列載星垣圖考。前有缺頁。未詳撰人姓名。

〔一〕「諸」原誤作「譜」，據《四庫總目》改。

〔二〕「抄本」二字原脱，據山大本補。

青羅曆一册

不著撰人姓名。抄本。是書詳考五曜二十八宿之伏見退留，以推〔一〕其真度。

〔一〕「推」原誤作「堆」，據山大本改。

通占大象曆〔一〕星經二卷

不著撰人姓名。抄本。是書繪列宿諸圖，各有註釋。

〔一〕「曆」字原無，據《四庫總目》、《中國叢書綜録》補。

演禽〔一〕圖訣二册

不著撰人姓名。抄本。是書抉敘二十八宿變化生尅，以憑占驗。

〔一〕「禽」原誤作「群」，據《四庫總目》改。

海上占候一卷

不著撰人姓名。抄本。是書詳占潮汐、風雨、晴晦。

筮篋理數日抄二十卷

明柯珮輯。刊本。是書首列書訣〔一〕奇遁〔二〕，及後天、洪範、八卦、五行之説。

〔一〕「訣」原作「次」，據《浙江採集遺書總録》改。

〔二〕「遁」原作「有」，據《浙江採集遺書總録》改。

占候書十册

不著撰人姓名。抄本。是書前列星象各圖，後列雲氣星變各圖，引諸史《天文》、《五行志》及《乙巳占》等書爲説。

七元六甲書一册

不著撰人姓名，抄本。是書多論奇門趨避之法，兼有占候。

將門秘法陰符經二卷

陳摶著。抄本。是書皆論軍中占驗，後附《出軍安營寨法》一卷。

白猿經風雨占候説一册

明劉基著。青田人。抄本。是書取漢諸葛亮《白猿經占》逐加註釋，後附圖解。

東方朔占書三卷

不著撰人姓名。抄本。是書占驗風雨、歲時吉凶，後附《雜占》一卷。

祥異賦七卷

不著撰人姓名。抄本。是書分賦日、月、星、氣、風、雨，各著占驗，凡五十六篇。

將苑一册

漢諸葛亮著。抄本。　是書總括兵法，爲論五十條。

六壬軍帳賦一卷

劉啟明著。抄本。　是書言行軍時日休咎。未詳時代。

演禽〔一〕心法一册

不著撰述姓名。抄本。　是書演甲子六十卦圖，占驗行兵吉凶。

〔一〕「禽」原誤作「群」，據山大本改。

太白陰經八卷

不著撰人姓名。抄本。　是書統論兵陣之法，後載《占驗》首卷，内缺二篇。按唐李筌〔一〕有《太白陰經》十卷，今止八卷，未詳是否。

〔一〕「筌」原誤作「荃」，據山大本、《四庫總目》改。

太乙〔一〕專征賦一册

不著撰人姓名。抄本。　是書專言遁甲之術。

〔一〕《四庫總目》「乙」下有「遁甲」二字。

軍占雜集〔一〕一册

不著撰人姓名。抄本。　是書占軍中占候之術。

〔一〕「集」《四庫總目》作「事」。

陰符經一卷〔一〕

抄本。　是書集伊尹、太公、范蠡、鬼谷子，諸葛亮、張良、李筌七家之註。

〔一〕「卷」山大本作「册」。

歷代將鑑博義十卷

宋戴少望著。刊本。　是書編輯起春秋迄五代諸將行事得失，折衷而論述之。

六壬行軍指南十册

不著撰人姓名。抄本。　是書排列自甲子至癸亥六十日期，每日下分排各課，以推吉凶。

黄帝奇門遁甲圖一册

宋兵部尚書楊維〔一〕德輯。抄本。　是書條列奇門定例，著有一十九圖，各爲之説。

〔一〕「維」《四庫總目》作「惟」。

奇門遁甲賦一册

不著撰述姓名。抄本。　是書卷首缺序目，載賦一篇，分〔一〕節註解。後附《烟波釣叟歌》諸篇，并有圖説。

〔一〕「分」字原無，據《浙江採集遺書總録》補。

奇門説要一册

明郭仰廉輯。抄本。　是書專論遁甲之法，並附歌訣、諸圖。

奇門要畧一册

不著撰人姓名。抄本。　是書述奇門推算之法，採輯諸説，各附釋文。

五行類事九卷

明通事舍人李淑通著。河南人。刊本。　是書推演洪範五行五事之説，博〔一〕採歷朝災祥事，滋以證之。

〔一〕「博」原誤作「摶」，據山大本改。

三畧直解三卷

明訓導劉〔一〕寅著。崞縣〔二〕人。抄本。　是書因《太公兵法》、《黄石公素書》原〔三〕本，分節銓釋。

〔一〕「劉」原誤作「梁」，據《千頃堂書目》、《四庫總目》改。

〔二〕「崞縣」原誤作「新喻」，據《四庫總目》改。

〔三〕「原」原作「源」，據《浙江採集遺書總録》改。

太乙成書八册

不著撰人姓名。抄本。　是書按九宫八卦、五行生剋，前以歲合，後以月配。

肘〔一〕後神經三卷

明宗室寧獻王權著。刊本。　是書推算諸星煞吉凶，以爲選日趨避之法。

〔一〕「肘」原誤作「射」，據山大本、《四庫總目》改。

遁甲吉方直指一册

明五官司歷王巽〔一〕叀輯。蘭〔二〕陽人。抄本。　是書闡發陰陽之數，删除諸凶，選合吉曜，後附圖說。

〔一〕「巽」原誤作「選」，據山大本、《千頃堂書目》改。

〔二〕「蘭」原誤作「菌」，據山大本、《四庫總目》改。

通書捷徑二册

明樓楷著。鄞縣人。刊本。　是書係推算諸星值日吉凶。

弧矢算〔一〕術一册

明顧應祥著。吳興人。刊本。　是書因弧矢一法失其真傳，取諸家算書，參附己意，補輯成編。

〔一〕「算」原誤作「籌」，據《千頃堂書目》、《四庫總目》改。

回回曆法四册

明馬沙亦黑著。抄本。　是書推衍度數，與中西法有異。

葛仙翁肘[一]後備急方八卷

晉葛洪著。丹陽人。刊本。　是書集古今醫方鍼灸之法，以備急用。

[一]「肘」原誤作「射」，據山大本、《四庫總目》改。

鍼灸[一]玉龍經一册

抄本。　是書專論鍼灸之法，凡一百二十八穴，訣八十五首，係婺源王氏所著。不詳其名。

[一]「灸」原誤作「災」，據山大本改。

褚氏遺書一册

齊侍中褚澄編。刊本。　是書究明朝[一]醫理，凡十篇，係唐末人發塚所得石刻。

[一]「朝」字疑衍。

普濟方一百六十八卷

不著撰人姓名。抄本。　是書凡論一千九百六十，類二千一百七十五，法七百七十八，方六萬一千七百三十九，圖二百三十九[一]。查《明史·藝文志》，周定王《普[二]濟方》止六十八卷。今此書共一百六十八卷，內缺四册。

[一]「二百三十九」五字原無，據《四庫總目》補。

[二]「普」原誤作「著」，據山大本、《四庫總目》改。

玉机微義五十卷

明徐彦純、劉宗厚輯。刊本。　是書抄撮各家醫方，附有辨論，分五十門。

銅人鍼灸經七卷

不著撰人姓名。抄本。

西方子明堂灸經八卷

不著撰人姓名。抄本。　是二書俱專言鍼灸部穴禁忌。

經驗良方十一卷

明布政使陳仕賢著。閩人。刊本。　是書搜輯古方，分門編次。卷首有醫指、脉訣、本草要略。

東垣珍珠囊二卷

明李景著。刊本。　是書論用藥諸例，凡十七篇。

袖珍小兒方十卷

明徐用宣輯。衢州人。刊本。　是書專輯小兒科諸方，七十二門。

志齋醫論二卷

明高士著。鄞縣人。刊本。　是書專論療治痘疹之法。

醫開〔一〕七卷

明知縣王世相著。蒲州〔二〕人。刊本。是書發明脉候，採集衆説，斷以己意。

〔一〕「開」原誤作「聞」，據《千頃堂書目》、《四庫總目》改。

〔二〕「蒲州」原誤作「青溪」，據《千頃堂書目》、《四庫總目》改。世相號「清溪」，疑因此致誤。

醫學正傳八卷

明虞摶著。刊本。是書採輯歷代名醫證治之法，分門論斷。

醫史十卷

明李濂輯。浚儀人。刊本。是書輯録各傳記並附自著各傳。

痊驥〔一〕通元論六卷

明卞寶輯。刊本。是書採録醫馬諸法，凡三十九論，四十六〔二〕記。

〔一〕「驥」原誤作「冀」，據山大本、《四庫總目》改。

〔二〕「四十六」原誤作「十六」，據山大本、《浙江採集遺書總録》補「四」字。

大定易數五册

宋邵雍著。抄本。是書推測星命之術。

六壬觀月經〔一〕一册

不著姓名。抄本。是書係六壬教學，分爲八門占驗。

〔一〕「觀月經」原誤作「覩目絓」，據《四庫總目》《六壬開雲觀月經》條改。

星禽舟〔一〕指一册

不著撰述人〔二〕姓名。抄本。

是書推星命之説，編爲《鑑形賦》一篇，逐節分解。

〔一〕「舟」山大本作「直」。

〔二〕「人」字原脱，據山大本補。

吕氏摘金歌一册

不著姓名。抄本。

是書詳載五星十二宫限度，以定窮通休咎之驗。

禽心〔一〕易見一册

明池本理著。贛州人。抄本。

是書著演禽之法，以占諸事吉凶。後有《禽斷秘訣歌》。

〔一〕「心」《千頃堂書目》、《四庫總目》作「星」。

寸金易鑑一册

抄本。

是書備載子平格局。題曰：西蜀易鏡先生述。不著名。

通元五星論一册

唐張果著。抄本。

是書論宫命五星。後有《心傳口訣》、《元妙經解》，俱係果著。末附鄭氏諸家觀星訣。

範圍數二册

明主事趙迎著。抄本。是書推算星命，分十五門。

演禽通纂一册

不著撰人姓名。抄本。是書演配禽象，以推運限。

玉〔一〕髓真經前集三十卷後集二十一卷

張洞玄輯。刊本。是書博採地理諸書，辨明龍沙水穴扶發生尅向背之理。

〔一〕「玉」原誤作「王」，據山大本、《千頃堂書目》改。

十代風水地理十卷

明熊紀達輯。抄本〔一〕。是書分列伏羲、風后以下十家推衍地理之説。

〔一〕「抄本」山大本作「刊本」。

適情録二十卷

明林應龍著。永嘉人。刊本。是書係圍棋譜，分正兵、奇兵等二十部。後有棋〔一〕經圖説。

〔一〕「棋」原誤作「基」，據山大本改。

文選樓藏書記卷五

儀徵阮保定元撰　會稽李慈銘校訂

陸氏易解一卷

吳太守〔一〕陸績〔二〕著。吳郡人。抄本。　是書《唐藝文志》作十三卷，今存一卷。

〔一〕「守」原誤作「師」，據山大本改。

〔二〕「績」原誤作「續」，據《四庫總目》改。

周易要義十卷

抄本。　是書唐永徽間詔于志寧、本禮、孔穎達等義疏而增損之。

東坡易傳九卷

宋學士蘇軾著。眉山人。刊本。　是書蘇洵作傳未竟，軾續其業。

周易口義四册

宋侍講胡瑗〔一〕著。泰〔二〕州人。刊本。　是書詳義理而畧象數。《程氏易傳》多本此。

〔一〕「瑗」原誤作「碧」，據《四庫總目》、《中國叢書綜録》改。
〔二〕「著泰」原誤倒作「泰著」，據山大本、《四庫總目》改。

楊慈湖易傳二十卷

宋〔一〕寶謨〔二〕閣學士〔三〕楊簡著。慈谿人。刊本。　是書以《易〔四〕大傳》爲主，中多畧象數而言理。

〔一〕「宋」字原脱，據山大本補。
〔二〕「謨」原誤作「模」，據《四庫總目》《楊氏易傳》條改。
〔三〕「士」字原脱，據山大本補。
〔四〕「易」字原脱，據山大本補。

西谿〔一〕周易序説十二卷

宋李過著。興化人。抄本。　是書言《易》多爲元儒所本。

〔一〕「谿」原誤作「漢」，據《四庫總目》、《中國叢書綜録》《西谿易説》條改。

南軒易説三册

宋侍講張栻著。廣漢人。抄本。　是書不分卷帙，止存《繫辭》其上下經〔一〕已缺不傳。

〔一〕「經」原誤作「侄」，據山大本改。

繫辭精義二卷

宋著作郎吕祖謙著。金華人。抄本。　是書採輯《周易》諸家之説。

易序叢書十卷

宋宗室趙汝楳〔一〕著。刊本。　是書前論易理兼及陣守〔二〕納甲之術。

〔一〕「楳」原誤作「楳」，據《四庫總目》、《中國古籍善本書目》改。

〔二〕「陣守」原誤作「陳專」，據山大本改。

周易古占法二卷

宋德興丞程迥〔一〕著。沙〔二〕隨人。抄本。　是書論筮占之法。朱子多取之。

〔一〕「迥」原誤作「迦」，據《四庫總目》、《中國古籍善本書目》改。

〔二〕「沙」原誤作「妙」，據《四庫總目》改。

讀周易十卷

宋方實孫著。淙山人〔一〕。抄本。朱彝尊曝書亭收藏。　是書兼論理象，詳於重卦及卦變之説。

〔一〕「山人」原誤倒作「人山」，據山大本改。

周易經傳訓解二卷

宋蔡淵著。建安人。刊本〔一〕。　是書依《本義》訓詁，逐字分析。

〔一〕「刊本」山大本作「抄本」。

易數鈎隱圖二卷〔一〕

宋員外郎劉牧著。西安人。抄本。曝書亭收藏。　是書自太極生兩儀而下凡五十五位，俱繪圖釋義，後有《遺論九事》亦繪圖，而各繫以〔二〕論説。

〔一〕「二卷」山大本作「三卷」。

〔二〕「以」原誤作「叢」，據山大本改。

了齋易説

宋員外郎陳瓘著。南劍州人。抄本。曝書亭收藏。是書解六十四卦經文〔一〕。

〔一〕「文」原誤作「史」，據山大本改。

楊氏易傳二十卷

宋寶謨〔一〕閣學士楊萬里著。廬陵人。刊本。是書説本伊川，多證史事。

〔一〕「謨」原誤作「模」，據山大本改。

周易總義二十卷

宋左司諫易〔一〕祓〔二〕著。長沙人。刊本。是書依經作注，畧訓詁而明大意。

〔一〕「易」字原脱，據山大本、《四庫總目》補。

〔二〕「祓」原誤作「祾」，據《四庫總目》、《中國叢書綜録》改。

方舟〔一〕易學一册

宋李石。抄本。是書取《説卦》作互〔二〕體例，末附《象統》、《明閏》二篇。

〔一〕「舟」原誤作「守」，據《四庫總目》、《中國古籍善本書目》改。

〔二〕「互」原誤作「五」，據《浙江採集遺書總録》、《四庫總目》改。

周易折衷三十三卷

宋趙宗著。潼川人。抄本。曹溶倦圃收藏。　是書釋上下經，宗主《程傳》、《本義》。

讀易考原一册

宋蕭漢中著。吉安〔一〕人。抄本。曝書亭收藏。　是書明卦序之義。

〔一〕「吉安」原誤作「宕安」。山大本作「巖安」，蓋以「吉」誤作「岩」，又改爲「巖」。

周易衍義七卷〔一〕

元南康教授胡震〔二〕著。南昌〔三〕人。抄本。　是書闡明義理〔四〕而兼取象數。

〔一〕「七卷」山大本作「七册」。

〔二〕「震」原誤作「宸」，據《四庫總目》、《中國叢書綜録》改。

〔三〕「昌」原誤作「陽」，據山大本改。

〔四〕「義理」原誤倒作「理義」。

大易法象通贊七卷

元學士鄭滁〔一〕孫著。處州人。抄本。　是書發明〔二〕圖象而末附論辨講義。

〔一〕「滁」原誤作「漈」，據《四庫總目》改。

〔二〕「明」字原脱，據山大本補。

易外别傳一卷

元俞琰著。吳縣人。抄本。　是書本易理而言修煉吐納之術。

周易圖説二卷

元進士錢義方著。湖州人。抄本。曝書亭收藏。　是書上〔一〕卷本旨圖七，下〔二〕卷後天演義圖二十，各有論説。

〔一〕「上」原誤作「正」，據《四庫總目》改。
〔二〕「下」原誤作「十」，據山大本、《四庫總目》改。

周易爻變易藴明〔一〕二卷

元諸生陳應潤著。天台〔二〕人。抄本。　是論明變爻正、太極八卦、爻法逆順等圖。

〔一〕「明」《千頃堂書目》、《四庫總目》《周易爻變義藴》條無此字。
〔二〕「天台」二字原無，據山大本補。

周易集傳八卷

元龍仁夫〔一〕著。廬陵人。抄本。　是書主朱子《本義》立説。原係十八卷，其後十卷闕，今至《彖辭》止〔二〕。

〔一〕「夫」原誤作「天」，據《千頃堂書目》、《四庫總目》改。
〔二〕「止」原誤作「正」。

顧氏易解十册

明巡撫顧曾唯著。吴江人。抄本。　是書前有《讀易考〔一〕原》，後依卦解經，未分卷次。

〔一〕「考」原誤作「致」，據《四庫總目》改。

周易象通八卷

明宗室朱謀𤩎〔一〕著。刊本。　是書解經專主取象。

〔一〕「𤩎」原誤作「瑋」，據《四庫總目》、《北京圖書館古籍善本書目》改。

周易學蓍貞四卷

明諸生趙世對著。蘭谿人。刊本。　是書詳論卦變筮占。

古易考原三卷

明助敬梅鷟〔一〕著。旌德人。抄本。　是書序列諸圖，詳於互卦。

〔一〕「鷟」原誤作「鶩」，據山大本、《四庫總目》改。

易經大旨四卷

明尚書唐龍〔一〕著。蘭谿〔二〕人。刊本。　是書維句析義，發明《易》理。

〔一〕「尚書唐龍」原誤作「御史楊爵」，據山大本、《四庫總目》改。蓋與下條相混致誤。

〔二〕「蘭谿」原誤作「富平」，據山大本、《四庫總目》改。

周易辨録四卷

明御史楊爵著。富平人。刊本。　是書專釋六十四卦經文。

易學管見六卷

明洪啟初著。温陵人。刊本。　是書論《易》宗主程、朱。

周易宗義十二卷

明知府程汝繼著。婺源人。刊本。　是書採集諸解，一主《本義》，附己説。

易芥八卷

明舉人陸振奇著。仁和人。刊本。　是書參政理數，獨標心得。

周易闡理四卷

明諸生戴虞臯著。崑山人。抄本。曝書亭收藏。　是書註解以郝敬爲宗。

像象述五卷

明諸生吴桂〔一〕森著。無錫人。抄本。　是書發明錢一本《像象〔二〕管見》之説，而採取甚廣。

〔一〕「桂」原誤作「莊」，據《千頃堂書目》、《四庫總目》《周易像象述》條改。

〔二〕「像象」原誤倒作「象像」，據《千頃堂書目》、《四庫總目》改。

大象觀二卷

主事劉元卿著。安福人。抄本。　是書論説〔一〕《大象》，以《雜卦》爲序。

〔一〕「說」山大本作「釋」。

易經兒說〔二〕**四卷**

明參政蘇濬著。晉江人。刊本。　是書係授讀講義，故名《兒說》。

〔二〕「說」字原脱，據山大本、《四庫總目》補。

周易旁註會通九卷

明太僕卿姚文蔚。錢塘人。刊本。　是書本朱升《旁註》而加以詮釋。首刊古本經文次第。

讀易蒐十二卷

明僉事鄭賡唐著。緡雲人。刊本。曝書亭收藏。　是書大旨宗程、朱，而自暢己意。

讀易記聞六卷

明太學生張獻翼著。崑山人。刊本。　是書採輯明代注《易》諸家之説。

讀易韻考七卷

明太學生張獻翼著。崑山人。刊本。　是書列證經史，詳論《易》韻。

今易詮二十四卷

明鄧伯羔〔一〕著。金壇人。抄本。　是書集漢唐以下諸儒之解，兼附己説。

〔一〕「羔」原誤作「薰」，據山大本、《四庫總目》改。

周易正解二十卷

明郝敬著。刊本。是書折衷理數，間證史事。

周易古今文全書二十册

明侍郎楊時喬著。上饒人。刊本。是書《論例》二卷，《古文》二卷，《今文》九卷，《啟蒙》五卷，《傳易考》二卷，《龟卜考》一卷。

周易旁註十卷

明侍講學士朱升著。新安人。刊本。是書照古本篇第而旁加注釋。前有圖二卷。

大易鉤玄一册

明鮑恂著。崇德人。抄本。曝書亭收藏。是書雜論易義，宗吴澄之學。

易象〔一〕鉤解四卷

明進士陳士元著。應城人。抄寫本〔二〕。是書專釋上下經文。

〔一〕「象」原誤作「學」，據《千頃堂書目》、《四庫總目》改。

〔二〕「抄寫本」山大本作「抄本」。

周易古經〔一〕一册

明雷樂編。建安人。抄本。是書因吴〔二〕仁傑書採輯訂定。

〔一〕「經」原誤作「今」，據山大本、《四庫總目》改。

〔二〕「吳」原誤作「胡」，據《四庫總目》改。

易〔一〕經小傳二十卷

明鄭友元著。京山人。刊本。　是書兼論理象及乾、坤二卦彖、象，照各卦今文移易。

〔一〕「易」原誤作「是」，據山大本、《四庫總目》改。

易疏五卷

明主事〔一〕黄端伯著。豫章人。刊本。　是書大旨宗《京房易傳》。

〔一〕「事」原誤作「本」，據《浙江採集遺書總録》改。

易經説意七卷

明行人陳際泰著。臨川人。刊本。　是書詮發經旨，原本程、朱。

易宫〔一〕三十八卷

國朝布政使吳隆元著。歸安人。抄本。　是書釋卦，有以一官爲一卦，有以錯綜二官爲一卦，而詳悉其義。

〔一〕「宫」原誤作「管」，據《浙江採集遺書總録》改。

易貫十四卷

國朝舉人張敍〔一〕著。婁縣人。刊本。　是書依經釋義，卷首有《易論》二卷。

〔一〕「敘」字原脱，據《四庫總目》補。

易鏡二卷

國朝生員戴天章著。烏程人。抄本。　是書專釋經文，詳於卦象，明〔一〕筮占之理。

〔一〕「明」原誤作「胡」，據山大本改。

易學圖説會通八卷

國朝楊方達著。武進人。刊本。　是書博採圖説，旁通九宮八陣，律以勾股之學〔一〕。

〔一〕「學」原作「榮」，據山大本改。

索易臆説二卷

國朝御史吳啓昆著。句容人。刊本。　是書雜論易議，凡二十三篇。

讀易辨疑四册

國朝李開先〔一〕著。四川人。刊本。　是書論易本來知德之説，而參以己見。

〔一〕「開先」原誤作「間光」，據山大本、《千頃堂書目》改。

周易彙解衷翼〔一〕十五卷

國朝貢生許體元著。抄本。　是書闡釋易義，獨抒己見。卷首有説二十四篇。

〔一〕「翼」原作「易」，據《浙江採集遺書總録》改。

周易述三十三〔一〕卷

國朝惠棟著。元和人。刊本。是書以己意爲注疏，兼漢唐以來諸家之説。

〔一〕「三十三」山大本作「三十二」，《四庫總目》、《中國叢書綜録》作「二十三」。

易原二册

國朝趙振芳著。仁和〔一〕人。刊本。是書前列古《周易》，後有圖説十門，旁通五行律象。

〔一〕「和」原誤作「仁」，據山大本改。

易經述一册

國朝尚書陳詵著。海寧人。刊本。是書論六十四卦互體。

周易辨二十四卷

國朝知縣浦龍淵著。吴江人。刊本。是書多宗宋儒之論。卷首有《易〔一〕考》、《易論》。

〔一〕「易」字原無，據山大本補。

應氏易解十三卷

國朝應撝謙著。仁和人。刊本。是書集漢唐以來諸家注。前有圖説、釋例二卷。

易〔一〕或十卷

國朝徐在漢著。歙縣人。刊本。是書多輯明人之説。

〔一〕「易」原誤作「周」，據山大本、《四庫總目》改。

太極圖説十六卷

國朝中書王嗣槐著。錢塘人。刊本。是書博採前儒圖説。

易〔一〕翼述信十二卷

國朝進士王又樸著。天津人。刊本。是書宗《本義》而發明所得。

〔一〕「易」原誤作「是」，據山大本、《四庫總目》改。

周易〔一〕蛾術七十四卷

國朝生員倪濤著。仁和人。抄本。是書以辭、變、象、占爲綱，而繫諸説於後。

〔一〕「易」原誤作「翼」，據《四庫總目》改。

易大象説録二卷

國朝舒鳬著。靈縣〔一〕人。抄本。是書專釋《大象》而各〔二〕繫贊頌。

〔一〕「靈縣」《四庫總目》作「吴縣」。

〔二〕「各」字原無，據山大本補。

周易函書約注十八卷

國朝侍郎胡煦著。光山人〔一〕。抄本。是書闡發經文，不徇傳注。

〔一〕「人」字原脱，據山大本補。

函書別集十九卷

胡煦著。刊本。　是書分《約旨》十卷、《易學須知》三卷、《約圖》三卷、《孔朱辨異》三卷。

卜法詳考四卷

胡煦著。刊本。　是書備悉卜筮之説，並繪〔一〕説圖。

〔一〕「繪」原誤作「給」，據山大本改。

書詳解五十卷

宋推官陳經著。安福人。抄本。　是書詮解經文，句梳字櫛。

東坡書傳二十卷

宋學士蘇軾著。眉山人。刊本。曝書亭收藏。　是書本《書序》論次，多駁正王安石之論〔一〕。

〔一〕「論」山大本作「説」。

讀書叢説六〔一〕卷

元許〔二〕謙著。東陽人。刊本。　是書採輯衆〔三〕説，與蔡傳不盡〔四〕合。

〔一〕「六」原誤作「大」，據山大本改。

〔二〕「許」原誤作「詩」，據山大本、《四庫總目》改。

〔三〕「衆」原誤作「象」，據山大本改。

〔四〕「盡」原誤作「畫」，據山大本改。

禹貢廣覽三卷

明許胥臣著。錢塘人。刊本。　是書依經詮解，繪圖詳辨。

尚書日記十六卷

明御史王樵著。金壇人〔一〕。刊本。　是書隨手編録，語多羽翼蔡傳。

〔一〕「人」原誤作「山」，據山大本改。

洪範圖解四册

明尚書韓〔一〕邦奇著。朝邑人。刊本。　是書發洛書與易象相表裏，詳揲著〔二〕求卦之法。

〔一〕「韓」原誤作「朝」，據山大本、《四庫總目》改。

〔二〕「蓍」原誤作「著」，據《四庫總目》改。

禹貢合註五卷

明主事夏彝仲著。華亭人。刊本。　是書折衷諸家圖解，依〔一〕經詮注。

〔一〕「依」字原脱，據山大本補。

尚書註考一卷

明員外郎陳泰來著。平湖人。抄本。　是書分别經文同字異解。

書經旨畧一卷

明進士王大用著。上海人。抄本。　是書分節解經，發明大旨。

書經提要一卷

明主事章陬著。天台人。抄本。　是書編次天文、地理、圖書〔一〕、律呂，各有圖說。

〔一〕「書」原誤作「事」，據山大本、《四庫總目》改。

砭蔡編一卷

明諸生袁〔一〕仁著。吳〔二〕縣人。抄本。　是書博考衆說，以正蔡傳之誤。

〔一〕「袁」原誤作「表」，據山大本、《四庫總目》《尚書砭蔡編》改。

〔二〕「吳」原誤作「英」，據山大本改。

書傳通釋四册

明進士彭勗著。永豐人。刊本。　是書於蔡傳之後，節取《大全》諸家說而參以己見。

童子問八卷

宋輔〔一〕廣著。刊本。　是書補朱子《集傳》所未備。

〔一〕「輔」原誤作「黼」，據山大本、《四庫總目》《詩童子問》條改。

段氏毛詩集解三十卷

宋進士段昌武著。廬陵人。抄本。　是書本呂東萊《讀〔一〕詩記》，兼採他說。闕七卷，久無全本。

〔一〕「讀」字原無，據《四庫總目》補。

嚴氏詩緝〔一〕三十六卷

宋知縣嚴粲著。邵武人。抄本。曝書亭收藏。　是書博採〔二〕諸家之説。

〔一〕「緝」原誤作「輯」，據山大本、《四庫總目》《詩緝》條改。

〔二〕「採」字原脱，據山大本補。

潁濱詩集傳十九卷

宋學士蘇轍著。眉山人。刊本。　是書以《毛傳》非孔子之意，止存其首一言，餘皆〔一〕删去。

〔一〕「餘皆」原誤作「皆録」，據山大本改。

詩傳疏義二十卷

元學正朱公遷著。樂平人。刊本。　是書首宗毛、鄭，雜取諸儒之説。

毛詩古音考四卷

明陳第〔一〕著。刊本。　是書依吴棫《韻補〔二〕》而參以陸、賈《釋文》、《音辨》。

〔一〕「第」字原脱，據山大本、《四庫總目》補。

〔二〕「補」原誤作「譜」，據《四庫總目》改。

詩傳纂義一册

明諸生倪復著。鄞縣人。抄本。　是書補朱子《詩傳》所未及。

詩傳古本四册

詩序古本四册

以上俱明尚書郭子章刊本。　是二書本鄞人豐坊之書，而附以音釋續説。

詩故〔一〕十卷

明宗室朱謀㙔〔二〕著。刊本。　是書彙集漢唐疏義，以糾《集傳〔三〕》。

〔一〕「故」原誤作「古」，據山大本、《四庫總目》改。

〔二〕「㙔」原誤作「瑋」，據山大本、《四庫總目》改。

〔三〕「傳」原誤作「集」，據山大本改。

言詩翼六卷

明州判淩濛初〔一〕著。烏程人。刊本。　是書編〔二〕次依子貢《詩傳》而兼採衆説。

〔一〕「初」字原脱，據《四庫總目》補。

〔二〕「編」山大本作「篇」。

詩逆六卷

明淩濛初〔一〕著。刊本。　是書發明朱子《集傳》之義。

〔一〕「初」字原脱，據《四庫總目》補。

六家詩名物疏五十五卷

明諸生〔一〕馮復京著。常熟人。刊本。　是書取齊、魯、毛、韓、鄭康成、朱子之説，而博採他説以證明之。

〔一〕「生」字原脱，據山大本補。

詩傳闡二十五卷

明〔一〕副使鄒忠允著。武進人。刊本。曝書亭收藏。　是書篇次一依子貢《詩傳》，末附己説二篇。

〔一〕「明」字原脱，據山大本補。

詩經類考三十卷

明舉人沈萬鈳著。嘉善人。刊本。　是書博〔一〕採群籍，分類證佐典故名物及論詩大旨。

〔一〕「博」原誤作「專」，據山大本改。

詩經廣大全二十卷

國朝王夢白、陳曾〔一〕同輯。無錫人。刊本。　是書以《大全》疏解未備，引毛、鄭諸家以資博覽。

〔一〕「曾」原誤作「魯」，據《四庫總目》改。

詩貫十四卷

國朝舉人張敘著。婁縣人。刊本。　是書折衷毛、鄭、《集傳》之説，並訂正吳棫《韻補〔一〕》。

〔一〕「韻補」原誤作「韻譜」。

詩經朱傳翼三十卷

國朝孫〔一〕承澤述。刊本。　是書糾舉毛氏之失。

〔一〕「孫」字原脱，據山大本、《四庫總目》補。

詩深二十八卷

國朝許伯政著。巴陵人。刊本。　是書補毛、鄭、《集傳》所未備〔一〕。

〔一〕「備」山大本作「詳」。

春秋諸國統紀六卷

宋齊履謙著。刊本。　是書始〔一〕魯終吳，分二十國，各紀事蹟。

〔一〕「始」原誤作「姑」，據山大本改。

春秋集解十二卷

宋學士蘇轍〔一〕著。眉山人。刊本。　是書以《左氏》爲主，間取《公》、《穀》、啖、趙，以明經義。

〔一〕「轍」原誤作「軾」，據山大本、《四庫總目》改。

春秋五禮例宗十卷

宋直秘閣張大亨著。湖州人。抄本。倦圃收藏。　是書以春秋事分吉、凶、賓、軍、嘉五門，末附肆眚〔一〕。

〔一〕「眚」原誤作「青」。

程氏春秋六十卷

宋編脩館程端學著。鄞縣人。抄本。　是書徐乾學刻於《經解》者，缺《辨疑》〔一〕二十卷。此爲完本。

〔一〕「疑」字原脱，據山大本補。

春秋比〔一〕事二十卷

宋校官沈棐著。湖州人。抄本。　是書前以諸國爲類，後以〔二〕朝聘、會盟、侵伐〔三〕等事爲類，各爲論説。

〔一〕「比」原誤作「此」，據山大本、《四庫總目》改。

〔二〕「以」下原衍「聘」字，據山大本删。

〔三〕「伐」原誤作「代」，據山大本改。

方舟左氏諸例一册

宋李石著。抄本。　是書以左氏引詩爲《詩如例》三卷，以斷語爲《君子例》一卷。

春秋金鎖匙一卷

元趙汸著。休〔一〕寧人。抄本。　是書本黄澤口授之義，隨條紀録。

〔一〕「休」原誤作「體」，據《四庫總目》改。

春秋胡傳附録纂疏三十卷

元汪克寬著。新安人。刊本。　是書以《胡傳》爲主，附載諸儒之説，并考究《胡傳》之所援〔一〕據與其音讀，一一附註。

〔一〕「援」原誤作「授」，據山大本改。

春秋鉤玄一册

明博士石光霽〔一〕著。泰州〔二〕人。抄本。　是書書法分屬〔三〕五禮，以示褒貶。其五禮所不能括者，别爲雜書法，以冠於首。

〔一〕「霽」原誤作「霄」，據山大本、《四庫總目》改。

〔二〕「州」下原衍「州」字，據山大本删。

〔三〕「屬」原誤作「爲」，據山大本、《四庫總目》改。

春秋左傳類解二十卷

明主事洪珠著。莆田人〔一〕。刊本。　是書通集三傳，分類標注。

〔一〕《千頃堂書目》、《浙江採集遺書總録》作「鎮江知府劉績著江夏人。」

春秋説志五卷

明尚書吕柟著。高陵人。抄本。　是書設爲問答，條析其義。

春秋世學三十二卷

明主事豐坊著。鄞縣人。抄本。

是書以正音、續音、補音、正説歸之其先世豐稷等，而自爲〔一〕補。後以篆隸體爲正始石經。

〔一〕山大本「爲」下有「考」字。

左粹類纂十二卷

明推官施仁著。長洲〔一〕人。抄本。

是書分析《左氏内外傳》之文，爲制命至夢卜十二〔二〕門。

〔一〕「洲」原誤作「州」，據《四庫總目》改。

〔二〕「十二」《四庫總目》作「十五」。

左氏始末十二卷

明僉都御史唐順之著。武進人。刊本。

是書以《左氏内傳》爲主，其《外傳》、《史記》亦皆附入。

春秋明志録〔一〕十二卷

明進士熊過著。富順人。抄本。

是書雜採衆説，不專一家。

〔一〕「録」字原無，據《千頃堂書目》、《四庫總目》補。

春秋貫玉六卷

明提學顔鯨著。慈谿人。刊本。

是書以國爲類，貫之以事，以《左氏》貫《公》、《穀》諸傳，每篇各有要語。

春秋左傳評註測義七十卷

明淩稚隆著。刊本。

是書以宋杜預間有增補，其名氏、謚號錯出難辨考者，悉編卷首，以便檢閱。

春秋衡庫三十卷

明馮夢龍輯。長洲〔一〕人。刊本。

是書自四傳而外〔二〕，旁引經傳以增益其義。

〔一〕「洲」原誤作「州」，據山大本改。

〔二〕「外」原誤作「列」，據山大本改。

左傳分國紀事上十卷

明〔一〕舉人孫范著。錢塘人。刊本。

是書以事係圖，變編年爲紀事體。

〔一〕「明」字原脱，據山大本補。

春秋實録〔一〕十二卷

明知府鄧來鸞〔二〕著。宜黄人。刊本。

是書〔三〕敘事以《左氏》爲主，兼採《公》、《穀》。褒貶一宗《胡傳》。

〔一〕「録」字原無，據《千頃堂書目》、《四庫總目》補。

〔二〕「鷟」原誤作「变」，據山大本、《千頃堂書目》改。

〔三〕「書」原誤作「事」。

春秋傳注三十六卷

明諸生嚴啟隆著。烏程人。抄本。　是書卷首列八〔一〕例，不專主《胡傳》。

〔一〕「列八」原誤作「例入」，據山大本改。

春秋通一卷

明鄧元錫著。新城人。刊本。　是書爲論一篇，申明《春秋》大旨。

春秋紀傳五十一卷

國朝知縣李鳳雛〔一〕著。東陽人。刊本。　是書倣《史記》之體，分本紀、世家、列傳。以《左》、《國》爲主，兼採諸書。

〔一〕「雛」原誤作「鄒」，據山大本、《四庫總目》改。

春秋說十五卷

國朝侍讀學士惠士奇著。吳縣人。刊本。　是書不依編年次序，因事分類，各有〔一〕。

〔一〕下有闕文。

春秋圖說一冊

不著撰人姓名。抄本。曝書亭收藏。　是書魯國年譜〔一〕十二，諸圖一百〔二〕有五，國邑山水異同說四條，傳授圖一〔三〕。

〔一〕「譜」原誤作「請」，據《四庫總目》改。

〔二〕「百」原誤作「五」，據山大本改。

〔三〕「一」字原脱，據山大本補。

周禮集説十二卷

不著撰人姓名〔一〕。抄本。　是書首列綱領，採輯宋儒之説以證注疏。末附俞廷椿《復古編》一卷。

〔一〕「姓名」二字原脱，據山大本補。

周禮述注六卷

明衛經歷金瑶著。休寧人。刊本。　是書字義注本鄭、賈發明，多抒己見。末附改官〔一〕議〔二〕、改文議〔三〕諸條。

〔一〕「官」原誤作「宫」，據山大本、《四庫總目》改。

〔二〕「議」字原無，據《四庫總目》補。

〔三〕「議」字原無，據山大本、《四庫總目》補。

周禮完解十二卷

明給事中郝敬著。京山人。刊本。　是書首列《讀周禮論》，獨創己説，以駁鄭、賈《注疏》。

周禮注疏删翼三十卷
明舉人王志長著。崑山人。刊本。　是書删節注疏，附以諸儒之說。

周禮古本訂註五卷
明郭良翰著。莆田人。刊本。　是書注釋兼採漢唐以後諸家。

周禮說〔一〕畧六卷
不著撰人姓名。抄本。　是書首序己論，間取漢、宋、元、明諸家說附之。

〔一〕「說」下原衍「要」字，據山大本、《四庫總目》删。

考工記〔一〕通二卷
明徐昭〔二〕慶著。宣城人。刊本。　是書注本朱申，參以他說。

〔一〕「記」字原無，據《千頃堂書目》、《四庫總目》補。
〔二〕「昭」原誤作「明」，據《千頃堂書目》、《四庫總目》改。

儀禮經傳通解集注三十七卷
宋朱〔一〕熹著。　是書彙經傳爲家禮五，鄉禮三，學禮十一，邦國禮四〔二〕，朝禮十四。

〔一〕「朱」字原脫，據山大本、《四庫總目》補。
〔二〕「四」上原衍「三」字，據《四庫總目》删。

儀禮經傳通解續二十九卷

宋黃榦著。刊本。　是書輯喪、祭二禮，以補朱子所未竟。

儀禮要義五十卷

宋按撫使魏了翁著。浦江人。抄本。　是書以經釋經，闡明注疏之義。

儀禮章句十七卷

國朝同知吳廷華〔一〕著。仁和人。刊本。　是書採輯諸解，章分句釋。

〔一〕「廷華」原誤作「江廷」，據山大本、《四庫總目》改。

禮記説義二十四卷

明同知楊梧著。涇陽人。刊本。　是書疏明經義集説，多所辨正。

禮記彙編八卷

國朝王心敬〔一〕著。鄠縣〔二〕人。刊本。　是書編次孔子暨諸門人之言及《樂記》爲上編，論禮大體及月〔三〕令、王制之文爲中編，言禮節者爲下編。

〔一〕「敬」字原脱，據《四庫總目》補。

〔二〕「鄠縣」原誤作「豐州」，據《四庫總目》改。心敬號「豐川」，疑因此致誤。

〔三〕「月」原誤作「用」，據山大本改。

禮説〔一〕十四卷

國朝惠士奇著。刊本。是書博採經説，旁及群書，以補注疏之未備。

〔一〕「説」原誤作「記」，據《四庫總目》、《中國叢書綜録》改。

檀弓通二卷

明徐昭〔一〕慶著。宣城人。刊本。是書本《集説》，而音義依《釋文》。

〔一〕「昭」原誤作「明」，據《千頃堂書目》、《四庫總目》改。

檀弓原二卷

明姚應仁著。新安〔一〕人。刊本。是書雜取諸〔二〕家疏義，間附己説。

〔一〕「新安」原作「新都」，據《千頃堂書目》、《浙江採集遺書總録》改。

〔二〕「諸」字原脱，據山大本補。

五禮考注六十四卷

元吴澄著。刊本。是書考定《儀禮》十七篇、《禮逸經》八篇、《儀禮傳》十篇、《周官》六篇、《考工》一篇，而分〔一〕條著説。

〔一〕「分」原誤作「今」，據山大本改。

二〔一〕禮經傳測六十八卷

明尚書湛〔二〕若水著。增城人。刊本。是書本吴澄之〔三〕説更定篇，因參以己見。

〔一〕「二」原誤作「三」，據山大本、《千頃堂書目》改。

〔二〕「湛」原誤作「堪」，據山大本、《千頃堂書目》改。

〔三〕「之」原誤作「元」，據山大本改。

三禮圖二卷

明知府劉績〔一〕著。江夏人。抄本。曝書亭收藏。　是書倣聶崇義《三禮圖》，而詳於論説。

〔一〕「績」原誤作「續」，據《千頃堂書目》、《四庫總目》改。

五宗考義一册

明尚書潘潢〔一〕著。婺源人。抄本。　是書雜引漢唐以下經説，分條疏證。

〔一〕「潢」原誤作「漢」，據山大本、《千頃堂書目》改。

車氏内外服制通釋七卷

元迪功郎車垓著。天台人。抄本。　是書本九卷，今存七卷。

五服集證六卷

明徐駿著。常熟人。抄本。曝書亭收藏。　是書採輯群書以證服制。

對制談經十五卷

明杜涇〔一〕著。京兆人。　是書本葉時《禮經會元》，分門十五，而以説詩〔二〕附之。

〔一〕「涇」原誤作「經」，據山大本、《四庫總目》改。

〔一〕「説詩」山大本作「詩説」。

家禮辨定十卷

國朝王復禮著。錢塘人。抄本。　是書採集宋儒之説，其論禮多折衷古今。

論語意〔一〕原一册

宋侍郎鄭汝諧〔二〕著。青田人。抄本。　是書講説原本伊、洛。

〔一〕「意」原誤作「經」，據山大本、《四庫總目》改。

〔二〕「諧」原誤作「讀」，據《四庫總目》、《中國叢書綜録》改。

論語全解十卷

宋太〔一〕常博士陳祥道著。抄本。　是書推崇王介甫之學。或云鄒浩所著，托名〔二〕祥道。

〔一〕「太」原誤作「大」，據山大本改。

〔二〕「名」原誤作「明」，據山大本改。

四書問目四册

宋劉爚、劉炳同著。建寧人。抄本。　是書記述朱子所講授。

四書管見三册

宋迪功郎錢時著。淳安人。抄本。　是書講習所得，原本其師楊簡之説。

四書節疑十二卷

宋鄭汝諧著。抄本。　是書條〔一〕節疑義而係以説。

〔一〕「條」原誤作「係」，據山大本改。

論語解十卷

宋張栻著。刊本。　是書分章注釋。

孟子解十四卷

宋侍講尹焞〔一〕著。抄本。　是書畧疏各章大義。

〔一〕「焞」原誤作「惇」，據《四庫總目》、《中國古籍善本書目》改。

尊孟辨一册

宋余允文〔一〕著。建安人。　是書以司馬光〔二〕、李覯等有疑孟、非孟之書，故辨之。

〔一〕「余允文」原誤作「金隱之」，據《四庫總目》、《中國古籍善本書目》改。按允文字「隱文」，疑字形相近致誤。

〔二〕「光」字原無，據《四庫總目》補。

大學叢説一卷

元許謙著。東陽人。抄本。　是書首論太學沿〔一〕革，後釋經傳。

〔一〕「沿」原誤作「訟」，據山大本改。

論語逸編三十一卷
明鍾韶纂。海鹽人。刊本。　是書採集經、史、諸子中孔子語。

孟義訂測七卷
明管志道輯。婁縣人。刊本。　是書爲訂釋、測義二例。釋遵《集註》，而自爲測義。

群經疑辨〔一〕三卷〔二〕
明侍郎周洪謨著。長寧人。抄本。　是書分害經、誤經、與經旨不洽三種，分條剖〔三〕析。又發明先儒言外之意百有九條。

〔一〕「群經疑辨」，《千頃堂書目》作「經書疑辨録」，《四庫總目》作「群經辨疑録」。
〔二〕「卷」字原脱，據山大本補。
〔三〕「剖」原誤作「割」，據山大本改。

授經圖四卷
明朱睦㮮著。汴人。刊本。　是書首著凡例，次爲授圖，次爲諸儒行履，下〔一〕及魏晉以來傳註之目。

〔一〕「下」原誤作「不」，據山大本改。

松源經說四卷
國朝慶元縣教諭孫之騄〔一〕著。仁和人。刊本。　是書考據簡要，分條詳解。

〔一〕「騄」原誤作「𩣡」，據山大本、《四庫總目》改。

唐摭言十五卷

唐王定保〔二〕著。抄本。曝書亭收藏。　是書另載唐代典故，并記雜事。

〔二〕「定保」原誤倒作「保定」，據《四庫總目》、《中國叢書綜録》改。

五代史會要〔一〕三十卷

宋宰相王溥著。并州人。刊本。　是書載述五代典章法度，末附外國。

〔一〕《四庫總目》、《中國古籍善本書目》作「五代會要」。

建炎復辟記一卷

不著撰人姓名。抄本。　是書記平定苗、劉始末。

遼小史一卷

明禮部主事楊循吉著。吳縣人。刊本。　是書補述遼國逸事。

金小史一卷

明楊循吉著。　是書録金國始末。

歷代小〔一〕史一百五卷

明御史李栻著。豐城人。刊本。　是書自《路史》而下，凡一百五種，採摘成書。

〔一〕「小」原誤作「十」，據《四庫總目》改。

唐餘記傳二十一卷

明刑科給事中陳霆著。吴縣人。抄本。　是書編輯南唐事蹟。

江表志三卷

宋員外郎鄭文寶著。寧化人。抄本。　是書補輯南唐遺書。

蜀檮杌〔一〕三卷

宋員外郎張唐英輯。抄本。　是書輯前蜀、後蜀遺書。

〔一〕「杌」原誤作「机」，據山大本、《四庫總目》改。

三楚新録三卷

宋秘書郎周羽冲〔一〕著。抄本。　是書載馬希範〔二〕、周行逢、高季興始末。

〔一〕「冲」《四庫總目》、《中國古籍善本書目》作「翀」。

〔二〕「馬希範」《四庫總目》作「馬殷」。

五國故事二卷

不著撰人姓名。抄本。　是書採擇吴楊行密等五國遺事。

涉史隨筆一册

宋葛洪著。東〔一〕陽人。抄本。　是書讀史所得，隨筆記載二十六條。

〔一〕「東」原誤作「丹」，據《四庫總目》改。

議史摘要四卷

宋著作郎呂祖謙輯。金華人。刊本。曝書亭收藏。　是書釋〔一〕論史事，分條辨論。

〔一〕「釋」山大本作「擇」。

金佗〔一〕粹編二十八卷

宋侍郎岳珂編。　是書記岳飛事實。

〔一〕「佗」《四庫總目》、《中國叢書綜録》作「陀」。下同。

金佗續編三十卷

宋岳珂編。　是書所載同前。

稗史彙編一百七十五卷

明參議王圻著。上海人。刊本。　是書博引諸家小説，分門別目，彙集成編。

憲章録四十六卷

明副使薛應旂輯。武進人。刊本。曝書亭收藏。　是書起洪武至正德歷朝事實。

續吳先賢贊十五卷

明按察使僉事劉鳳著。沛縣人。刊本。　是書以《吳先賢〔一〕贊》一書失傳，因集明代吳人事實而各繫以贊。

〔一〕「賢」字原脱。

舊京詞林志六卷

明尚書周應賓著。鄞縣人。刊本。　是書采輯明代翰林故實。

畿輔人物志二十卷

國朝左都御史孫承澤著。北〔二〕平人。刊本。　是書載明代畿輔人物。

〔二〕「北」原誤作「宛」，據本書《山書》條及《四庫總目》改。

寰宇分合志八卷

明教諭徐樞著。廣陵人。抄本。曝書亭收藏。　是書記歷代疆域分合。

東西洋考十二卷

明張燮〔一〕著。龍溪人。刊本。　是書記兩洋事畧，末附藝文。

〔一〕「燮」原誤作「变」，據《千頃堂書目》、《四庫總目》改。

東夷圖志、嶺海異聞合一卷

明蔡汝賢著。刊本。曝書亭收藏。　是二書記東夷各國嶺海物産。

石屏新語一卷

宋戴〔二〕復古著。天台人。抄本。小山堂收藏。　是書著載《五〔三〕代新説》，後載雜説十八條。

清波别志二卷

宋周煇著。錢塘人。抄本。　　是書雜記典故，詳於宋代〔一〕。

〔一〕「戴」字原脱，據《四庫總目》、《中國叢書綜録》補。

〔二〕「五」原誤作「三」，據《四庫總目》改。

典故紀聞十八卷

明編修余繼登著。交河人。刊本。　　是書起〔一〕洪武迄〔二〕隆慶，彙時事。

〔一〕「宋代」原誤倒作「代宋」，據山大本改。

〔一〕「起」字原無，據山大本補。

〔二〕「迄」山大本作「至」。

晏公類要三十七卷

宋宰相晏〔一〕殊著。臨川人。抄本。　　是書分門別類，各載故事，討論詳悉，便於檢尋。

〔一〕「晏」原誤作「姜」，據本書「《晏公類要》一百卷」條改。

學林十卷

宋王觀國著。長沙人。抄本。　　是書考證經史并雜著。

晝〔一〕簾緒論一卷

宋胡太初著。天台人。抄本。倦圃收藏。　　是書分〔二〕十五篇，雜論從政之要。

〔一〕「畫」原誤作「書」，據山大本、《四庫總目》改。

〔二〕「分」下原衍「五」字，據山大本、《四庫總目》删。

續演繁露二卷

宋學士程大昌著。新安人。刊本。　是書雜記宋初制度。

環溪詩話一卷

宋吳沆〔一〕著。撫州人。抄本。　是書摘論唐宋諸詩。

〔一〕「沆」原誤作「沅」，據山大本、《四庫總目》改。

群書纂粹八卷

明徐時行輯。吳江〔一〕人。刊本。　是書摘録諸善〔二〕書中語，擇其粹精者，分類編列。

〔一〕「江」山大本無此字。

〔二〕「善」山大本無此字。

稗海共一百一十一卷

明尚書商濬輯。會稽人。刊本。　是書取鈕〔一〕氏世學樓藏本彙輯成編，共四十七〔二〕種。

〔一〕「鈕」原誤作「釼」，據山大本改。

〔二〕「四十七」山大本作「七十四」。

金罍子四十四卷

明光禄卿陳絳[一]著。上虞人。刊本。　是書引證經、史、諸子並雜著，分上、中、下篇。

〔一〕「絳」原誤作「綘」，據《千頃堂書目》、《四庫總目》改。

考亭淵源録二十四卷

明提學副使薛應旂輯。武進人。刊本。　是書本宋端儀初稿而足成之。

水東日記四十卷

明侍郎葉盛著。崑山人。刊本。　是書雜記朝野瑣事。

藝林纍百八卷

明李紹文輯。華亭人。刊本。　是書從一至百皆採摘古人成語以紀其數。

獅山掌録[一]二十八卷

明知縣吴之俊著。刊本。　是書分類採摘群書。

〔一〕「録」原誤作「銀」，據《千頃堂書目》、《四庫總目》改。

邱陵學山十二册

明王完輯。刊本。　是書仿《百川學海》編集，共七十四種。

孤樹裒談十卷

明鹽運使[一]趙與可[二]輯。安成人。刊本。　是書所集三十一[三]種，皆記明代朝野之事。

〔一〕「使」下原衍「司」字，據《浙江採集遺書總録》删。

〔二〕「與可」《千頃堂書目》作「可與」。

〔三〕「三十二」《四庫總目》作「三十」。

見聞雜記三卷

明李樂著。吳興人。刊本。曝書亭收藏。　是書係雜記瑣事。

風雅逸篇十卷

明修撰楊慎著。成都人。刊本。　是書博〔一〕採古歌詩、謡諺，依類編録。

〔一〕「博」原誤作「傳」。

霏雪録二卷

明劉績〔一〕著。洛陽人。刊本。倦圃收藏。　是書係雜論詩文。

〔一〕「績」原誤作「續」，據山大本、《四庫總目》改。

霞外麈〔一〕談十卷

明周應治著。鄞縣人。刊本。　是書採輯前人逸事，分類。

〔一〕「麈」原誤作「塵」，據《中國叢書綜録》改。

石洞遺芳二卷

明郭鐵著。東陽人。刊本。曝書亭收藏。　是書編録其先世遺文並收贈之作。

資暇集三卷

唐〔一〕李濟翁輯。隴邱人。抄本。　是書雜輯考據故實之説。

〔一〕「唐」原作「明」，據《四庫總目》改。

庶物異名疏三十卷

明陳懋仁著。嘉興人。刊本。　是書纂集天地人物之異名者，分類以記。

古刻叢抄一册

明陶宗儀著。黄岩人。抄本。曝書亭收藏。　是書採輯碑志題名。

蓉塘詩話二十卷

明〔一〕姜南著。仁和人。刊本。　是書彙集自著詩話一十八種。

〔一〕「明」字原脱，據山大本補。

雲薖〔一〕浹墨六卷

明木〔二〕增輯。刊本。　是書採摭群書故事，以資考證。

〔一〕「薖」原誤作「邁」，據山大本、《四庫總目》改。

〔二〕「木」原誤作「本」，據《千頃堂書目》、《四庫總目》改。

蘄録〔一〕一卷

宋蘄州司理趙與裕〔二〕著。抄本。　是書詳載嘉定辛巳年蘄州戰守始末。

〔一〕《浙江採集遺書總録》、《四庫總目》作「辛巳泣蘄録」。

〔二〕山大本作「褣」。按《四庫總目》、《中國古籍善本書目》均作「褰」。「褰」、「褣」當係異體字，則「裕」當係「褣」字之誤。

尚論持平二卷

析義待正二卷

事文標異一卷

以上國朝陸次雲著。錢塘人。刊本。是三書條論經史，其發揮義理者爲《尚論持平》，辨證疑義者爲《析疑待正》，注解新奇者爲《事〔一〕文標異》。

〔一〕「事」字原脱。

鶴山雅言一册

不著撰人姓名。是書參訂經義兼及雜録。

玉劍尊聞十卷

國朝梁維樞著。常山人。刊本。是書體仿《世説》，多記元明人事實。

庸言〔一〕六卷

國朝生員姚際恒著。仁和人。刊本。是書雜論學理經史諸〔二〕子〔三〕。

〔一〕「庸言」《四庫總目》作「庸言録」。

〔二〕「諸」原誤作「緒」，據山大本改。

〔三〕「子」字原脱，據山大本補。

檀几〔一〕叢書五十卷

國朝王晫輯。錢塘人。刊本。　是書採輯□國朝人著述。

〔一〕「几」原誤作「机」，據山大本改。

詩辨坻四卷

國朝毛先舒著。錢塘人。刊本。　是書雜論歷朝詩學詞曲〔一〕。

〔一〕「曲」原誤作「典」，據《四庫總目》改。

播芳大全一百十卷

宋中奉大夫許開輯。抄本。　是書纂輯宋朝一代諸名賢各體文，共計五百家。

名臣言行録續集八卷

宋李幼〔一〕武著。刊本。曝書亭收藏。　是書述宋名臣二十九人事實、詩文，自黄庭〔二〕堅起至吕祉止。

〔一〕「幼」原誤作「仂」，據山大本、《四庫總目》改。

〔二〕「庭」字原脱，據山大本補。

歷代制度詳説十二卷

宋著作郎吕祖謙編〔一〕。金華人。抄本。　是書始科〔二〕目止馬政，共分十二門。

〔一〕「編」原誤作「偏」，據山大本改。
〔二〕「科」原誤作「料」，據山大本改。

分省人物考一百十五卷

明御史過庭訓著。浙西人。刊本。　是書分載明代各省人物。

吳興掌故十七卷

明知縣徐獻忠輯。華亭人。刊本。　是書述湖〔一〕州一郡山川、人物、風土、古蹟，分類十三〔二〕。

〔一〕「湖」下原衍「山」字，據山大本删。
〔二〕「三」原誤作「二」，據山大本、《四庫總目》改。

道南書院録五卷

明參議金賁亨〔一〕著。臨海人。刊本。　是書彙集程明道、楊龜山、羅豫章、李〔二〕延平、朱子行狀并諸語録。

〔一〕「亨」字原脱，據《千頃堂書目》《道南録》條補。
〔二〕「李」原誤作「本」，據山大本改。

金華雜識四卷

明教諭楊德周著。鄞縣人。刊本。　是書集金華一郡古蹟遺事。

路史二卷

明徐渭著。山陰人。刊本。　是書雜録故事加以考訂。

易冐〔一〕十卷

國朝布衣程良玉著。新安人。刊本。　是書專言占卜之術。

〔一〕「冐」原誤作「胄」，據《四庫總目》、《中國古籍善本書目》改。

易尚占一卷

元〔一〕李清菴著。刊本。　是書專言卜筮。

〔一〕「元」字原脱，據山大本補。

觀象玩占十二册

唐太史令李淳風著。抄本。　是書前列圖象，後詳占卜。

禮緯含文〔一〕嘉三卷

宋觀使張師禹輯。抄本。　是書分天鏡、地鏡、人鏡三門，詳言天文、地理、人事占驗之術。

〔一〕「文」原誤作「又」，據《四庫總目》、《中國叢書綜録》改。

天文秘畧

明誠意伯〔一〕劉基著。青田人。刊本。　是書考七政躔度及占候之法。

〔一〕「伯」字原脱，據山大本補。

句股述二卷

國朝陳言揚著。海昌人。刊本。小山堂收藏。　是書剖〔一〕晰句股源流。

〔一〕「剖」原誤作「部」，據山大本改。

蔡氏律同二卷

明教諭蔡宗兗著。抄本。　是書本真德秀律吕之學而參以他説。

勿菴曆算書記一册

國朝梅文鼎著。宣城人。刊本。　是書自記所著曆算諸書，已刻、未刻詳載於篇。

六朝事蹟〔一〕二卷

宋張敦頤著。新安人。刊本。小山堂收藏。　是書考據六朝建都及山川方蹟。

〔一〕「六朝事蹟」《四庫總目》、《中國古籍善本書目》作「六朝事迹編類」。

北狩見聞録、北狩行録合一册

抄本。小山堂收藏。　是二書，《見聞録》係宋曹勛著，《行録》係宋蔡鞗〔一〕著，俱記徽、欽北行事。

〔一〕「𠍴」原誤作「修」，據山大本、《四庫總目》改。

南燼〔一〕紀聞一册

宋周煇著。抄本。　是書詳述徽、欽出降及北征事。

〔一〕「燼」原誤作「爐」，據山大本改。

東〔一〕宫備覽六卷

宋迪功郎陳謨著。抄本。小山堂收藏。　是書係陳謨爲教授時經進之書，備載教育東宫〔二〕之制。

〔一〕「東」原誤作「陳」，據山大本、《四庫總目》改。

〔二〕「教育東宫」原作「教青宫」，據山大本補「育」字，據上文「東宫備覽」改「青」爲「東」。

皇宋書録三卷

宋董史〔一〕著。刊本。　是書輯録書家〔二〕名跡，自宋初迄淳祐年間止。

〔一〕「史」原誤作「更」，據《四庫總目》《書録》條、《中國古籍善本書目》改。

〔二〕「書家」原誤倒作「家書」，據《四庫總目》《書録》條改。

東南防守利便三卷

宋陳克〔一〕、吴若〔二〕同著。抄本。小山堂收藏。　是書首論東南利害，中論江淮表裡，末論江流上下。

〔一〕「克」原誤作「堯」，據山大本、《四庫總目》改。

〔一〕「若」原誤作「茗」，據山大本、《四庫總目》改。

四明它山水利備〔一〕覽二卷

宋魏峴著。鄞縣人。抄本。是書詳載鄞〔二〕水利。

〔一〕「備」原誤作「便」，據山大本、《四庫總目》改。

〔二〕山大本「鄞」下有「縣」字。

南遷録一册

元秘書郎張師顔著。抄本。是書記金遷汴京事跡。

平傜記一卷

元學士虞集著。崇仁人。抄本。是書記萬户章伯顔平廣西傜洞事。

元秘書志〔一〕十一卷〔二〕

元著作郎王士點、佐郎商企翁同輯。抄本。是書凡秘書監職制、禄秩〔三〕、印章、廨宇等分門詳載。

〔一〕「元秘書志」《四庫總目》、《中國叢書綜録》作「秘書監志」。

〔二〕「卷」原誤作「志」，據山大本改。

〔三〕「秩」原誤作「秋」，據山大本改。

保越録一卷

不著撰人姓名。抄本。是書載元吕珍鎮越戰守始末。

閩中考一册

明陳鳴鶴著。福建人。抄本。小山堂收藏。　是書記閩省山水古蹟。

楊文靖公年譜二卷

明張夏著。無〔一〕錫人。刊本。　是書係宋楊時年譜。

〔一〕「無」字原無，據《浙江採集遺書總録》補。

官爵志二〔一〕卷

明徐石麒〔二〕著。嘉興人。刊本。　是書詳載〔三〕歷代〔四〕内外官制，參考歷代同異。

〔一〕「二」《四庫總目》、《中國叢書綜録》作「三」。

〔二〕「石麒」原誤作「萬麟」，據《四庫總目》、《中國叢書綜録》改。

〔三〕「載」山大本作「言」。

〔四〕「歷代」山大本無此二字。

帝京景物畧八卷

明麻〔一〕城劉侗、宛平于奕〔二〕正同著。刊本。　是書分篇〔三〕記畿輔山川〔四〕名勝，附載題詠。

〔一〕「麻」原誤作「靡」，據《千頃堂書目》、《四庫總目》改。

〔二〕「于奕」原誤作「子变」，據山大本、《千頃堂書目》改。

〔三〕「篇」原誤作「爲」，據山大本改。

〔四〕「川」山大本作「水」。

復〔一〕辟録一卷

明楊瑄〔二〕編。豐城人。抄本。　是書載天〔三〕順南官復辟故事。

〔一〕「復」原誤作「後」，據山大本、《四庫總目》改。
〔二〕「瑄」原誤作「暄」，據山大本、《千頃堂書目》改。
〔三〕「天」原誤作「大」。

明季逆案一册

是書係崇禎初核定魏黨罪案。

明氏〔一〕實録一卷

明楊學可著。新都〔二〕人。抄本。小山堂收藏。　是書敘夏明玉珍始末。

〔一〕「氏」原誤作「代」，據山大本、《四庫總目》改。
〔二〕「都」原誤作「城」，據山大本、《四庫總目》改。

五十輔臣編年〔一〕一卷

不著撰人姓名。抄本。小山堂收藏。　是書敘崇禎一代宰輔。

〔一〕《四庫總目》「年」下有「録」字。

熹廟拾遺一卷

不著撰人姓名。抄本。小山堂收藏。　是書雜詠熹廟事蹟。

國史考異六卷

不著撰人姓名。抄本。曝書亭收藏。　是書始明洪武至永樂年止，採輯諸書，考正實録。

急就篇〔一〕四卷

刊本。曝書亭收〔二〕藏。　是書唐顔師古注，宋王應麟音釋。

〔一〕「急就篇」原誤作「急求編篇」，據山大本、《中國叢書綜録》改。

〔二〕「收」字原脱，據山大本補。

説文〔一〕篆韻譜五卷

南唐徐鍇〔二〕著。廣〔三〕陵人。刊本。　是書依許氏《説文》區分聲韻，取便檢閲。

〔一〕《四庫總目》、《中國叢書綜録》「文」下有「解字」二字。

〔二〕「鍇」原誤作「諧」，據《四庫總目》、《中國叢書綜録》改。

〔三〕「廣」原作「金」，據《浙江採集遺書總録》改。

龍龕手鑑四卷

遼釋行均著。抄本。　是書以四聲爲次，分部二百三十有二，計二〔一〕萬六千四百三十餘字。

〔一〕「二」字原脱，據山大本、《四庫總目》補。

古音駢字五卷

明楊慎著。刊本。曝書亭收藏。是書採取同音假借與異音轉注〔一〕之例等字分韻。

〔一〕「注」原作「涵」，據《浙江採集遺書總録》改。

經子〔一〕難字二卷

明楊慎著。抄本。小山堂收藏。是書分部纂述，加以訂正解説而音釋之。

〔一〕「子」原誤作「字」，據《千頃堂書目》改。

韻學通指一册

國朝毛先舒著。錢塘人。刊本。是書通論古今韻，併詳詞曲用韻之異。

雲仙雜記十卷

唐馮贄等。金城人。刊本。是書採摘群書新〔一〕舊故事。

〔一〕「新」原作「韻」，據山大本改。

吹劍録一册

宋俞文豹著。處州人。抄本。曝書亭收藏。是書隨□纂述故實詩人。

姬侍類偶二卷

宋周守忠著。抄本。是書採史傳故實爲四言韻語，各注本事。

文房四譜五卷

宋學士蘇易簡著。抄本。　是書雜採諸事，分類編録。

珩璜〔一〕新論一册

宋郎中孔平仲著。新喻人。抄本。　是書考據典故詩文。

〔一〕「璜」原誤作「潢」，據山大本、《四庫總目》改。

席上腐〔一〕談一册

宋俞琰著。吴江人。抄本。小山堂收藏。　是書雜説瑣事，養生之術居多。

〔一〕「腐」原誤作「輔」，據《千頃堂書目》、《四庫總目》改。

澄懷録二卷

宋周密著。錢塘人。抄本。　是書纂集六朝以下逸事。

三洞群仙録三卷

宋陳葆光〔一〕著。抄本。　是書採輯歷代神仙事蹟。

〔一〕「光」原誤作「元」，據山大本、《四庫總目》改。

真詮二卷

不著撰人姓名。抄本。　是書論内丹之法。

靜齋至正真記四卷

元孔齊著。曲阜人。抄本。小山堂收藏。　是書雜論元代朝野瑣事。

辨惑〔一〕編四卷

元謝應芳〔二〕著。毘陵人。刊本。小山堂收藏。　是書論理〔三〕以闢巫覡異端等説。

〔一〕「惑」原誤作「成」，據《千頃堂書目》、《四庫總目》改。

〔二〕「芳」原誤作「芬」，據山大本、《千頃堂書目》改。

〔三〕「理」原作「經」，據山大本改。

困〔一〕學齋雜録一册

元典簿鮮于樞著。漁陽人。抄本。小山堂收藏。　是書雜記故實詩文。

〔一〕「困」原誤作「因」，據山大本、《四庫總目》改。

禱雨録一卷

明錢琦著。海鹽人。抄本。小山堂收藏。　是書記史傳所載禱雨事。

文園漫語一册

明程希堯著。抄本。　是書雜記藝文故實。

菊坡叢〔一〕話二十六卷

明知縣單宇〔二〕著。臨川〔三〕人。抄本。　是書分類記載，集古人詩話居多。

〔一〕「叢」原誤作「業」，據《千頃堂書目》、《四庫總目》改。

〔二〕「宇」原誤作「守」，據《千頃堂書目》、《四庫總目》改。

〔三〕「川」原誤作「山」，據《千頃堂書目》、《四庫總目》改。

哲匠金桴〔一〕二册

明楊慎著。抄本。小山堂收藏。　是書分類採歷朝詩句。

〔一〕「桴」原誤作「標」，據《千頃堂書目》、《四庫總目》改。

文斷十五卷

不著撰人姓名。抄本。小山堂收藏。　是書雜論漢唐宋諸家之文，隨所得爲先後。

湘〔一〕煙録十六卷

明尚書淩義渠著。烏程人。刊本。　是書分類十六，摘群書所載瑣事。

〔一〕「湘」原誤作「相」，據山大本、《四庫總目》改。

傳信疑録〔一〕一册

明陳虞岳輯。刊本。　是書述其祖陳循佐天順復辟事，列傳信、辨疑諸條。

〔一〕「傳信疑録」《四庫總目》作「傳信辨誤録」。

緑〔一〕雪亭雜言一册

明敖英著。浦江人。刊本。小山堂收藏。　是書雜論故事並記見聞。

〔五一〕「緑」原誤作「録」，據山大本、《四庫總目》改。

河上楮談三卷

汾上續談一卷

浣水續談一卷

游宦餘談一卷

以上明巡撫朱孟震著。新淦人。刊本。四書所述皆朝野雜事。

訂譌雜録十卷

國朝胡鳴玉著。青浦人。刊本。小山堂收藏。是書評論小學家言，兼考事物原委。

讀史漢翹二卷

國朝施端教著。泗州〔一〕人。刊本。小山堂收藏。是書分門摘録《史記》、《漢書》成語。

〔一〕「州」原誤作「洲」，據《四庫總目》改。

南宋院畫録八卷

國朝舉人厲鶚著。錢塘人。抄本。是書採録自李唐迄李永凡九十四人。

晴川蟹録四卷後蟹録四卷

國朝孫之騄著。仁和人。抄本。是書詳載蟹族故實詩文。

瘞〔一〕鶴銘考一卷

國朝汪士鋐〔二〕著。吳郡人。抄本。是書考訂缺文並採前人論跋。

〔一〕「瘞」原誤作「瘗」，據《四庫總目》、《中國叢書綜録》改。

〔二〕「鋐」原誤作「銘」，據山大本、《四庫總目》改。

黔書一卷

國朝侍郎田雯著。濟南人。刊本。是書記貴州輿地物産。

陳伯玉文集十卷

唐拾遺陳子昂著。射洪人。刊本。

歐陽行周文集八卷附録一卷

唐四門助教歐陽詹〔一〕著。晉江人。抄本。

〔一〕「詹」原誤作「盧」，據《四庫總目》、《中國叢書綜録》改。

權文公詩文集〔一〕十卷

唐中書令權德輿〔二〕著。畧〔三〕陽人。刊本。

〔一〕「集」原誤作「詩」，據山大本改。

〔二〕「輿」原誤作「與」。

〔三〕「畧」原作「洛」，據《浙江採集遺書總録》改。

李遐叔〔一〕文集二册

唐司户參軍李華著。贊皇〔二〕人。

〔一〕「叔」原誤作「張」，據《四庫總目》、《中國叢書綜録》改。

〔二〕「皇」原誤作「呈」，據《四庫總目》改。

杼山詩文集十卷

唐釋皎〔一〕然著。吴興人。抄本。

〔一〕「皎」原誤作「臯」，據《四庫總目》、《中國叢書綜録》改。

以上皆係〔一〕唐詩文集。

〔一〕「係」字原無，據山大本補。

文選樓藏書記卷六

儀徵阮保定元撰　會稽李慈銘校訂

易說二卷

宋國史院編修呂祖謙。金華人。刊本。　是書闡明卦爻義理。

周易原旨八卷

元總管保八纂。洛陽人。抄本。　是書前列《奧義》一卷，後依經文自治〔一〕傳註。

〔一〕「治」山大本作「爲」。

天原發微五卷

元鄉貢進士鮑雲龍著。歙縣人。刊本。　是書分二十五篇，闡發易理居多。

周易古本十篇

明華兆登著。無錫人。刊本。　是書考正經傳分合之誤，一遵古本。

易象抄六卷

明御史錢一本著。毘陵人。刊本。朱彝尊曝書亭收藏。是書雜論爻象〔一〕圖説。

〔一〕「象」字原無，據山大本補。

易臆三卷

明鄭圭〔一〕著。刊本。是書闡發易義，不襲前人訓詁〔二〕。

〔一〕「圭」原誤作「後」，據《四庫總目》改。

〔二〕「詁」原誤作「話」，據山大本改。

田間易學六卷

明錢澄之著。桐城人。刊本。是書採輯諸家〔一〕，折衷《本義》。

〔一〕「家」原誤作「象」，據山大本改。

參同契發揮三篇又釋疑三篇

元俞琰著。刊本。是書本先天圖闡明參加同契之旨。

詩總聞二十卷

宋王質著。汶陽人。抄本。是書分音、訓、章、句、字、物、用〔一〕、跡、事、人十門。删除小序，與朱子《集傳》相合。

〔一〕「用」原誤作「周」，據《四庫總目》改。

田間詩學六卷

明錢澄之著。刊本。　是書參用小序兼采〔一〕本義。

〔一〕「采」原誤作「宋」，據山大本改。

毛詩解八册

明提學僉事鍾惺輯。竟陵人。刊本。　是書採輯小序以下十六家詩義。

春秋闕疑〔一〕四十五卷

元鄭玉著。歙縣人。刊本。　是書列經傳綱目，于疑義多闕。

〔一〕「春秋闕疑」《千頃堂書目》、《四庫總目》作「春秋經傳闕疑」。

春秋職官考畧三卷

春秋地名辨異三卷

左傳人名辨異三卷

以上俱國朝程廷祚著。上元人。抄本。　是三書辨析舊聞，考正異同。

春秋左傳事類年表一册

顧宗瑋輯。松江人。不著年代〔一〕。抄本。　是書鏞舉經傳，分類紀年，第爲十等。

〔一〕「不著年代」四字原無，據山大本補。

春秋年考一册

不著撰人姓名。抄本。　是書倣年表之例，分載列國時事。

儀禮鄭註句讀十七卷

明張爾岐著。濟〔一〕陽人。抄本。趙昱小山堂收藏。　是書録《儀禮》鄭註，參酌賈公彦、吴澄論説。後附《監本正誤》及《唐石經正誤》。

〔一〕「濟」原誤作「洛」，據《四庫總目》改。

禮記集説辨疑一卷

明訓導戴冠著。長洲人。刊本。　是書皆辨陳澔之説。

九經三傳沿革例一卷

宋岳珂著。湯陰人。刊本。　是書總例書本、字畫、註文、音釋、句讀、脱簡、考異。

九經考異三册

明周應賓著。寧波人。刊本。　是書考正經史音韻舛誤，筆畫錯謬。

經義模範一卷

刊本。　是書係宋張才叔、姚孝寧、吴師孟、張孝祥四人所作經義十六篇。

樂律纂要一卷律呂別書一卷合一册

明季本著。會稽人。刊本。有王士禎借鈔跋。　二書皆辨秦漢以來律呂舊法。

武經〔一〕總要四十卷

宋天章閣待〔二〕制曾〔三〕公亮等編定。抄本。　是書分〔四〕制度、邊防、故事之類。

〔一〕「經」原誤作「進」，據山大本、《四庫總目》改。

〔二〕「待」原誤作「侍」，據山大本改。

〔三〕「曾」原誤作「賈」，據山大本、《四庫總目》改。

〔四〕「分」字原脱，據山大本補。

晉史乘一卷楚史檮杌〔一〕一卷

不著撰人姓名。刊本。　是書相傳爲元吾〔二〕邱衍所作。

〔一〕「杌」原誤作「机」，據《四庫總目》、《中國叢書綜録》改。

〔二〕「吾」原誤作「王」，據山大本、《四庫總目》改。

魏鄭公諫録五卷

唐宰相魏徵著。刊本。瑯琊王方慶集録成篇。

南北史續世説十卷

唐宗〔一〕室李垕撰。隴西人。刊本。　是書仿劉義慶〔二〕《世説新語》本，自宋迄隋分類編集。

〔一〕「宗」原誤作「宋」，據山大本改。

〔二〕「義慶」原誤作「世度」。

唐世説新語十三卷

唐主簿劉肅撰。刊本。　是書仿《世説新語》，纂述唐代事實迄大曆間止。

中朝故事二卷

唐朝議郎尉遲偓著。抄本。　是書採述大中以後朝事。

唐闕史二卷

唐高彦休著。抄本。　是書雜論大中以後時事，共五十一篇。

續宋編年資治通鑑十八卷

宋禮部侍郎李燾著。抄本。　是書續司馬光〔一〕《資治通鑑》，自宋太祖至徽、欽止。

〔一〕「光」原誤作「先」，據山大本改。

六朝通鑑博議十卷

宋李燾著。抄本。　是書論三〔一〕國迄五代史事。

〔一〕「三」原誤作「二」，據山大本改。

廣卓異記二十卷

宋樂史著。宜黄人。刊本。　是書採輯自漢迄五代卓〔一〕異之事，以補李翺《卓異記》所未備。

〔一〕「卓」原誤作「單」，據山大本改。

宋西事案二卷

不著撰述姓名。刊本。　是書載〔一〕宋禦元昊〔二〕事文。首頁遺失。

〔一〕「載」原誤作「戴」，據山大本改。

〔二〕「宋禦元昊」原作「宋樂元吳」，據《浙江採集遺書總録》改。

契丹國志二十七卷

宋秘書丞葉隆禮著。抄本。　是書詳載遼事。

南部〔一〕新書十卷

宋員外郎錢希白著。抄本。　是書纂輯唐代遺事。

〔一〕「部」原誤作「群」，據山大本、《四庫總目》改。

鐵圍山叢談六卷

宋都尉蔡絛〔一〕著。閩人。抄本。　是書多載北宋故實。

〔一〕「絛」原誤作「條」，據山大本、《四庫總目》改。

宋大事記講義二十三卷

宋教授吕中著。温陵人。抄本。　是書前列總論，後建隆至靖康分類編述事蹟，各有論説。

四朝聞見録五卷

宋葉紹翁〔一〕著。龍泉人。抄本。小山堂收藏。是書纂録宋代高、孝、光、寧四朝雜事。

〔一〕「翁」字原脱，據《四庫總目》、《中國叢書綜録》補。

襄陽守城録一册

宋趙萬年編。抄本。是書記宋都統趙淳守襄陽時事。

采石瓜洲斃亮記一册

宋宣教〔一〕郎蹇駒編。潼川〔二〕人。刊本。是書記虞允文采〔三〕石之戰，後附詔劄。

〔一〕「宣教」原誤倒作「教宣」，據山大本、《浙江採集遺書總録》改。

〔二〕「潼川」原作「潼州」，據山大本、《浙江採集遺書總録》改。

〔三〕「采」原作「採」，據山大本、《浙江採集遺書總録》改。

中興館閣録十卷續録十卷

宋陳騤著。天台人。抄本。是書載南渡以後制度典章。

建炎以來朝野雜記四十卷

宋李〔一〕心傳著。抄本。是書自南渡迄嘉泰分類纂記典故。

〔一〕「李」原誤作「孝」，據山大本、《四庫總目》改。

美〔一〕芹十論一册

宋按撫使辛棄疾〔二〕著。歷城人。抄本。　是書進獻南宋防〔三〕守之策。

〔一〕「美」原誤作「采」，據山大本、《四庫總目》改。

〔二〕「疾」字原脱，據山大本、《四庫總目》補。

〔三〕「防」原誤作「汸」，據山大本改。

宋忠簡公遺事四卷

宋寶謨學士王鎔輯。抄本。　是書采摭宋澤遺事，並附舊聞及題詠。

唐史論斷三卷

宋天章閣待制孫甫著。抄本。　是書論斷唐代政事得失。

皇宋事實〔一〕類苑六十三卷

宋知吉州事江少虞著。抄本。　是書采輯諸史，釐訂事實，分二十八門。

〔一〕「實」原誤作「賓」，據山大本、《四庫總目》《事實類苑》條改。

吊伐〔一〕録二卷

不著撰述姓名。抄本。　是書載金與宋、遼往來書表。

〔一〕「伐」原誤作「代」，據山大本、《四庫總目》改。

平宋録三卷

元司獄官平慶安著。燕山人。抄本。　是書記元伯顔平宋事跡。

草莽私乘一卷

元陶宗儀輯。黄岩人。抄本。　是書採輯元人遺文關史事者。

都公譚纂二卷

明太僕少卿都穆著。吳縣人。抄本。小山堂收藏。　是書多載明代〔一〕軼事。

〔一〕「代」字原脱，據山大本補。

説史二卷

明洪覺著。刊本。　是書自三皇起至宋末，闡明遺義。

邃〔一〕古記八卷

明宗室朱謀㙔〔二〕著。刊本。　是書採摘逸書，編次古帝王事蹟。

〔一〕「邃」原誤作「還」，據《千頃堂書目》、《四庫總目》改。

〔二〕「㙔」原誤作「瑋」，據《千頃堂書目》、《四庫總目》改。

宋狀元録二卷

明朱希召輯。淮陽人。刊本。　是書編載全宋狀元姓名事實。

宋史闡幽〔一〕一卷

明訓導許浩撰。餘姚人。刊本。是書辨論宋史疑誤。

〔一〕「幽」原誤作「出」，據山大本、《四庫總目》改。

元史闡幽〔一〕一卷

明許浩著。刊本。是書辨論元史疑誤。

〔一〕「幽」原誤作「出」，據山大本、《四庫總目》改。

雙槐歲抄十卷

明知縣黄瑜著。香山人。刊本。是書抄撮史傳，記明洪武迄成化間事。

罪知録十卷

明通判祝允〔一〕明著。長洲人。刊本。是書取史傳疑似詳加辨正。

〔一〕「允」原誤作「元」，據山大本、《四庫總目》《祝子罪知》條改。

枝山野記四卷

明祝允〔一〕明纂。抄本。是書雜記明代遺事。

〔一〕「允」原誤作「元」，據山大本、《四庫總目》《野記》條改。

首輔傳八卷

明尚書王世貞著。吳郡人。刊本。是書載嘉靖以後閣臣事蹟。

宋四大家外紀四册

明王世貞、陳之仲〔一〕、范明泰、徐燉〔二〕四人編次。刊本。　是書輯宋〔三〕蘇軾、黄魯直、米芾、蔡襄四家軼事。

〔一〕「仲」原誤作「仲」，據山大本、《四庫總目》《宋四家外紀》條改。
〔二〕「燉」原誤作「燉」，據山大本、《四庫總目》《宋四家外紀》條改。
〔三〕「宋」原誤作「採」，據山大本改。

堯山堂外紀一百卷

明工部郎蔣一葵輯。武進人。刊本。　是書紀古帝王名臣軼事。

續高士傳五卷

明高兆撰。侯官人。刊本。　是書搜集兩晉迄明隆慶間隱逸傳。

汴京遺蹟志二十四卷

明僉事李濂著。祥符人。刊本。　是書採輯舊都遺事及人才、物産。

咸賓録八卷

明羅日褧〔一〕著。豫章人。刊本。　是書採取《史》、《漢》諸書外國事實。

〔一〕「褧」原誤作「聚」，據《千頃堂書目》、《四庫總目》改。

國朝典彙二百卷

明僉都御史徐學聚編。蘭谿人。刊本。　是書自明初迄萬曆間分類編次一代掌故。

明臣謚考二卷

明郎中鮑應鼇〔一〕著。新安人。刊本。　是書詳載明代諸臣謚法。

〔一〕「鼇」原誤作「鰲」，據《千頃堂書目》《皇明臣謚彙考》條、《四庫總目》《明臣謚彙考》條改。

目營小輯四卷

明陸化熙〔一〕著。常熟人。刊本。　是書摘志郡邑沿〔二〕革，并分野、山川、關稅、邊防等類。

〔一〕「熙」原誤作「愢」，據山大本、《四庫總目》改。

〔二〕「沿」原誤作「治」，據山大本改。

先撥〔一〕志始〔二〕二卷

明文秉著。長洲人。刊本。　是書載明神〔三〕宗年建儲及東林逆案諸事。

〔一〕「撥」原誤作「揆」，據山大本、《四庫總目》改。

〔二〕「始」原誤作「招」，據山大本、《四庫總目》改。

〔三〕「神」原誤作「仁」，據山大本改。

古今原始十四卷

明太僕卿趙釴著。桐城人。刊本。　是書上溯三皇，下迄元、明，詳各代制度之所始。

戲瑕三卷

明錢希言著。常熟人。刊本。　是書考訂古今，辨疑刊誤。

宋〔一〕史存二卷

明文德翼著。柴桑人。刊本。曝書亭收藏。　是書編次南宋名臣事蹟。

〔一〕「宋」原誤作「宗」，據山大本、《四庫總目》改。

兩山墨談十八卷

明陳霆著。吴興人。刊本。　是書雜採史事。

韓魏公傳四卷

明裔孫韓原道輯。安陽人。刊本。　是書〔一〕係宋韓琦家傳。

〔一〕「書」原作「言」，據山大本改。

皇明書四十五卷

明待詔鄧元錫著。建昌人。刊本。　是書編次洪武以後事跡至嘉靖止。

續列女傳九卷

明邵正魁著。休寧人。刊本。　是書分類編輯列女事實，以補劉向所未備。

吴中故實〔一〕二十四卷

明主事楊循吉著。吴縣人。刊本。　是書採輯明代吴郡人物事實。

〔一〕《千頃堂書目》、《四庫總目》作「吳中故實記」。

紀録彙編二百十六卷

明侍郎沈節甫著。烏程人。刊本。　是書採〔一〕輯各書記載明代事實。

〔一〕「採」山大本作「裒」。

蜀中廣記三十八卷

明副使曹學佺著。候官人。刊本。　是書記載蜀中郡縣風俗，方物、藝文。

南宋書增削定本六十卷

明大學士錢士升輯。嘉善人。抄本。　是書改定《宋史》本紀、列傳原文。太學生許重熙爲贊。

吳越〔一〕紀餘五卷

明錢貴著。長洲人。抄本。　是書抄撮前史記春秋吳越事，後附雜詠。

〔一〕「越」原誤作「郡」，據山大本、《四庫總目》改。

宅京記一册

明顧炎武著。崑山人。抄本。　是書記歷代帝王建都之地。

山書十八卷

國朝侍郎孫承〔一〕澤著。北平人。刊本。　是書雜記崇禎遺事。

〔一〕「承」原誤作「丞」，據山大本、《四庫總目》改。

續表忠記八卷

國朝給事中趙吉士著。徽州人。刊本。　是書記明天啟〔一〕以後忠節諸臣事蹟。

〔一〕「天啟」《四庫總目》作「萬曆」。

治河奏績〔一〕書四卷

國朝總河靳輔著。三韓人。抄本。　是書前二卷考覈〔二〕河道則例〔三〕，後二卷奏議治防事宜。

〔一〕「績」原誤作「續」，據山大本、《四庫總目》改。

〔二〕「覈」原誤作「覆」，據山大本改。

〔三〕「例」原誤作「列」，據山大本改。

五代史志疑四卷

國朝楊陸榮著。青浦人。刊本。　是書分條摘歐陽修《五代史》，辨析疑義。

廣群輔録六卷

國朝徐汾著。仁和人。刊本。　是書因陶潛《群輔〔一〕録》增輯晉宋〔二〕訖明輔臣姓氏。

〔一〕「輔」原誤作「輯」，據山大本、《四庫總目》改。

〔二〕「宋」原誤作「尤」，據山大本改。

東林列傳二十四卷

國朝陳鼎著。江陰人。刊本。　是書自宋楊時起迄明末殉難諸臣，各爲列傳。後附《熹宗本末》二卷。

詩史十二卷

國朝葛震著。句容人。刊本。　是書統論歷〔一〕代帝王，各係以詩。

〔一〕「歷」原誤作「列」，據山大本、《浙江採集遺書總録》改。

四譯〔一〕館考十卷

國朝太常少卿江蘩著，漢陽人。刊本。　是書編列外國貢獻及賜賚之典，後附譯字。

〔一〕「譯」原誤作「鐸」，據山大本、《四庫總目》改。

朝鮮史畧十二卷

不著撰述姓名。抄本。　是書記朝鮮風土事實。

紹興十八年同年〔一〕録一册

不著撰述姓〔二〕名。刊本。　是書係登科録，朱子亦登是榜〔三〕。

〔一〕《四庫總目》、《中國叢書綜録》「年」下有「小」字。

〔二〕「姓」字原脱，據山大本補。

〔三〕「榜」原誤作「楊」，據山大本改。

宋史筆斷十二卷

刊本。曹溶倦圃收藏。　是書正誼齋編集，不註姓名。

大唐西〔一〕域記十二卷〔二〕

唐釋玄奘〔三〕譯。刊本〔四〕。　是書翻譯西域〔五〕各國風土。

〔一〕「西」原誤作「函」，據山大本、《四庫總目》改。

〔二〕「十二卷」三字原脱，據山大本補。

〔三〕「奘」字原脱，據《四庫總目》補。

〔四〕「本」字原脱，據山大本補。

〔五〕「域」原誤作「城」，據山大本改。

玉曆通政經三卷

唐太史令李淳風序。不著作者姓名。抄本。　是書論天〔一〕文占驗。

〔一〕「天」原誤作「大」，據山大本改。

標題蒙求三卷

唐〔一〕李瀚〔二〕著。抄本。　是書採擇故實，分類標題。

〔一〕「唐」字原無，據山大本補。

〔二〕「瀚」原作「翰」，據《浙江採集遺書總録》改。

涑水紀聞二卷

宋左僕射司馬光著。夏縣人。抄本。　是書多記當代事實。

萬柳溪邊舊〔一〕話一卷

宋尚書尤玘著。無錫人。抄本。　是書述其先代瑣事。

〔一〕「舊」原誤作「蕉」，據山大本、《四庫總目》改。

赤〔一〕城集十八卷

宋林表民輯。抄本。　是書薈萃〔二〕台州一郡詩文。

〔一〕「赤」下原衍「國」字，據《四庫總目》、《中國叢書綜録》删。

〔二〕「薈萃」原誤作「會華」，據山大本改。

獨醒雜誌十卷

宋曾敏行著。盧陵人。抄本。　是書雜記宋代人物事跡。

尊堯集十一卷

宋給事中陳瓘著。四明〔一〕人。刊本。　是書專辨〔二〕王安石日録。

〔一〕「四明」，《四庫總目》、《浙江採集遺書總録》作「延平」。

〔二〕「辨」原作「闢」，據《浙江採集遺書總録》改。

寓簡十卷

宋沈作喆著。湖州人。刊本。　是書雜論經史及宋〔二〕代詩文故實。

〔一〕「宋」原誤作「宗」，據山大本改。

文則一册

宋少傅陳騤著。天台人。刊本。　是書論古今作文之法。

中吳〔二〕紀聞六卷

宋宣教郎龔明之著。崑山人。刊本。　是書纂摭吳中舊蹟瑣事。

〔一〕「中吳」原誤倒作「吳中」，據山大本、《四庫總目》改。

野客〔二〕叢書三十卷

宋王楙著。長洲人。刊本。　是書考正漢唐以後故實。

〔一〕「客」原誤作「容」，據山大本、《四庫總目》改。

新安志十卷

宋知州羅願著。新安人。刊本。　是書本《祥〔二〕符圖經》，考訂詳悉，輯成一書。

〔一〕「祥」原誤作「詳」，據山大本改。

止〔二〕齋論祖五卷

宋學士陳傅良〔二〕著。永嘉人。刊本。　是書分四書、諸子、通鑑、君臣、事務五門，各著論説。

〔一〕「止」原誤作「正」，據《四庫總目》改。

〔二〕「良」字原脱，據《四庫總目》補。

全芳備祖前集二十七卷後集三十一卷

宋陳景沂著。天台人。抄本。　是書編類花果草木，纂集事實詩賦，分前、後二集。

夢粱録二十卷

宋吴自牧著。錢塘人。抄本。　是書劄記南宋〔一〕武林逸事雜説。

〔一〕「宋」原誤作「京」，據山大本改。

詩話總〔一〕龜四十八卷後集五十卷

宋阮閲編。舒城人。刊本。　是書廣採詩律，分門編次。

〔一〕「總」原誤作「統」，據山大本、《四庫總目》改。

碧溪詩話十卷

宋黄徹著。莆田人。抄本。　是書雜論古今詩體。

輿地廣記三十八卷

宋歐陽忞〔一〕著。廣陵人。抄本。　是書博採山經地誌以補輿地之缺。

〔一〕「忞」原誤作「志」，據山大本、《四庫總目》改。

陶朱新録一卷

宋馬純著。單父[一]人。抄本。　是書蒐述見聞，哀綴成帙。

〔一〕「父」原誤作「文」，據山大本改。

北窗炙輠録二卷

宋施彦執著。抄本。　是書記載宋代逸事。

百菊譜[一]六卷

宋史鑄輯。山陰人。刊本。　是書輯前人菊譜，附以藝植題詠。

〔一〕《千頃堂書目》、《四庫總目》作「百菊集譜」。

碧鷄漫志一册

宋王灼著。遂寧人。抄本。小山堂收藏。　是書雜論樂律、歌曲。

墨池編六卷

宋秘書正字朱長文著。吳郡人。刊本。　是書雜論碑刻法書。

吳郡圖經續記三卷

宋正字朱長文著。吳郡人。抄本。　是書續《祥符圖經》所未備。

耆舊續聞十卷

宋陳鵠著。南陽人。抄本。　是書摘論宋人事蹟、詩文。

蟹略四卷

宋知〔一〕處州高似孫著。鄞縣人。抄本。小山堂收藏。　是書詳記蟹類故實、詩文。

〔一〕「知」下原衍「縣」字，據山大本删。

佩韋齋輯聞四卷

宋進士俞德鄰著。永嘉人。抄本。　是書雜論經史兼及時事。

百川學海

宋左禹錫著。鄮縣人。刊本。　是書集説部諸家共一〔一〕百種〔二〕，分爲十集。

〔一〕「一」字原無，據山大本補。

〔二〕「種」字原無，據山大本補。「種」下原衍「爲」字，據山大本删。

愧郯〔一〕録十五卷

宋侍郎岳珂著。湯陰人。刊本。　是書雜記宋代朝章典故。

〔一〕「郯」原誤作「剡」，據山大本、《四庫總目》改。

歷代吟譜四卷

宋學士陳應行輯。抄本。　是書論漢以後古今詩體。

梁谿漫志十卷

宋費衮著。抄本。　是書雜記典故、詩文。

賓退〔一〕録十卷

宋趙與時著。大梁人。刊本。是書隨手〔二〕記録見聞。

〔一〕「退」原誤作「實」，據《四庫總目》、《中國叢書綜録》改。

〔二〕「手」字原脱，據山大本補。

東南防守〔一〕三卷

宋安撫使吕祉著。建州人。刊本。是書係守建康時〔二〕經畫江防。

〔一〕《四庫總目》、《中國叢書綜録》作「東南防守利便」。

〔二〕「康時」原誤倒作「時康」，據山大本改。

兩〔一〕漢博聞十二卷

宋〔二〕楊侃著。刊本。是書採輯舊聞，增補訓詁〔三〕。

〔一〕「兩」原誤作「西」，據山大本、《四庫總目》改。

〔二〕「宋」字原脱，據山大本補。

〔三〕「詁」原誤作「訪」，據山大本改。

輿地碑記目四卷

宋王象之撰。抄本。是書編載各郡縣所有碑刻。

蘭亭考十二卷

宋桑世昌輯。天台人。刊本。

蘭亭續考二卷

宋俞松著。吴興人。抄本。　二書考序蘭亭事實并碑碣題跋。

靈臺秘苑十五卷

宋司〔一〕天監于大吉、丁洵仝輯。抄〔二〕本。　是書專言星象。

〔一〕「司」原誤作「句」，據山大本改。

〔二〕「抄」字原脱，據山大本補。

古今歲時雜詠四十六卷

宋蒲積中著。眉山人。抄本。　是書因樓鑰《歲時雜記》續爲蒐輯詩文。

吴郡志五十卷

宋資政殿學士范成大著。吴郡人。刊本。　是書分類纂輯吴郡事實。

吴都〔一〕文粹十卷

宋鄭虎臣輯。吴人。抄本。

〔一〕「都」原誤作「郡」，據山大本、《四庫總目》改。

續吳都〔一〕文粹五十六卷補遺一卷

明錢穀輯。長洲人。抄本。　是二書採輯吳郡古今名人詩文。

〔一〕「都」原誤作「郡」，據山大本、《四庫總目·吳都文粹續集》條改。

寶祐四〔一〕年登科記一册

抄本。　是書前載策題、試官姓名，後〔二〕有文天祥〔三〕對策。

〔一〕「四」字原脱，據山大本、《四庫總目》《寶祐四年登科録》條改。

〔二〕「後」原誤作「投」，據山大本改。

〔三〕「祥」原誤作「詳」，據山大本改。

管窺外篇二卷

元史伯璿著。平陽人。刊本。　是書雜論理學、經史〔一〕。

〔一〕「史」原作「文」，據山大本改。

純〔一〕正蒙求三卷

元胡炳文著。抄本。　是書摘録舊典，倣唐李瀚〔二〕《標題蒙求》，廣其未備。

〔一〕「純」原誤作「繩」，據《千頃堂書目》、《四庫總目》改。

〔二〕「瀚」原作「翰」，據《浙江採集遺書總録》改。

名蹟録七卷

元朱珪輯。崑山人。抄本。　是書係朱珪摹刻名人碑板文字，彙輯成書。

名臣事畧十五卷

元翰林蘇天爵著。趙郡人。抄本。　是書編次元臣木華黎〔一〕迄劉因四十七人事跡。

〔一〕「黎」原誤作「藜」，據山大本改。

静齋筆記五卷

元孔齊〔一〕著。曲阜人。抄本。　是書隨手記載，不分門類。

〔一〕「齊」原誤作「齋」，據山大本、《四庫總目》《静齋類稿》條改。

詩文軌範二卷

元徐駿著。常熟人。抄本。　是書評論各體詩文。

平江記事一卷

元總管高德基著。平江人。抄本。

吳中舊事一卷

元陸友〔一〕仁著。吳郡人。抄本。　是二書記吳郡山川、人物、遺蹟。

〔一〕「友」原誤作「及」，據《四庫總目》、《中國叢書綜録》改。

山居新語〔一〕四卷

元翰林楊瑀著。抄本。　是書雜記元代故實。

〔一〕「語」原誤作「話」，據山大本、《四庫總目》改。

庶齋老學叢〔一〕談三卷

元判〔二〕官盛如梓〔三〕著。抄本。　是書雜論經史詩文。

〔一〕「叢」原誤作「岩」，據《千頃堂書目》、《四庫總目》改。

〔二〕「判」原誤作「刊」，據山大本、《四庫總目》改。

〔三〕「梓」原誤作「粹」，據《千頃堂書目》、《四庫總目》改。

革象新書二卷

元趙敬著。鄱陽人。刊本。　是書備載歷〔一〕數、星學諸考。

〔一〕「歷」下原衍「代」字，據山大本删。

殊域周咨録二十四卷

明給事中嚴從簡著。嘉興人。刊本。　是書分記外國事蹟、風土。

近峯聞畧八卷

明皇甫録著。吳郡人。刊本。　是書雜記故實、詩文〔一〕。

〔一〕「文」字原脱，據山大本補。

濯纓亭筆記十卷

明戴冠著。刊本。　是書雜記典故、人物、詩文、土産。

草木子四卷

明主簿葉子奇著。龍泉人〔一〕。刊本。　是書八篇，前四篇雜論理氣名物，後四篇多記元季明初事實。

〔一〕「人」原誤作「子」，據山大本改。

事物紀〔一〕原十卷

明祭酒胡儼著。南昌人。刊本。　是書分類記載事物，考其原始。

〔一〕「紀」原誤作「記」，據《四庫總目》、《中國叢書綜録》改。

金石古文十四卷

明修撰楊慎集。成都人。刊本。　是書仿歐陽修《集古録》之例，紀載倉頡迄秦漢各碑刻。

異魚〔一〕圖贊四卷補三卷

明楊慎著。刊本。　是書搜輯水族出處、品味。

〔一〕「魚」原誤作「漁」，據《千頃堂書目》、《四庫總目》改。

宋〔一〕遺民録十二卷

明侍郎程敏政編。休寧人。抄本。　是書蒐録南宋遺民著述並各家傳記題詠。

〔一〕「宋」原誤作「朱」，據《千頃堂書目》、《四庫總目》改。

石墨鐫華八卷

明舉人趙崡著。盩厔人。刊本。曝書亭收藏。　是書載漢唐以後金石文字二百五十三種，共六卷。附録記、詩兩卷。

古〔一〕法書苑三册

明王世貞輯。刊本。　是書録古今書法淵源。

〔一〕「古」原誤作「右」，據山大本改。

古畫苑三册

明王世貞著。刊本。　是書評論古今畫品。

茶經一卷酒史六卷

明徐渭著。山陰人。刊本。　是二書考證典故及名人韻事。

逌旃璅言二卷

明尚書蘇祐著。濮州人。抄本。　是書雜論〔一〕經傳并及明代時事。

〔一〕「論」字原脱，據山大本補。

吕氏筆奕八卷

明訓導吕曾見著。山陰人。刊本。　是書雜論經史故事。

宣德鼎彝譜八卷

明大學士楊榮撰。抄本。　是書敘述宣德年間鑄造郊〔一〕壇太廟内庭〔二〕供用鼎彝等器，共一百一十七款。

〔一〕「郊」原誤作「效」，據山大本改。

〔二〕「庭」山大本、《浙江採集遺書總録》作「廷」。

菽園雜記十五卷

明參政陸容著。太倉人。刊本。　是書雜記古今朝野事蹟。

書法離鈎十卷

明潘之淙輯。錢塘人。刊本。　是書多論書法，末及音韻。

音聲紀元六卷

明吳〔一〕繼士著。徽州人。刊本。　是書以律統音，以音叶韻，闡論六書之奥。載有圖説。

〔一〕「吳」原誤作「胡」，據山大本、《四庫總目》改。

清賞録二卷

明張翼著。餘杭人。刊本。　是書隨手劄記聞見，不分門類。

萬里海防二卷

明參軍鄭若曾著。崑山人。刊本。　是書日本始末，各省沿海守禦方畧并圖。

太陽太陰通軌二册

明五官保章戈永齡重〔一〕著。抄本。　是書係明欽〔二〕天監推算曆法。

〔一〕「重」原誤作「童」，據山大本改。

〔二〕「欽」原誤作「青」，據山大本、《四庫總目》改。

藝彀三卷

明鄧伯羔著。金壇人。刊本。　是書隨手劄記見聞。

長物志十二卷

明文震亨〔一〕著。長洲人。刊本。　是書考訂室廬器具。

〔一〕「亨」原誤作「孟」，據《千頃堂書目》、《四庫總目》改。

虎鈐經二十卷

宋〔一〕許洞撰。吳人。刊本。　是書採孫子、李筌之要，下撮天時、人事之變而附以己意。

〔一〕「宋」原誤作「明」，據《四庫總目》、《中國叢書綜録》改。

同姓名録十二卷

明余寅撰。鄞縣人。刊本。　是書者〔一〕摘古今姓名相同之人，註明時代。

〔一〕「者」字不通，此條沿用《浙江採集遺書總録》「以上二書皆摘録古今姓名相同者」一語，而誤「皆」爲「者」。

梅花草堂集十一卷

明張大復著。吴人。刊本。　是書專記崑〔一〕山一縣人物，末附名官〔二〕。

〔一〕「崑」原誤作「昆」，據山大本改。

〔二〕「官」山大本作「宦」。

星曆釋疑〔一〕二卷

明提學林祖述著。晉興人。刊本。　是書引證群籍，參考星曆歲時。

〔一〕「疑」山大本、《四庫總目》作「義」，《千頃堂書目》、《浙江採集遺書總録》作「意」。

四友齋叢説三十八卷

明翰林孔目何良俊〔一〕著。華亭人。刊本。　是書分列經、史、子各説，并雜記詩文。

〔一〕「良俊」原誤倒作「俊良」，據《千頃堂書目》、《四庫總目》改。

廣志繹五卷

明王士性著。天台人。刊本。　是書分記直省山川事跡，後附雜志。

桂勝十六卷

明通判張鳴鳳〔一〕著。始安人。刊本。　是書列誌桂林山水名跡。

〔一〕「鳴鳳」原誤倒作「鳳鳴」，據《千頃堂書目》、《四庫總目》改，下條同改。

桂故八卷

明張鳴鳳著。刊本。　是書採拾桂林一郡文獻典故。

眉公秘笈正集二十卷續集五十卷普集四十八卷彙集四十一卷廣集五十卷

明陳繼儒輯。華亭人。刊本。　是書薈萃説部〔一〕各種，亦附自著。

〔一〕「説部」原誤作「總説」，據山大本改。

紀聞類編四卷

明光禄卿竇文照著。秀水人。刊本。　是書裒拾聞見，分類成編。

説儲八卷

明兵部侍郎陳禹謨著。常熟人。刊本。　是書遍輯群書，仿《世説》之例。

文選補遺四十卷

宋〔一〕陳仁子著。茶〔二〕陵人。抄本。　是書採齊梁〔三〕以前文補《昭明文選》所未備。

〔一〕「宋」原誤作「明」，據《千頃堂書目》、《四庫總目》改。

〔二〕「茶」原誤作「榮」，據《四庫總目》改。

〔三〕「梁」原誤作「良」，據山大本改。

蓬窗〔一〕日録八卷

明參政陳全之著。閩人。刊本。　是書隨手劄記，分寰宇〔二〕、世務、事紀、詩談〔三〕四門。

〔一〕「蓬窓」原作「篷窕」，據《四庫存目標注》改。

〔二〕「宇」原誤作「于」，據山大本、《四庫總目》改。

〔三〕「事紀詩談」原誤作「事詩記談」，據山大本、《四庫總目》改。

認字測三篇

明户部〔一〕郎周宇〔二〕著。西安人。刊本。　是書所載八十一字，測古人制字之意，各系論説。

〔一〕「部」下原衍「侍」字，據山大本、《千頃堂書目》删。

〔二〕「宇」原誤作「宗」，據《千頃堂書目》、《四庫總目》改。

韻學集成十三卷

明章黼著。嘉定人。刊本。　是書論七音清濁，依韻排列四〔一〕聲。

〔一〕「四」原誤作「回」，據山大本改。

群芳清玩

明李璵著。吴縣人。刊本。　是書彙集〔一〕金石書畫、菊蘭〔二〕諸箋，共十二種。

〔一〕「集」山大本、《浙江採集遺書總録》作「輯」。

〔二〕「菊蘭」山大本、《浙江採集遺書總録》作「蘭菊」。

野菜博録三卷

明新安鮑山編。刊本。　是書分次，草部二卷，木部一卷，各系圖説。

正楊四卷

明陳耀〔一〕文著。汝南人。刊本。　是書辨正楊用修引用謬誤。

〔一〕「耀」原誤作「輝」，據山大本、《千頃堂書目》改。

前定録二卷

明布政司蔡善繼著。烏程人。刊本。　是書博採傳記所載徵驗諸事。

書史會要十卷補遺一卷

元陶宗〔一〕儀著。黄岩人。刊本。　是書編輯自三皇迄元各名人書法。

〔一〕「宗」原誤作「京」，據山大本改。

畫史會要五卷

明宗室朱謀垔著。豫章人。刊本。　是書起三皇〔一〕終明代畫家，依次編刊。

〔一〕「皇」原誤作「星」，據山大本改。

永嘉先哲録二十卷

明員外郎王朝佐編。刊本。　是書纂輯温州一郡人物事實詩文。

餘冬序録十二卷〔一〕

明侍郎何孟春著。郴〔二〕州人。刊本。　是書雜記經史詩文，參以論斷，不分門類。

〔一〕「卷」山大本作「册」。

〔二〕「郴」原誤作「柳」，據《千頃堂書目》、《四庫總目》改。

才鬼記十六卷

明梅鼎祚著。宣城人。刊本。　是書搜索隱跡，編彙成書。

金石文七卷

明知縣徐獻忠輯。華亭人。抄本。　是書考古鍾鼎〔一〕碑刻。

〔一〕「鍾鼎」原誤倒作「鼎鍾」，據山大本改。

穀山筆麈〔一〕十八卷

明大學士于慎行著。東阿〔二〕人。刊本。　是書雜記典章、人物、經籍、見聞。

〔一〕「筆麈」二字原脱，據山大本、《千頃堂書目》補。

〔二〕「阿」原誤作「河」，據山大本、《四庫總目》改。

墨林快事十二卷

明安世〔一〕鳳著。抄本。　是書採述三代至明彝鼎款識，金石碑文。

〔一〕「世」原誤作「吉」，據山大本、《四庫總目》改。

張氏藏書二册

明諸生張應文著。崑山人。刊本。　是書考古銅玉及琴譜、茶經。

徐霞客遊記十二卷

明徐宏祖著。江陰人。抄本。　是書歷記遊覽名勝並附詩〔一〕文。

〔一〕「詩」原誤作「説」，據山大本改。

六語二十九卷

明尚書郭子章輯。泰和人。刊本。　是書彙輯子史中雋語，分諧、讖〔一〕、謡、諺、隱、譏六門。

〔一〕「讖」原誤作「識」，據《四庫總目》改。

郡縣釋名五册

明郭子章著。刊本。　是書詳釋直省郡縣名義沿革。

暇老齋雜記

明茅元儀著。歸安人。刊本。　是書隨手筆記見聞，共〔一〕三十二卷。

〔一〕「共」字原脱，據山大本補。

堯山堂偶隽七卷

明蔣一葵〔一〕著。刊本。　是書多載〔二〕六朝、唐、宋聯句駢語出處。

〔一〕「葵」原誤作「蔡」，據山大本、《四庫總目》改。

〔二〕「載」字原脱，據山大本補。

金陵瑣事四卷

續瑣事二卷

二續瑣事二卷

瑣事剩録四卷

以上俱明周暉著。金陵人。刊本。　是四書係雜記金陵山川古跡并及逸事、遺史。

古越書四卷

明郭鈺輯。山陰人。刊本。　是書總輯《左》、《史》、《越絶》等書，後附《武〔一〕備志》、《保〔二〕越録》二帙。

〔一〕「武」原誤作「二」，據山大本改。

〔二〕「保」原誤作「採」，據《浙江採集遺書總録》改。

元牘紀一册

明盛時泰著。秣陵人。抄本。　是書評論古今碑刻。

湧幢小品三十二卷

明大學士朱國禎著。吳興人。刊本。　是書廣録聞見，引據經籍。

聞雁齋筆談六卷

明張大復著。吳縣人。刊本。是書敘述見聞，隨筆劄記。

日本考五卷

明少保李言恭、右都御史郝杰同著。刊本。是書詳載日本風俗土音字義。

藕〔一〕居士詩話二卷

明陳懋仁著。嘉興人。刊本。是書詳論前人詩格。

〔一〕「藕」原誤作「蒳」，據《千頃堂書目》、《四庫總目》改。

金石備考二册

明來濬輯。關中人。抄本。是書載各郡縣所有碑版。

舞志十二卷

明張敉〔一〕著。長洲人。抄本。是書論樂舞遺法。

〔一〕「敉」原誤作「枚」，據《千頃堂書目》、《四庫總目》改。

詞林海錯十六卷

明夏樹芳輯。江陰人。刊本。是書編纂説部中雋語。

見聞雜記十卷

明參議李樂著。吳興人。刊本。是書前録《古今粹言》、《今言》各一卷，後八卷編次明代見聞事跡。

格古要論十三卷

明曹昭著。雲間人。刊本。　是書辨釋古器、書畫。

松亭晤〔一〕語六卷

明趙世顯著。閩人。刊本。　是書雜記見聞。

〔一〕「晤」原誤作「晤」，據山大本、《千頃堂書目》改。

陣記〔一〕四卷

明何良臣著。抄本。　是書專論陣法。

〔一〕《千頃堂書目》、《四庫總目》作「陣紀」。

陸右丞蹈〔一〕海録一卷

明丁元吉著。嘉興鎮人。刊本。　是書專紀宋陸秀夫事，并附詩文。

〔一〕「右丞蹈」原誤作「石亟踏」，據山大本、《四庫總目》改。

秕〔一〕言四卷

明給事中鄭明選著。刊本。　是書雜〔二〕記古今逸説。

〔一〕「秕」原誤作「批」，據《四庫總目》、《中國古籍善本書目》改。

〔三〕「雜」山大本作「劄」。

常談考誤〔一〕四卷

周夢暘〔二〕著。臨沮人。刊本。　是書考正群書謬誤。

〔一〕「誤」原誤作「誤」，據山大本、《四庫總目》改。

〔二〕「暘」原誤作「踢」，據《千頃堂書目》、《四庫總目》改。

戒菴〔一〕漫筆八卷

明李詡輯。江陰人。刊本。　是書雜記見聞，不分古今事類。

〔一〕「菴」原誤作「巷」，據山大本、《四庫總目》改。

梁園風雅二十七卷

明按察使趙彦復著。杞縣人。刊本。　是書輯中州何景明、李夢陽以下九家詩。

明貢舉考九卷

明進士張朝瑞〔一〕輯。海州人。刊本。　是書備載前明科目及試題策論，從洪武起〔二〕至萬曆止。

〔一〕「瑞」原誤作「端」，據山大本、《四庫總目》改。

〔二〕「起」字原脱，據山大本補。

古今石刻碑目二卷

明漢陽知府孫克弘。華亭人。刊本。　是書搜羅古今誌銘碑碣，彙萃成帙。

説文長箋一百卷

明趙宧〔一〕光著。吳郡人。刊本。　是書論篆本許慎《説文》而參以己説。

〔一〕「宧」原誤作「官」，據山大本、《千頃堂書目》改。

香乘二十八卷

明周嘉胄著。淮海人。刊本。　是書博採香事并悉名類。

中州文表〔一〕三十卷

明提學劉昌輯。蘇州人。刊本。　是書編纂元許衡、姚燧、馬祖常、許有壬、王惲、孛术魯翀〔二〕六賢之文。

〔一〕「中州文表」《千頃堂書目》作「中州名賢文表内集」，《四庫總目》作「中州名賢文表」。

〔二〕「翀」原誤作「沊」，據山大本、《千頃堂書目》改。

蜀中名勝記三十卷

明副使曹學佺著。侯官人。刊本。　是書記蜀中郡邑、山水、事蹟、詩文。

大滌函〔一〕書五卷

明諭德黄道周著。刊本。　是書係在大滌書院掌教時所著。

〔一〕「函」原作「南」，據《千頃堂書目》改。

筆精八卷

明徐𤊹〔一〕著。晉安人。刊本。　是書纂輯古今要典，經史徵言及各代藝文，分類摘録〔二〕。

〔一〕「𤊹」原誤作「燉」，據山大本、《四庫總目》改。

〔二〕「分類摘録」四字原脱，據山大本補。

鶴林類集四册

明道士周玄初輯。刊本。曝書亭收藏。　是書載其師法授受并投贈詩文。

真蹟日〔一〕録三卷

明張丑著。吴郡人。刊本。　是書記載歷代書畫，後附《清秘藏》一卷。

〔一〕「日」原誤作「目」，據《千頃堂書目》、《四庫總目》改。

寶繪録二十卷

明張泰階編。華亭人。刊本。　是書記載唐宋元明名畫。

名醫類案十二卷

明江瓘著。歙縣人。刊本。　是書纂輯歷代醫案。

韻石齋筆談二卷

國朝姜紹書著。常州人。刊本〔一〕。　是書雜記書畫、器物。

〔一〕「刊本」山大本作「抄本」。

同姓名録八卷

國朝王庭燦輯。錢塘人。抄本。　是書考核姓名相同之人。

崑崙河源彙〔一〕考一册

國朝萬斯同著。鄞縣人。抄本。　是書博採古今之説而自爲辨論。

〔一〕《四庫總目》、《中國叢書綜録》無「彙」字。

宋元詩會二十二卷

國朝陳焯著。桐〔一〕城人。刊本。　是書録宋元詩并記各詩人本末。

〔一〕「桐」原誤作「相」，據山大本、《四庫總目》改。

繪事備考八卷

國朝王毓賢著。三韓人。刊本。　是書採輯古今繪事。

藝菊志八卷

國朝知縣陸廷〔一〕燦著。嘐城人。刊本。　是書博採考、譜〔二〕、古今賦菊詩文并藝植之法。

〔一〕「廷」原誤作「庭」，據山大本、《四庫總目》改。

〔二〕「譜」原誤作「博」，據山大本改。

中州人物考八卷

國朝孫奇逢著。容城人。抄本。　是書考覈〔一〕豫省内人物、理學、經濟。

〔一〕「覈」原誤作「覆」，據山大本改。

林屋民風十二卷

國朝王維德輯。吳縣人。刊本。　是書分列太湖七十二山前人題詠，并詳人物事跡。

全閩詩話十二卷

國朝兗〔一〕州知府鄭方坤著。晉安人。刊本。　是書纂輯全閩人物詩話及遺聞軼事。

〔一〕「兗」原誤作「衮」，據山大本、《四庫總目》改。

行年録二十四卷〔一〕

國朝侍郎魏方泰著。廣昌人。刊本。　是書考核古人〔二〕事跡自一歲至百歲外，分年〔三〕編録。

〔一〕「卷」山大本作「册」。

〔二〕「人」原誤作「今」，據《四庫總目》改。

〔三〕「年」字原無，據《浙江採集遺書總録》補。

琴談二卷

國朝程〔一〕允基著。新安人。刊本。　是書備載琴操及置琴之法。

〔一〕「程」原誤作「陳」，據山大本、《四庫總目》改。

書影十卷

國朝侍郎周亮工著。祥符人。刊本。　是書採輯見聞，折衷詮次。

西湖夢尋五卷

國朝張岱著。劍南人。刊本。　是書採摭西湖名勝前人題詠。

西江〔一〕詩話十二卷

國朝裘君弘輯。新建人。刊本。　是書備論江西諸家詩自晉迄明，補《通志》所未備。又末附《餘談》一卷。

〔一〕「江」原誤作「湖」，據山大本、《中國古籍善本書目》改。

同書四册

國朝周亮工輯。刊本。　是書摭拾前人事實，雜摘成語，分類標識。

柳亭詩話三十卷

國朝宋長白著。山陰人。刊本。　是書辨論古今詩文，引用故實。

禊帖綜聞一册

國朝胡世安輯。刊本。　是書録序蘭亭詩文並禊帖題跋。曹倦圃收藏本。

飲食須知二册

國朝朱泰來著。不著里居。刊本。是書分飲食類八門，詳列品味〔一〕。

〔一〕「詳列品味」，原誤作「詳刊品跦」，據《浙江採集遺書總録》改。

金石續録四卷

國朝劉青藜著。刊本。是書仿歐、趙、楊諸家，輯録碑刻。

書畫題跋記十二卷續十二卷

國朝郁逢慶著。嘉興人。抄本。是書纂輯唐宋元明書畫題跋、詩詞。

天香樓〔一〕偶得一册

國朝虞兆漋〔二〕著。嘉興人。刊本。是書採輯見聞，隨手劄記。

〔一〕「香樓」原誤作「台劉」，據山大本、《四庫總目》改。

〔二〕「漋」原作「隆」，據《四庫存目標注》改。

别號録八卷

葛萬里輯。崑山人。刊本。是書蒐輯南宋名人〔一〕别號，依韻編次。

〔一〕《浙江採集遺書總録》作「南宋以下及明人」。

顧氏雜録十卷

不著撰人姓名。刊本。是書彙萃名人逸士著述共四十種，編成一書，爲《顧氏雜録》。

賣菜言一冊

匪齋著。不知姓名。抄本。　是書論明代人物、制度。

客座〔一〕贅語十卷

不著撰人姓名。刊本。　是書不分門類，雜記見〔二〕聞。

〔一〕「座」原誤作「産」，據山大本、《四庫總目》改。

〔二〕「見」字原脱，據山大本補。

修辭鑑衡二卷

不著撰人姓名。刊本。　是書考選歷朝詩學、詩話等書，摘紀精奧。

李深之集六卷

唐學士李絳著。贊皇人。刊本。

皇甫持正集六卷

唐郎中皇甫湜〔一〕著。新安人。刊本。

〔一〕「湜」原誤作「漫」，據《四庫總目》、《中國古籍善本書目》改。

孫可之集十卷

唐郎中孫樵著。遼東人。刊本。

李文公集十八卷
唐節度使李翱著。刊本。
杜樊川集十七卷
唐中書舍人杜牧著。樊川人。刊本。
一鳴集十卷
唐中書舍人司空圖著。虞鄉人。抄本。
以上俱唐人文集。

盈川集十卷
唐盈川令楊炯著。華陽人。刊本。
高常侍集十卷
唐散騎常侍高適著。渤海人。影宋抄本。
元次山集十二卷
唐道州刺史元結著。長沙人。刊本。

呂衡州集十卷

唐衡州刺史呂温著。河中人。抄本。

中山集三十卷

唐禮部尚書太子賓客劉禹錫著。彭城人。刊本。

劉賓客外集十卷

唐劉禹錫著。抄本。

李衛公集二十卷別集十卷外集四卷

唐太尉李德裕著。趙郡人。刊本。

李北海集六卷

唐北海太守李邕著。江都人。刊本。

文藪〔一〕**十卷**

唐太常博士皮日休著。襄陽人。刊本。

〔一〕「藪」原誤作「數」，據山大本、《四庫總目》《皮子文藪》條改。

華陽集三卷

唐〔二〕饒州司户參軍顧況著。海鹽人。刊本。

〔一〕「卷唐」原誤倒作「唐卷」，據山大本改。

以上俱唐人詩文集。

河東集十五卷

宋如京使柳開〔一〕著。大名〔二〕人。抄本。

〔一〕「開」原誤作「聞」，據山大本、《四庫總目》改。

〔二〕「名」原誤作「明」，據山大本、《四庫總目》改。

包孝肅奏議十卷

宋樞密副使包拯著。合肥人。刊本。

劉左史集四卷

宋左史劉安節著。永嘉人。抄本。

眉山文集十四卷

宋進士唐庚著。丹稜〔一〕人。刊本。

〔一〕「稜」原誤作「陵」，據《四庫總目》改。

黄勉齋集四十卷

宋知安慶府黄榦著。閩縣人。抄本。

魯齋遺集十二卷

宋王柏〔一〕著。金華人。刊本〔二〕。

〔一〕「柏」原誤作「相」，據山大本、《四庫總目》改。

〔二〕「刊本」山大本作「刻本」。

伯牙琴一卷

宋鄧牧著。錢塘人。抄本。

方鐵菴集〔一〕三十七卷

宋學士方大琮著。抄本。

〔一〕「集」字原脱，據山大本、《四庫總目》《鐵菴集》條補。

黃四如集四卷

宋黄仲元著。莆田人。刊本〔一〕。

〔一〕「刊本」山大本作「刻本」。

秋崖文藁四十五卷

宋袁州守方岳著。祁門人。刻本。

元城盡言録十三卷

宋待制〔一〕劉安世著。元城人。刻本。

〔一〕「待制」原誤作「侍制」。

元城語録解三卷

宋劉安世著〔二〕王崇慶解。刻本。

〔二〕《四庫總目》、《中國叢書綜録》作「馬永卿輯」。

永嘉八面鋒十三卷

宋寶謨閣待制陳傅〔一〕良著。瑞安人。刻本。

〔一〕「傅」原誤作「博」，據《四庫總目》、《中國叢書綜録》改。

橘〔一〕山四六二十卷

宋進士李廷忠著。於潛人。刻本。

〔一〕「橘」原誤作「潏」，據山大本、《四庫總目》改。

雪窗文集二卷

宋修〔一〕撰孫夢觀著。慈谿人。抄本。

〔一〕「修」原誤作「條」，據山大本改。

吾汶〔一〕藁十卷

宋王炎午著。廬陵人。抄本。

〔一〕「汶」原誤作「文」，據《四庫總目》、《中國叢書綜録》改。

北碙〔一〕文集十卷

宋釋居簡著。潼川人。小山堂抄本。

〔一〕「碙」原誤作「間」，據《四庫總目》、《中國叢書綜録》改。

以上俱宋人文集。

寇忠愍公詩集三卷

宋尚書右僕射寇準著。下邽人。刊本。

鉅鹿東觀集十卷

宋贈著作郎魏野著。蜀人。抄本。

宛〔一〕陵集六十卷

宋都官員外郎梅堯臣著。宣城人。刊本。

〔一〕「宛」原誤作「苑」，據山大本、《四庫總目》改。

擊〔一〕壤集二十卷

宋邵雍著。河南人。刊本。

〔一〕「擊」原誤作「繫」，據山大本、《四庫總目》改。

鄱陽集二十卷

宋吏部尚書彭汝礪著。鄱陽人。抄本。

邕州小集一卷

宋團練使陶弼著。祁〔一〕陽人。抄本。

〔一〕「祁」原誤作「岐」，據《四庫總目》改。

慶湖遺老集九卷拾遺一卷

宋泗州通判賀鑄著。衛州人。抄本。

西渡集二卷

宋秘書少監洪炎著。南昌人。抄本。

陵陽集四卷

宋中書舍人韓駒著。仙井〔一〕人。抄本。

〔一〕「井」原誤作「丹」，據《四庫總目》改。

具茨集一卷

宋承務郎晁冲之著。濟北人。刊本。

眉山詩集十卷

宋唐庚著。刊本。

簡齋〔一〕集十五卷

宋參政陳與義著。洛陽〔二〕人。抄本。

〔一〕「齋」原誤作「齊」，據《四庫總目》改。

〔二〕「陽」字原無，據《浙江採集遺書總録》補。

玉瀾集一卷

宋朱〔一〕槔著。婺源人。刊本。

〔一〕「朱」原誤作「宋」，據山大本、《四庫總目》改。

北山〔一〕律式二卷

宋徽〔二〕猷閣待制程俱著。開化人。抄本。

〔一〕「山」原誤作「小」，據《四庫總目》改。

〔二〕「徽」原誤作「寶」，據《四庫總目》改。

雪溪集五卷

宋編修官王銍〔一〕著。汝陰人。抄本。

〔一〕「銍」原誤作「經」，據《四庫總目》、《中國叢書綜録》改。

石湖集三十四卷

宋參政范成大著。吳郡人。刊本。

東萊集二十卷
宋中書舍人吕本中著。壽州人。抄本。

義豐集一卷
宋撫州守王阮著。德安人。抄本。

翠微南征録十卷
宋殿前司官華岳著。貴池人。刊本。

安晚[一]堂集十二卷
宋左丞相鄭清之著。鄞縣人。内一卷至五卷原佚不傳。抄本。

[一]「晚」原誤作「曉」，據山大本、《四庫總目》改。

友林乙藁一卷
宋閤門宣贊舍人史彌寧著。鄞縣人。刊本。

頤菴集二卷
宋劉應時著。慈谿人。抄本。

石屏集十卷
宋戴復古著[二]。黄岩人。附戴敏《東皋集》[三]一卷。抄本。

〔一〕「著」字原脱，據山大本補。

〔二〕「戴敏東皋集」原作「載敏東樂集」，據《中國古籍善本書目》改。

芳〔一〕蘭軒集一卷

宋徐照著。永嘉人。抄本。

〔一〕「芳」原誤作「方」，據山大本、《四庫總目》改。

二薇〔一〕亭集一卷

宋長泰令徐璣著。永嘉人。抄本。

〔一〕「薇」原誤作「微」，據山大本、《四庫總目》改。

西岩集一卷

宋翁卷著。永嘉人。抄本。

清苑齋〔一〕集一卷

宋宗室趙師秀著。永嘉人。抄本。

〔一〕「齋」原誤作「齊」，據《四庫總目》改。

滄浪吟二卷

宋嚴羽著。邵武人。刊本。

玉楮詩稿八卷

宋淮東總領岳珂著。湯陰人。刊本。

棠湖〔一〕詩稿一卷

宋岳珂著。刊本。

〔一〕「湖」原誤作「村」，據《四庫存目標注》改。

秋崖詩稿三十八卷

宋方岳著。刊本。

蘭皐集二卷

宋吳錫疇著。休〔一〕寧人。刊本〔二〕。

〔一〕「休」原誤作「林」，據山大本、《四庫總目》改。

〔二〕「刊本」山大本作「抄本」。

真山民集一卷

宋進士真桂芳著。括蒼人。抄本。

九華詩集一卷

宋陳〔一〕岩著。青陽人。抄本。

〔一〕「陳」字原脱，據山大本、《四庫總目》補。

羅滄洲集五卷

宋縣尉羅公升著。永豐人。抄本。

月洞吟一卷

宋縣尉王鎡著。括蒼人。抄本。

待清軒遺稿一卷

宋潘音著。天台人。抄本。

倚〔二〕松老人集二卷

宋饒節著。撫州人。抄本。

〔二〕「倚」原誤作「侍」，據山大本、《四庫總目》改。

志道集一卷

宋顧禧著。吳人。抄本。

燕堂詩稿一卷

宋宗室趙公豫著。常熟人。抄本。

端平詩雋四卷

宋周弼著。陽穀人。抄本。

野趣有聲畫二卷

宋楊公遠著。新安人。抄本。

斷腸集九卷

宋閨〔一〕秀朱淑〔二〕真著。錢塘人。刊本。

〔一〕「閨」原誤作「周」，據山大本改。

〔二〕「淑」原誤作「叔」，據山大本、《四庫總目》改。

支離子集一卷

宋道〔一〕士黄希旦〔二〕著。邵武人。抄本。

〔一〕「道」原誤作「進」，據《千頃堂書目》、《四庫總目》改。

〔二〕「旦」原誤作「且」，據《千頃堂書目》、《四庫總目》改。

參寥子集十二卷

宋釋道潛著。於潛人。刊本。

北磵〔一〕詩集九卷

宋釋居簡著。抄本。

〔一〕「磵」原誤作「閒」，據《四庫總目》、《中國叢書綜録》改。

郴〔一〕江百詠一卷

宋知袁州阮閱著。舒城人。抄本。

〔一〕「郴」原誤作「彬」，據《四庫總目》、《中國叢書綜録》改。

金陵百詠一卷

宋曾〔一〕極著。臨川人。抄本。

〔一〕「曾」原誤作「魯」，據《千頃堂書目》、《四庫總目》改。

華亭百詠一卷

宋許尚著。華亭人。抄本。

嘉禾百詠一卷

宋張堯同著。嘉興人。抄本。

西湖百詠二卷

宋董嗣杲著。明陳贇和〔一〕韻。抄本。

〔一〕「陳贇和」原誤倒作「贇和陳」，據山大本、《四庫總目》改。「和」下原衍「和」字，據山大本删。

同文館倡和詩十卷

宋鄧忠臣等倡和詩。抄本。

西崑酬倡集二卷

宋楊億等倡和詩。刊本。

宋藝圃〔一〕集二十二卷

明李蓘選。順陽人。刊本。

〔一〕「圃」原誤作「聞」，據《千頃堂書目》、《四庫總目》改。

群賢小集二十四册

宋陳思輯。南宋六十八家詩集。臨安人。抄本。

以上俱宋人詩集。

徐公文集三十卷

宋散騎常侍徐鉉著。廣陵人。抄本。

小畜集三十卷

宋翰林學士王禹偁著。鉅野人。抄本。

武夷新集二十卷

宋禮部尚書楊億著。浦城人。刊本。

春卿遺稿一卷

宋禮部侍郎蔣堂著。宜興人。刊本。

穆參軍集三卷

宋〔一〕潁州文學參軍穆修〔二〕著。汶陽人。刊本〔三〕。

〔一〕「宋」原誤作「宗」，據山大本改。

〔二〕「修」原誤作「條」，據山大本、《四庫總目》改。

〔三〕「刊本」山大本作「抄本」。

尹河南集二十卷

宋右司諫尹洙著。河南人。抄本。

樂全集四十卷

宋參政張方平著。宋〔一〕城人。抄本。

〔一〕「宋」原作「宣」，據《四庫總目》改，按山大本作「宗」，疑爲「宋」之誤。

安〔一〕陽集五十卷

宋集賢大學士韓琦著。安陽人。刊本。

〔一〕「安」字原脱，據山大本、《四庫總目》補。

文潞公集四十卷

宋參政文〔一〕彦博著。介休人。刊本。

〔一〕「文」字原脱，據山大本、《四庫總目》補。

孫明復小集一卷

宋國子監直講孫復著。平陽人。抄本。

徂徠集二十〔一〕卷

宋直集賢院〔二〕石介著。奉符人。刊本。

〔一〕「十」下原衍「二」字，據山大本、《四庫總目》删。

〔二〕「院」原誤作「阮」，據山大本、《四庫總目》改。

蔡忠惠公集三十六卷别記十卷

宋〔一〕端明殿學士蔡襄著。莆田人。刊本。

〔一〕「宋」原誤作「採」，據《四庫總目》《蔡忠惠集》條改。

蘇學士文集十六卷

宋湖州長史蘇舜欽著。開封人。刊本。

蘇魏公文集七十二卷

宋太子太保蘇頌著。丹陽人。刊本。

公是集三册

宋翰林學士劉敞著。新喻〔一〕人。抄本。

〔一〕「新喻」原誤倒作「喻新」，據山大本、《四庫總目》改。

南陽集三十卷

宋太子少傅韓維著。靈壽人。抄本。

三沈文集八卷

宋翰林學士沈遘、光禄少卿沈括、轉運使沈遼合集。俱錢塘人。刊本。

洛陽九老祖龍〔一〕學文集十六卷

宋龍圖閣學士祖無擇著。上蔡人。抄本。

〔一〕「龍」原誤作「無」，據《四庫總目》《龍學文集》條、《中國叢書綜録》改。

樂圃餘稿十卷

宋蘇州教授朱長文著。吳郡人。刊本。

無爲集十五卷

宋提點刑獄楊傑著。無爲軍人。抄本。

三孔清江集三十卷

宋中書舍人孔文仲、禮部侍郎孔武仲、金〔二〕部郎中孔平仲合集。新喻人。抄本。

〔一〕「金」原誤作「全」，據山大本、《四庫總目》《清江三孔集》條改。

西塘集十卷

宋光州司法參軍鄭俠〔一〕著。福清人。刊本。

〔一〕「俠」原誤作「使」，據山大本、《四庫總目》改。

廣陵文集二十卷

宋王令著。廣陵人。抄本。

丹淵集四十卷

宋湖州守文同著。梓潼人。刊本。

張右史文集六十卷

宋太常少卿張耒〔一〕著。淮陰人。抄本。

〔一〕「耒」原誤作「來」，據《中國叢書綜録》、《中國古籍善本書目》改。

青山集三十卷

宋知端州府郭祥正著。當塗人。抄本。

龜山集四十二卷

宋工部侍郎楊時著。將樂人。刊本。

龍雲集三十二卷

宋著作佐郎劉弇〔一〕著。安福人。抄本。

〔一〕「弇」原誤作「安」，據山大本、《四庫總目》改。

演山文集六十卷

宋禮部尚書黄裳著。南平人。抄本。

景迂生集二十卷

宋中書舍人晁説之著。鉅野人。抄本。小山堂收藏。

鷄肋集七十卷

宋著作郎晁補之著。鉅野人。刊本。

姑溪集〔一〕五十卷後集二十卷

宋樞密院編修李之儀著。無棣人。抄本。

〔一〕「姑溪集」《四庫總目》、《中國叢書綜録》作「姑溪居士前集」。

宗忠簡公集六卷

宋京城留守宗澤著。義烏人。刊本。

山谷文〔一〕集三十卷別集二十卷外集十四卷〔二〕年譜三十〔三〕卷詞一卷

宋知太平州黄庭堅著〔四〕。分寧人。刊本。

〔一〕「文」《四庫總目》、《中國叢書綜録》作「内」。
〔二〕「卷」原誤「集」，據《四庫總目》改。
〔三〕「三十」《四庫總目》作「三」。
〔四〕「堅著」原誤作「監督」，據山大本改。

精華録八卷

宋黄庭堅著。抄本。

伐檀集二卷

宋進士黄庶著。分寧人。刊本。

後山集二十四卷

宋秘書省正字陳師道著。彭城人。刊本。

謝幼盤集十卷

宋謝薖〔一〕著。臨川人。抄本。

〔一〕「薖」原誤作「邁」，據《四庫總目》及《中國叢書綜録》《竹友集》條改。

寶晉〔一〕英光集八卷

宋禮部員外郎米〔二〕芾著。吳人。抄本。

〔一〕「晉」原誤作「普」，據《四庫總目》、《中國叢書綜録》改。

〔二〕「米」原誤作「末」，據山大本、《四庫總目》改。

石林〔一〕建康集八卷

宋知建康府葉夢得著。吳縣人。抄本。

〔一〕《四庫總目》、《中國叢書綜録》「石林」下有「居士」二字。

劉給事集五卷

宋給事中劉安上著。永嘉人。抄本。

浮溪文粹十五卷

宋學士汪藻著。德興人。抄本。

竹溪〔一〕文集二十四卷

宋户部侍郎李彌遜著。連江人。抄本。

〔一〕「溪」原誤作「漢」，據山大本、《中國叢書綜録》改。

梁溪文集一百八十卷

宋觀文殿學士李綱著。邵武人。抄本。

龜〔一〕溪集十二卷

宋參政沈與求著。德清人。刊本。

〔一〕「龜」原誤作「黾」，據山大本、《四庫總目》改。

盧溪集五十卷

宋直敷文閣王庭〔一〕珪著。安福人。抄本。小山堂藏本。

〔一〕「庭」原誤作「建」，據《四庫總目》、《中國叢書綜録》改。

韋齋集十二卷

宋員外郎朱〔一〕松著。婺源人。刊本。

〔一〕「朱」原誤作「來」，據《四庫總目》、《中國叢書綜録》改。

傅忠〔一〕肅集三卷

宋員外郎、傅察〔二〕著。濟源人。抄本。

〔一〕「忠」原誤作「志」，據山大本、《四庫總目》《忠肅集》條改。

〔二〕「察」原誤作「秦」，據《四庫總目》《忠肅集》條、《中國古籍善本書目》《傅忠肅公文集》條改。

北山小集四十卷

宋程俱著。抄本。

苕溪集五十五卷

宋待制劉一止著。歸安人。抄本。

松隱文集三十卷

宋太尉曹勛著。陽翟人。抄本。

豫章文集十七卷

宋主簿羅從彦著。羅源人。刊本。

盡忠〔一〕録八卷補録二卷

宋太學生陳東著。丹陽人。刊本。

〔一〕「盡忠」原誤作「晝思」，據山大本、《千頃堂書目》改。

歐陽修撰集七卷

宋贈修撰歐陽澈著。崇仁人。刊本。

高峯集四卷

宋工部尚書廖剛著。順昌人。抄本。

何博士備〔二〕論一卷

宋武學博士何去非著。抄本。

〔二〕「備」原誤作「偹」，據《四庫總目》、《中國叢書綜録》改。

尹和靖集十卷

宋尹焞〔三〕著。洛人。刊本。

〔一〕「焞」原誤作「焞」，據山大本、《四庫總目》《和靖集》條改。

四六標準四十卷

宋待制李劉著。崇仁人。刊本。

陳文正公集十三卷

宋陳康伯〔一〕著。弋陽人。刊本。

〔一〕「陳康伯」原作「陳相康伯」，據《四庫存目標注》改。

臞〔一〕軒四六一卷

宋漳州通判王邁著。仙遊人。抄本。

〔一〕「臞」原誤作「矔」，據《四庫總目》、《中國叢書綜録》改。

巽〔一〕齋四六一卷

宋權工部侍郎危昭德著。邵武軍人。抄本。

〔一〕「巽」原誤作「選」，據山大本、《中國古籍善本書目》改。

格齋三松集一卷

宋成都帥〔一〕幕王子俊著。廬陵人。抄本〔二〕。

〔一〕「帥」原誤作「師」，據山大本、《四庫總目》《格齋四六》條改。

〔二〕山大本此條在「臞軒四六」條前。

壺山四六一卷

宋宋自遜著。金華人。抄本。

王著作集八卷

宋著作郎王蘋著。福清人。抄本。

武穆王集五卷

宋少保岳飛著。湯陰人。刊本。

胡澹菴文集六卷

宋學士胡銓著。廬陵人。抄本。

北山文集三十卷

宋宣撫使鄭剛中著。金華人。刊本。

東溪集二卷

宋古縣令高登著。漳浦人。抄本。

文定公集十四卷〔一〕

宋學士汪應辰著。玉山人。抄本。

〔一〕《四庫總目》、《中國叢書綜録》作「文定集二十四卷」。

默堂集二十二卷

宋宗正少卿陳淵著。沙縣人。抄本。

夾漈遺稿三卷

宋編修鄭樵著。莆田人。抄本。

知稼翁集十二卷

宋員外郎黄公[一]度著。莆田人。刊本。

〔一〕「黄公」原誤作「王」，據山大本、《四庫總目》改。

歸愚集十卷

宋侍郎葛立方著。丹陽人。抄本。

盤洲文集八十卷

宋樞密使洪适著。鄱[一]陽人。抄本。

〔一〕「鄱」原誤作「部」，據山大本、《四庫總目》改。

胡五峯集五卷

宋承務郎胡宏著。崇安人。抄本。

蘆川歸來集六卷

宋張元幹著。長樂人。抄本。

太倉稊〔一〕米集七十卷

宋編修右司周紫芝著。宣城人。抄本。

〔一〕「稊」原誤作「梯」，據《四庫總目》、《中國叢書綜録》改。

屏山集二十卷

宋興化軍通判劉子翬著。崇安人。刊本。

嵩山文集五十四卷

宋晁公遡著。鉅野人。抄本。

雙溪集十五卷

宋監丞蘇籀著。婺州人。抄本。

周益公集二百卷

宋少傅周必大著。廬陵人。抄本。

拙齋〔一〕文集二十卷

宋朝奉郎林之奇著。侯官人。抄本。

〔一〕「齋」原誤作「齊」，據山大本、《四庫總目》改。

于湖集八卷

宋學士張孝祥著。烏江人。抄本。

誠齋集一百三十三卷

宋學士楊萬里著。吉水人。抄本。

竹洲文集十卷

宋按撫使吳儆著。新安人。刊本。

紹陶録二卷

宋編修王質著。鄆州人。抄本。

縉雲集四卷

宋奉禮郎馮〔一〕時行著。巴縣人。抄本。

〔一〕「馮」下原衍「潘」字，據山大本、《四庫總目》删。

艾軒文集十卷

宋修撰林光朝著。莆田人。刊本。

蠹齋鉛刀編三十二卷

宋真州教授周孚〔一〕著。濟南人。抄本。

〔一〕「孚」原誤作「莩」，據山大本、《四庫總目》改。

緣督集十二〔二〕卷

宋太守曾丰〔三〕著。樂安人。刊本。

雲莊文集二十卷

宋尚書劉爚著。建陽人。抄本。

〔一〕「十二」《四庫總目》、《中國古籍善本書目》作「二十」。

〔二〕「丰」原誤作「手」，據山大本、《四庫總目》改。

江湖長翁集四十卷

宋參議陳造著。高郵人。刊本。

水心集二十九卷

宋學士葉適著。永嘉人。刊本。

南軒集四十四卷

宋安〔一〕撫使張栻〔二〕著。廣漢人。刊本。

〔一〕「安」原作「按」，據山大本、《四庫總目》改。

〔二〕「栻」原誤作「械」，據《四庫總目》、《中國叢書綜録》改。

曾文昭公集四卷

宋朝散郎曾肇著。南豐人。刊本。

梅山續稿十八卷

宋節度使姜特立著。麗水人。抄本。

漫塘文集三十六卷

宋將作少監劉宰著。金壇人。刊本。

崔清獻公言行録内外集共四卷

宋右丞相崔與之著。壇城人。刊本。

洛水集二十六卷

宋學士程珌著。休寧人。刊本。

龍洲集十五卷

宋劉過〔一〕著。太和人。刊本。

〔一〕「過」原誤作「通」，據《千頃堂書目》《龍洲道人集》條、《四庫總目》改。

網〔一〕山月漁集八卷

宋迪功郎林亦之著。福清人。抄本。

〔一〕「網」原誤作「綱」，據《千頃堂書目》、《四庫總目》《網山集》條改。

鶴山集一百卷

宋安撫使魏了翁著。莆田人。刊本。

默齋遺稿一卷

宋參謀官游九言著。建陽人。抄本。

杜清獻公集十九卷

宋右丞相杜範著。黄巖人。抄本。

履齋[一]遺集四卷

宋左丞相吴潛著。寧國人。刊本。

〔一〕「齋」原誤作「齊」，據《四庫總目》改。

徐清正公集六卷

宋侍郎徐鹿卿著。豐城人。抄本。小山堂藏本。

徐文惠公集五卷

宋學士徐經孫著。豐城人。抄本。小山堂藏本。

松垣集十一卷

宋通判幸元龍著。高安人。抄本。

方壺集四卷

宋汪莘著。休寧人。刊本。

流塘集三卷

宋學録詹初著。休寧人。抄本。

北溪集五十卷

宋安溪簿陳淳著。龍溪人。刊本。

方是閒[一]居士小稿二卷

宋劉學箕著。崇安人[二]。抄本。

[一]「是閒」原誤倒作「閒是」，據山大本、《四庫總目》改。

[二]「人」下原衍「按」字，據山大本删。

文[一]溪集二十卷

宋侍郎李昴[二]英著。番禺人。刊本。

[一]「文」原誤作「方」，據山大本、《四庫總目》《文溪存稿》條改。

[二]「昴」原誤作「昂」，據《千頃堂書目》、《四庫總目》《文溪存稿》條改。

可齋[一]雜稿五十四卷

宋學士李[二]曾伯著。覃懷人。抄本。

[一]「齋」原誤作「齊」，據山大本、《四庫總目》改。

[二]「李」原誤作「季」，據《四庫總目》、《中國古籍善本書目》改。

竹溪獻齋十一藁三十卷

宋知興化軍林希逸著。福清人。抄本。

柴氏四隱集三卷

宋迪功郎柴望、知建昌軍柴隨亨、察推柴元彪合集。江山人。抄本。

四明文獻集五卷

宋尚書王應麟著。鄞縣人。抄本。

後村全集五十卷

宋學士劉克莊著。莆田人。抄本。

蒙川〔一〕遺藁四卷

宋學士劉黻著。樂清人。抄本。

〔一〕「川」原誤作「州」，據山大本、《四庫總目》改。

蛟峰集七卷

宋侍郎方逢辰著。淳安人。刊本。

疊山集二卷

宋制置使謝枋得著。弋〔一〕陽人。刊本。

〔一〕「弋」原誤作「戈」，據山大本、《四庫總目》改。

潛齋文集十一卷

宋大理寺〔一〕卿何夢桂著。淳安人。刊本。

〔一〕「寺」原誤作「侍」，據山大本、《四庫總目》改。

梅巖〔一〕集十卷

宋縣尉胡次焱著。婺源人。刊本。

〔一〕「巖」原誤作「宕」，據山大本、《四庫總目》改。

佩韋〔一〕齋集二十卷

宋進士俞德鄰著。玉山人。抄本。

〔一〕「韋」原誤作「章」，據山大本、《四庫總目》改。

陵陽集二十四卷

宋大理寺少卿牟〔一〕巘著。湖州人。抄本。

〔一〕「牟」原誤作「弁」，據山大本、《四庫總目》改。

所南文集一卷一百二十圖詩一卷

宋鄭思肖著。連江人。附鄭震著《清〔一〕雋集》一卷。抄本。

〔一〕「清」下原衍「島」字，據山大本、《四庫總目》《心史》條删。

古梅遺〔一〕藁六卷

宋吳龍翰著。歙縣人。抄本。

〔一〕「道」山大本作「遺」，《四庫總目》、《中國叢書綜録》作「吟」。

晞髮集六卷

宋謝翺著。長溪人。刊本。

存雅堂遺稿十三卷

宋方鳳著。浦江人。刊本。

玉斗山人集

宋教授王奕著。玉山人。抄本。

寧極齋稿一卷

宋陳深著。平江人。附《慎獨齋稿》〔一〕一卷。抄本〔二〕。

〔一〕「慎獨齋稿」《四庫總目》、《中國叢書綜録》作「慎獨叟遺稿」。

〔二〕「抄本」二字原無，據山大本補。

覆瓿〔一〕集六卷

宋宗室趙必𤩪著。東莞〔二〕人。抄本。

〔一〕「瓿」原誤作「甋」，據山大本、《四庫總目》改。

〔二〕「莞」原誤作「浣」，據山大本、《四庫總目》改。

陳克齋〔一〕集十七卷

宋陳文蔚〔二〕著。上饒人。抄本。小山堂收藏。

〔一〕「齋」原誤作「齊」，據山大本、《四庫總目》《克齋集》條改。

〔二〕「蔚」原誤作「尉」，據山大本、《四庫總目》改。

勿軒集八卷

宋司户參軍熊禾〔一〕著。建陽人。抄本。

〔一〕「禾」原誤作「采」，據《千頃堂書目》、《四庫總目》改。

客亭類稿六卷

宋楊冠卿著。江陵人。刊本。宋板。

柳塘外集四卷

宋釋道璨著。饒州人。刊本。

鐔津文集二十二卷

宋釋契嵩著。藤州人。刊本。

石門文字禪三十卷

宋釋惠洪著。筠州人。刊本。

白真人集十二卷

宋道士葛長庚著。閩清人。刊本。

以上俱宋人詩文集。

滹南文集四十五卷

金延州刺史王若虚著。稾城〔一〕人。抄本。

〔一〕「稾城」原誤作「亳州」，「稾」據《千頃堂書目》、《浙江採集遺書總録》改；「城」，徑改。

滏水集二十卷

金翰〔一〕林學士趙秉文著。滏陽人。

〔一〕「翰」原誤作「朝」，據山大本改。

二妙集八卷

金段成己、段克己著。河東人。抄本。

莊靖集十卷

金進士李俊民著。澤州人。抄本。

以上俱金人詩文集。

剡源集二十六卷

元教授戴表元〔一〕著。奉化人。刊本。

〔一〕「元」原誤作「示」，據《四庫總目》、《中國叢書綜録》改。

須〔一〕溪記鈔八卷

元劉辰翁著。廬陵人。刊本。

〔一〕「須」原誤作「湏」，據山大本、《千頃堂書目》改。

説學齋稿二册

元學士危〔一〕素著。臨川人。抄本。

〔一〕「危」原誤作「詹」，據山大本、《四庫總目》改。

牧萊〔一〕脞語二十卷二稿八卷

元陳仁子著。抄本。

〔一〕「萊」原誤作「策」，據山大本、《四庫總目》改。

巴西集一册

元祭酒鄧文原著。綿州人。抄本。

傅與礪〔一〕文集十一卷附録一卷

元傅〔二〕若金著。清江人。抄本。

〔一〕「礪」原誤作「礪」，據山大本、《千頃堂書目》改。

〔二〕「傅」原誤作「溥」，據《千頃堂書目》、《四庫總目》《傅與礪詩文集》條改。

揭〔一〕文安公文粹一册

元學士揭〔二〕傒〔三〕斯著。富州人。抄本。

〔一〕「揭」原誤作「楊」，據山大本、《千頃堂書目》改。

〔二〕「揭」原誤作「搨」，據山大本、《千頃堂書目》改。

〔三〕「傒」原誤作「奚」，據《千頃堂書目》、《中國叢書綜録》改。

以上俱元人文集。

遺山集二十卷

金員外郎元好問著。太原人。刊本。

薩〔一〕天錫〔二〕集三卷外集三卷〔三〕。

元廉訪經歷薩〔四〕都剌著。雁門人。刊本。

〔一〕「薩」原誤作「蓬」，據山大本、《千頃堂書目》改。

〔二〕「錫」原誤作「賜」，據山大本、《千頃堂書目》改。

〔三〕「外集三卷」四字原在「刊本」後，據山大本移至此處。

〔四〕「薩」原誤作「蓬」，據山大本、《千頃堂書目》改。

金臺集二卷

元編修迺賢著。南陽人。刻本。

玉山草堂集二卷

元顧瑛著。崑山人。刻本。

翠寒集一卷

元宋元著。晉陵人。刻本。

啽囈集一卷

元宋元著。刻本。

南村〔一〕詩集四卷

元陶宗儀著。天台人。刻本。

〔一〕「村」下原衍「語」字，據山大本、《千頃堂書目》删。

雲林詩集六卷集外詩一卷

元倪瓚著。無錫人。刻本。

句曲外史〔一〕集三卷外集一卷補遺三卷

元道士張雨〔二〕著。錢塘人。刻本。

〔一〕「史」原誤作「詩」，據山大本、《四庫總目》改。
〔二〕「雨」原誤作「羽」，據《千頃堂書目》、《四庫總目》改。

霞外詩集十卷

元道士馬臻著。錢塘人。刻本。

剡源詩集一册

元戴表元著。抄本。

月屋漫稿一卷

元黄庚著。天台人。抄本。

靜春堂詩集四卷

元石洞書院山長袁易著。長洲人。抄本。

玉井〔一〕樵唱三卷

元尹廷高著。遂昌人。抄本。

〔一〕「井」原誤作「并」，據山大本、《四庫總目》改。

輝山存稿一卷

元蕭國寶著。山陰人。抄本。

湛淵集一卷

元教授白珽著。錢塘人。抄本〔一〕。

〔一〕「元教授」至「本」十一字原脱，據山大本補。

在軒集一卷

元〔二〕黄公紹著。邵武人。刊本。

〔二〕「在」至「元」六字原脱，據山大本補。

藏春集六卷

元太保劉秉忠著。邢州人。刻本。

水鏡集一卷

元總管元淮著。陵川人。抄本。

雲林集十七卷

元翰林學士貢奎著。宣城人。抄本。

圭塘欸乃一卷

元中書左丞許有壬著。湯陰人。抄本。

道園遺稿六卷

元侍講學士虞集著。蜀郡人。抄本。

蛻〔一〕庵集五卷補遺一卷

元翰林學士承〔二〕旨張翥著。晉陵〔三〕人。抄本。

〔一〕「蛻」原誤作「蜕」，據山大本、《四庫總目》改。

〔二〕「承」原誤作「丞」，據山大本改。

〔三〕「晉陵」，《四庫總目》、《浙江採集遺書總録》作「晉寧」。

鹿皮子集四卷

元陳樵著。東陽人。刻本。

詠物詩一卷

元謝宗可著。金陵人。刻本。

此山集四卷

元周權著。處州人。抄本。

所安遺集一卷

元龍泉簿陳泰著。茶陵人。抄本。

清江碧嶂集一卷

元杜本著。清江人。刻本。

書林外集七卷
元國史院檢閱官袁士元著。鄞縣人。抄本。

友石山人遺稿一卷
元潮州路總管王翰著。靈武人。抄本。

秋聲集四卷
元黄鎮成著。昭武人。抄本。

傲軒吟稿一卷
元胡天游著。平江人。抄本。

近光集三卷扈從詩一卷
元行省左丞周伯琦著。饒州人。抄本。

玉笥集十卷
元樞密院都事張憲著。山陰人。抄本。

灤京百詠一卷
元楊允孚著。吉水人。抄本。

可閒老人集二卷

元樞密院判官張昱〔一〕著。廬陵人。抄本。

〔一〕「昱」原誤作「皇」，據山大本、《四庫總目》改。

靜思集二卷

元郭鈺著。吉水人。刻本。

梧溪集七卷

元王逢著。江陰人。抄本。

樵雲獨唱五卷

元葉顒〔一〕著。金華人。抄本。

〔一〕「顒」原誤作「顒」，據山大本、《中國叢書綜録》改。

江月松風集十二卷

元提舉錢維善著。錢塘人。抄本。

海巢集三卷

元丁鶴年著。西域〔一〕人。抄本。

〔一〕「域」原誤作「城」，據山大本、《千頃堂書目》改。

雲林詩集二卷

元危素著。抄本。

林屋山人稿一卷

元俞琰著。長洲人。抄本。

拱和詩集一卷

元曹志著。婺源人。抄本。

弁山小隱吟録二卷

元黄玠著。慈谿人。抄本。

柳黄同〔一〕聲集二卷

元待〔二〕制柳貫、學士黄溍合集。刻本。

〔一〕「同」字原脱，據山大本、《四庫總目》補。

〔二〕「待」原誤作「侍」，據山大本改。

淮陽集一卷

元蒙古漢軍都帥〔一〕張宏範著。河内人。抄本。

〔一〕「帥」原誤作「師」，據山大本、《四庫總目》改。

陳剛中集三卷

元治中陳孚著。臨海人。刻本。

傅與礪〔一〕詩集八卷

元傅若金著。抄本。

〔一〕「礪」原誤作「礪」，據山大本、《千頃堂書目》改。

居竹軒集四卷

元成〔一〕廷珪著。蕪城人。抄本。

〔一〕「成」原誤作「陳」，據山大本、《四庫總目》改。

梅花道人遺墨二卷

元吳鎮著。嘉興人。抄本。

檜亭集九卷

元丁復著。天台人。抄本。

梅花字字香〔一〕二卷

元郭〔一〕豫亨著。抄本。

〔一〕「香」原誤作「各」，據山大本、《四庫總目》改。

〔二〕「郭」原誤作「鄧」，據《四庫總目》、《中國叢書綜録》改。

竹齋集三卷續集一卷

元王冕〔一〕著。諸暨人。抄本。

〔一〕「冕」原誤作「冤」，據山大本、《四庫總目》改。

可傳集一卷

元袁華著。崑山人。抄本。

藥房樵唱三卷

元吴景奎著。蘭溪人。抄本。

林外野言二卷

元郭翼著。崑山人。抄本。

南湖集二卷

元閩〔一〕理官貢性之著。宣城人。刻本。

〔一〕「閩」原誤作「問」，據山大本、《千頃堂書目》改。

雲松巢集〔一〕三卷

元〔二〕朱希晦著。樂清人。抄本。

〔一〕「集」字原脱，據山大本、《四庫總目》補。

〔二〕「元」下原衍「宋」字，據山大本删。

北郭集六卷

元澄〔一〕江書院山長許恕著。江陰人。抄本。

〔一〕「澄」原誤作「鄧」，據山大本、《四庫總目》改。

呂敬夫〔一〕集六卷

元呂誠著。崑山人。抄本。

〔一〕「夫」原誤作「天」，據《四庫總目》《來鶴亭詩》條、《中國古籍善本書目》改。

艮齋詩集十四卷

元侯〔一〕克〔二〕中著。真定人。刻本。杭板〔三〕。

〔一〕「侯」原誤作「候」，據山大本、《四庫總目》改。

〔二〕「克」原誤作「宛」，據《四庫總目》、《中國叢書綜録》改。

〔三〕「杭板」山大本作「元板」。

杏庭〔一〕摘稿一卷

元休寧尹洪焱祖著。新安人。抄本。

〔一〕「庭」原誤作「林」，據《千頃堂書目》、《中國叢書綜録》改。

白雲集三卷

元釋實存著。錢塘人。抄本。

東皋〔一〕録一卷

元釋〔二〕妙声著。吳郡人。抄本。

〔一〕「皋」原誤作「華」，據《千頃堂書目》、《四庫總目》改。

〔二〕「釋」字原無，據山大本、《四庫總目》補。

山林清氣集一卷

元釋德静〔一〕著。錢塘人。抄本。

〔一〕「静」《四庫總目》作「淨」。

蘭雪集二卷

元閨秀張玉孃著。松陽人。抄本。

肅雝集一卷

元閨秀鄭允端著。吳郡人。抄本。

大雅集八卷

賴良撰。天台人。抄本。

乾坤清氣十四卷

明吏目偶桓選。太倉人。抄本。

元詩體要十四卷

明宋公傳選。姚江人。抄本。

元藝圃集四卷

明李蓘選。刻本。

金蘭集三卷續集一卷

明徐達左選。抄本。

至正庚辛唱和詩一卷

元郁遵等唱和詩。抄本。

玉山草堂雅集十三卷

元顧瑛[一]編。崑山人。刊本[二]。

〔一〕「瑛」原誤作「瑛」，據山大本、《四庫總目》《草堂雅集》條改。

〔二〕「刊本」山大本作「抄本」。

玉山名勝集十册外集一卷

元諸名人題贈顧仲瑛[一]草堂名勝詩。附《玉山璞稿》一卷。

〔一〕「瑛」原誤作「瑛」，據山大本、《四庫總目》改。

以上俱元人詩集。

圭齋集〔一〕二卷

元漕〔二〕司提舉盧〔三〕琦著。惠安人。抄本。

〔一〕《四庫總目》作「圭峯集」，并云：「圭峯其所居地。鈔本或作圭齋集，傳寫誤也。」

〔二〕「漕」原誤作「曹」，據山大本、《四庫總目》《圭峯集》條改。

〔三〕「盧」原誤作「靈」，據山大本、《千頃堂書目》改。

僑吳集十二卷

元儒學教授鄭元祐著。遂昌人。刊本。

夷白齋稿三十五卷外集一卷

元江浙行省郎中陳基著。臨海人。抄本。

陳定宇文集十七卷

元陳櫟著。休寧人。刊本。

石初集十卷

元周霆〔一〕震著。安成人。抄本。

〔一〕「霆」原誤作「庭」，據山大本、《四庫總目》改。

黄楊集二卷補遺一卷

元華幼武著。無錫人。刊本。

惟〔一〕實集八卷

元提舉劉鶚著。永豐人。刊本。

〔一〕「惟」原誤作「帷」，據山大本、《四庫總目》改。

松鄉集十卷

元湖州安定書院山長任士林著。句章人。抄本。

還山〔一〕遺稿二卷

元參議楊奂著。奉天人。抄本。

〔一〕「山」原誤作「人」，據山大本、《四庫總目》改。

五峯集十卷

元秘書監丞李孝先著。樂清人。刊本〔一〕。

〔一〕「刊本」山大本作「抄本」。

富山遺稿十卷

元方夔著。淳安人。刊本。

劉文靖公集二十八卷

元贊善〔一〕大夫劉因著。容城人。刊本。

〔一〕「善」原誤作「美」，據《四庫總目》改。

山村遺稿一卷

元教授仇遠著。錢塘人。刊本。

存悔〔一〕齋稿一卷

元儒學提舉龔𤅢〔二〕著。平江人。抄本。

〔一〕「悔」原誤作「梅」，據山大本、《四庫總目》改。

〔二〕「𤅢」原誤作「瀟」，據山大本、《四庫總目》改。

稼村類稿〔一〕三十卷

元掌江西學事〔二〕王義山著。豐州〔三〕人。刊本。

〔一〕「稿」原誤作「稿」，據山大本、《四庫總目》改。

〔二〕「事」原誤作「士」，據山大本、《四庫總目》改。

〔三〕「豐州」原作「富州」。《善本書室藏書志》著録是書影寫明刊本，題「古豐王義山元高著」，今據改。

湛然居士集十四卷

元中書令耶律楚材著。遼東人。抄本。

魯齋遺書十四卷

元國子祭酒許衡著。河内人。刊本。

雪〔一〕樓集三十卷

元學士承旨程〔二〕鉅夫〔三〕著。建昌人。刊本。

〔一〕「雪」原誤作「雲」，據山大本、《四庫總目》改。

〔二〕「承旨程」原誤倒作「程旨承」，據山大本、《四庫總目》改。

〔三〕「夫」原誤作「光」，據《千頃堂書目》、《四庫總目》改。

須〔一〕溪集畧四卷

元劉辰翁著。刊本。

〔一〕「須」原誤作「湏」，據山大本、《千頃堂書目》改。

松雪齋〔一〕集十卷外集一卷

元翰林承旨趙孟頫著。湖州人。刊本。

〔一〕「齋」字原脱，據山大本、《四庫總目》補。

馬石田文集十五卷

元行臺中丞馬祖常著。靖州人。抄本。

至正集八十一卷

許有壬著。抄本。

圭塘小稿十三卷别集二卷續集一卷外集一卷

元許有壬著。刊本。

閒居叢稿二十六卷

元提舉蒲道源著。眉州人。抄本。

雲峯集十卷

元蘭谿學正胡炳文著。婺源人。刊本。

揭文安文集十四卷

元揭傒[一]斯著。抄本。

〔一〕「傒」原誤作「傒」，據《千頃堂書目》改。

黄文獻公集二十三卷

元侍講學士黄溍著。義烏人。刊本。

安雅堂集十三卷

元國子監丞陳旅著。莆田人。抄本。

吳禮部文集二十卷

元禮部郎中吳師道著。蘭谿人。抄本。

經濟文集六卷

元翰林學士承旨李士瞻著。南陽人。刊本。

存復齋集十卷

元長興守朱德潤著。吳郡人。刊本。

俟菴集三十卷

元李存著。安仁人。刊本。

趙寶峯集二卷

趙偕著。慈谿〔一〕人。抄本。

〔一〕「谿」原誤作「翰」，據山大本、《四庫總目》改。

青陽集六卷

元淮南行省左丞〔一〕余闕著〔二〕〔三〕合肥〔四〕人。刊本。

〔一〕「丞」原誤作「承」，據山大本、《四庫總目》改。

〔二〕「著」字原無，據山大本補。

〔三〕「著」下原衍「本」字，據山大本删。

〔四〕「肥」下原衍「合」字，據山大本删。

雲陽集十卷

元儒學提舉李祁〔一〕著。茶陵人。刊本。

〔一〕「祁」原誤作「初」，據《四庫總目》、《中國叢書綜録》改。

陳子上存稿六卷

元慶元路録事陳高著。平陽人。刊本。

桂隱文集二卷詩集二卷

元劉詵〔一〕著。廬陵人。抄本。

〔一〕「詵」原誤作「銑」，據《千頃堂書目》、《四庫總目》改。

貞素齋集八卷

元台州學正舒頔〔一〕著。績溪人。抄本。

〔一〕「頔」原誤作「頤」，據山大本、《四庫總目》改。

劉仲脩山陰集八卷

元劉永之著。清江人。抄本。

環谷集八卷

元汪克寬著。祁門人。刊本。

龜巢稿二十卷

元謝應芳著。武進人。抄本。

山牕餘稿一卷

元甘復著。餘干人。抄本。

聞過齋集八卷

元吴〔一〕海著。閩縣人。抄本。

〔一〕「吴」原誤作「炅」，據《千頃堂書目》、《四庫總目》改。

佩玉齋類稿一册

元太常博士楊翮著。上元人。抄本。

純白齋〔一〕類稿二十二卷

元太常博士胡助著。東陽〔二〕人。刊本。

〔一〕「齋」原誤作「齊」，據山大本、《四庫總目》改。

〔二〕「陽」原誤作「陳」，據山大本、《四庫總目》改。

望雲集五卷

元郭奎著。淮南人。刊本〔一〕。

〔一〕「刊本」山大本作「抄本」。

夢觀集二十四卷

元釋大圭著。晉江人。刊本。

筠溪牧潛集七卷

元釋圓至著。高安人。刊本。

以上俱元人詩文集。

索　引

1. 本索引爲《文選樓藏書記》的書名、作者綜合索引，按四角號碼檢字法順序編排。

2. 各書名按本書所列原目著録，如書名冠以“國朝”、“新編”、“重刊”等字樣者，均仍其舊。

3. 各書所附續集、外集或附録、補遺等，均附於正集之後，獨立性較强的另立條目。

4. 頁碼後圓括號内的數字，爲該條目在同一頁上重複出現的次數。

5. 書名相同而作者不同者，於書名後加注作者以示區别。

0010_4 童

17 童子問 369
20 童維坤 109
童維巙 109
44 童蒙訓 117
51 童軒 209、311

0010_8 立

00 立齋閑録 318

0011_4 瘗

47 瘗鶴銘考 411

痊

71 痊驥通元論 350

0011_8 痘

33 痘治附辨 233

0012_7 病

37 病逸漫記 312

0016_7 瘡

00 瘡瘍經驗全書 230

0021_1 鹿

40 鹿皮子集 505

0021_4 塵

50 塵史 152

0021_7 羸

00 羸疾 227

0022_2 廖

10 廖元度 163
12 廖瑀 226
20 廖禹 98、228
38 廖道南 262、277
72 廖剛 485

0022_3 齊

10 齊雲山志 50
20 齊乘 277
77 齊民要術 161
齊民要書 312
齊履謙 373

0022_7 帝

00 帝京景物畧 403

方

10 方干 329
方于魯 65
12 方弘靜 214
21 方順孫 325
26 方程論 96
27 方舟易學 356

方舟左氏諸例 374
29 方秋崖小簡 330
30 方實孫 355
37 方逢辰 495
方瀾 297
40 方大琮 465
方壺集 493
44 方麓居士集 85
方夔 515
方孝孺 307
50 方中德 176
方中履 186
60 方日升 21
方圓羃積 96
方是閒居士小稿 494
72 方氏墨譜 65
方岳 295、330、465、472
77 方鳳 497
方民悦 41
方鵬 48、150、290
方輿勝覽 42
83 方鐵菴集 465

高

00 高廟紀事本末 29
高彦休 418
高應冕 328
11 高麗圖經 53
12 高登 487
17 高子遺書 127
22 高峯集 485
24 高德基 439
26 高皇后傳 256
28 高似孫 61、69、435
30 高適 462
32 高兆 424
40 高士 349
44 高攀龍 8、127
90 高常侍集 462

廟

22 廟制考義 17
90 廟堂忠告 288

商

00 商文毅公遺行集 266
商文毅公疏稿畧 332
20 商維濬 185
31 商濬 392
34 商汝頤 266
57 商輅 332
67 商畧 278
80 商企翁 402

席

21 席上腐談 407
50 席書 268

庯

00 庯言 396

50 庯書 220

0023_0 卞

30 卞寶 350

44 卞蓘 199

0023_1 庶

00 庶齋老學叢談 440

27 庶物異名疏 395

應

44 應菴任意録 305

52 應撝謙 9、58、365

72 應氏易解 365

0023_2 康

00 康齋文集 87

88 康節觀物篇解 17

0024_7 度

88 度算釋例 96

慶

37 慶湖遺老集、拾遺 468

夜

92 夜燈管測 306

0026_7 唐

00 唐庚 250、464、468

唐玄度 15

01 唐龍 35、359

04 唐詩韻會 141

11 唐甄 199

21 唐順之 41(2)、126、326、376

30 唐宋元名表 76

唐之淳 337

41 唐樞 2、7、11、35、121

44 唐藩鎮指掌 27

唐世説新語 418

47 唐鶴徵 129

唐朝名畫録 294

50 唐史論斷 421

唐摭言 387

60 唐胄 276

77 唐闕史 418

80 唐會要 26

88 唐餘記傳 388

0028_6 廣

00 廣文選 69

01 廣諧史 161

10 廣百川學海 178

廣王衛王本末 28

18 廣群輔録 428

21 廣卓異記 418

27 廣修辭指南 182
30 廣寒殿記 332
32 廣州人物傳 279
40 廣志繹 445
43 廣博物志 58
44 廣蒙求 186
50 廣東詩粹 73
74 廣陵文集 480
80 廣金石韻府 23

0029_4 麻
44 麻姑洞天志 53

0033_6 意
44 意林 290

0040_0 文
00 文彦博 478
10 文震孟 48
文震亨 444
20 文秉 425
21 文儷 180
22 文斷 409
24 文德翼 426
30 文定公集 487
文房四譜 407
32 文溪集 494
36 文温州集 205
37 文潞公集 478
文選補遺 446
文選錦字録 192
文選類林 323
文選雙字類要 57
40 文奇豹斑 189
43 文博 66
44 文華大訓箴解 147
文林 205
文藪 463
文苑彙雋 175
文苑英華鈔 69
48 文翰類選大成 324
50 文肅公文集 86
60 文園漫語 408
62 文則 432
77 文同 480
99 文瑩 298(2)

0040_1 辛
00 辛棄疾 28、421

0040_6 章
17 章子留書 114
33 章黼 20、447
34 章潢 175
40 章樵 293
44 章世純 114
46 章如愚 177
50 章申公九事 294

60 章思 337
77 章陬 369
98 章敞 89

0040_8 交
22 交山平寇本末 42
27 交黎事畧 41
80 交會管見 95
交食蒙求 97

0041_4 離
77 離騷草木疎補 313

0043_0 奕
44 奕世增光集 333

0044_1 辨
53 辨惑編 408
72 辨隱録 58

0060_1 言
04 言詩翼 371

音
47 音聲紀元 443

0071_4 雍
40 雍大記 43
87 雍録 43

0073_2 玄
44 玄英先生集 329
77 玄學正宗 225

褒
88 褒敏公集 86

襄
76 襄陽守城録 420

0080_0 六
01 六語 450
20 六壬心鏡 223
六壬觀月經 350
六壬軍帳賦 344
六壬行軍指南 345
21 六經三註粹抄 115
六經正誤 115
30 六家詩名物疏 372
44 六藝綱目 300
47 六朝聲偶集 324
六朝事蹟 400
六朝通鑑博議 418
50 六書本義 19
六書分類 22
六書故 19
六書統 19
六書正譌 19
六書指南 23

六書總要 19

0090_6 京
60 京口三山志 279

0121_1 龍
00 龍衮 27
龍唐山志 51
10 龍雲集 481
21 龍仁夫 358
22 龍川別志 280
31 龍憑紀畧 265
32 龍溪全集 84
龍洲集 492
36 龍遇奇 121
77 龍門志 281
80 龍龕手鑑 405

0128_6 顔
02 顔端 314
10 顔元 133
17 顔子鼎編 117
顔子繹 119
20 顔鯨 376

0162_0 訂
02 訂譌雜録 410

0164_6 譚
40 譚希思 147

0164_9 評
50 評史心見 32

0166_2 諧
47 諧聲指南 22

0180_1 龔
15 龔璛 516
67 龔明之 432
97 龔輝 271、337

0212_7 端
10 端平詩雋 473

0261_8 證
38 證道謌 339

0292_1 新
00 新唐書糾謬 26
23 新編排韻增廣事類氏族大全 189
30 新安二布衣詩 215
新安志 432
新定九域志 42
31 新河成疏 269
新河初議 333
新濬海鹽内河圖説 270

46 新加九經字樣 15
48 新增格古要論 67

0363_2 詠
27 詠物詩 505

0365_0 誠
00 誠齋集 490

識
40 識大録 29

0460_0 謝
00 謝應芳 253、408、521
12 謝孔昭 83
謝廷諒 209、281
24 謝幼盤集 482
27 謝翺 497
28 謝從寧 23
30 謝宗可 505
38 謝肇淛 168、183
40 謝枋得 495
44 謝薖 482
80 謝會人 23
86 謝鐸 119、273

0464_1 詩
00 詩辨坻 397
詩文軌範 439
詩序古本 371
02 詩話 299
詩話補遺 303
詩話總龜、後集 433
07 詩記 107
21 詩經輔傳 107
詩經圖史合考 108
詩經廣大全 372
詩經類考 372
詩經通義 5
詩經叶音辨僞 6
詩經朱傳翼 373
25 詩傳會通 238
詩傳闡 372
詩傳古本 371
詩傳疏義 370
詩傳纂義 370
26 詩總聞 414
33 詩補傳 239
詩演義 239
34 詩法源流 187
37 詩深 373
38 詩逆 371
40 詩志 107
44 詩蘊 108
詩藪 62
48 詩故 371
50 詩史 429
詩書論世 209
63 詩賦録 39

77 詩貫 372
80 詩義斷法 239

0466_0 諸
00 諸方日軌 96
21 諸經紀數 116
諸儒語要 126
40 諸真玄奥集 226
諸真元奥 338
44 諸葛元聲 148
諸葛亮 344
50 諸史紀數 116

0468_6 讀
04 讀詩私記 108
30 讀宋史偶識 152
50 讀史漫録 152
讀書後 152
讀書記 244
讀書論世 132
讀書劄記 123
讀書止觀録 128
讀畫録 201
讀史方輿紀要 42
讀史漢翹 410
讀書備忘 288
讀書叢説 367
讀書漫筆 297
60 讀易管窺 105
讀易質疑 104
讀易辨疑 364
讀易記聞 361
讀易考原 357
讀易述 2
讀易蒐 361
讀易韻考 361
77 讀周易 355

0512_7 靖
00 靖康蒙塵録 252
40 靖難功臣録 263

0564_7 講
77 講學 248

0668_6 韻
08 韻譜本義 21
10 韻石齋筆談 456
21 韻經 139
26 韻總持 21
33 韻補 20
40 韻直音篇 20
50 韻表 139
韻表新編 22
77 韻學集成 447
韻學通指 406
80 韻會小補 21

0710_4 望

10 望雲集 522

0742_7 郭

10 郭正域 139
12 郭璞 227
14 郭礎 65
17 郭翼 510
郭豫亨 509
郭子章 450(2)
24 郭化 189
27 郭仰廉 346
30 郭良翰 380
郭宗昌 64
38 郭祥正 480
40 郭大有 32
郭奎 522
郭士霖 169
44 郭薦 279
60 郭思 296(2)
64 郭勛 262
72 郭氏山水訓纂 296
81 郭鈺 451、507

郊

23 郊外農談 304

0762_0 詞

06 詞韻 91
25 詞律 203
38 詞海遺珠 59
44 詞林典故 154
詞林海錯 452
詞苑叢談 200

調

27 調象庵稿 211

0763_2 認

30 認字測 447

0821_2 施

00 施彦執 434
02 施端教 141、410
21 施仁 376
30 施宿 272
77 施閏章 50

0838_1 旗

76 旗陽林氏三先生集 214

0844_0 敦

21 敦行録 190

效

21 效顰集 314

0861_6 説

00 説文長箋 455
說文解字韻譜 309
説文篆韻譜 405
説文字原 20
04 説詩樂趣 193
22 説嵩 192
24 説儲 446
50 説史 422
67 説畧 188
71 説原 185
77 説學齋稿 500
82 説劍齋稿 210
91 説類 191

0861_7 諡
44 諡苑 267
34 諡法纂 36

0862_1 諭
34 諭對録 39

0862_7 論
01 論語類考 114
論語解 385
論語類考 14
論語全解 14、384
論語商 14
論語説 209
論語逸編 386
論語意原 384

0864_0 許
08 許謙 367、385
10 許靈長集 209
17 許胥臣 368
21 許衡 118、517
許順義 115
22 許嵩 26
26 許伯政 373
27 許叔微 230
30 許進 264
34 許汝霖 221
許浩 308、423(2)
37 許洞 444
40 許有壬 504、518(2)
44 許黄門集、附録 205
46 許恕 511
許相卿 205
50 許中麗 331
67 許明 99
71 許長孺集 206
75 許體元 364
77 許開 397
許聞造 206
80 許令典 169
82 許劍道人 23
90 許焞 136
許光祚 209

許尚　475

0865_3　議

50 議史摘要　389

0925_9　麟

21 麟旨定　8

27 麟角集　78

0968_9　談

31 談遷　164

92 談愷　277

1000_0　一

22 一山文集　81

67 一鳴集　462

1010_0　二

24 二續瑣事　451

35 二禮經傳測　382

40 二十五言　162

43 二戴小簡　334

44 二薇亭集　471

45 二樓紀畧　171

二樓小志　171

49 二妙集(唐順之)　326

二妙集(段成己、段克己)　499

87 二銘補注　95

1010_1　三

10 三元延壽書　223

12 三孔清江集　479

21 三儒類要　126

22 三山志　43

27 三角法舉要　96

三魚堂賸言　134

30 三家世典　262

31 三遷志　245

34 三沈文集　479

35 三禮編繹　110

三禮圖　383

三禮纂注　11

37 三洞群仙録　407

40 三才考　266

三才圖會　178

44 三楚新録　388

47 三朝北盟會編　28

60 三國紀年　250

三國雜事　250

三國志文類　324

三畏齋集　90

三吳水考　165

三易洞璣　3

67 三畧直解　346

77 三賢集(魏一鰲)　219

三賢集(楊名)　324

88 三餘贅筆　307

正

20 正統臨戎録 260
27 正修齊治録 131
46 正楊 448
60 正思齋雜記 306
77 正學編 247

1010_3　玉

22 玉山紀遊 75
玉川子詩注 198
玉山草堂集 502
玉山草堂雅集 513
玉山名勝集、外集 513
34 玉斗山人集 497
37 玉洞藏書 224
玉瀾集 469
40 玉壺清話 298
42 玉機微義 349
44 玉芝山房稿 88
玉楮詩稿 472
55 玉井樵唱 503
62 玉唾壺 308
71 玉歷通政經 430
74 玉髓真經前集、後集 352
77 玉尺經 98
82 玉劍尊聞 396
88 玉笥集、紀行 84
玉笥集 506

1010_4　王

00 王充耘 238、242
王庭燦 457
王庭珪 484
王文成全集 204
王文禄 313
王奕 497
王應電 240、310
王應麟 495
王應龍 293
王應時 47
06 王諤 326
10 王可大 144
王霆震 69
王一槐 308
王元杰 6
王元佐 328
王震 10
13 王球 294
17 王瓊 257、263
王子幻 215
王子俊 486
20 王維 329
王維德 458
王禹偁 476
22 王崇慶 115
王畿 84
王巖叟 253
23 王紱 83

王獻 270
24 王化貞 231
王佐 67
25 王甡 128
王紳 89
26 王得臣 152
27 王象之 436
28 王復禮 133、384
王以旂 270
30 王宗沐 271(2)
王賓 204
王定保 387
王守仁 204(2)
王完 393
33 王心齋語録、譜餘 129
王心敬 9、381
王溥 26、387
34 王禕 248
王澍 106
王邁 486
37 王逢 507
38 王棨 78
王道 225
王啟 273
40 王大用 368
王九思 87(2)
王樵 85
王樵 5、368
王士點 402
王士俊 134
王士性 445
王希明 222
王友 15
王右丞集 329
王在晉 37
王志長 380
42 王圻 90、178、389
44 王恭 335
王楙 432
王夢白 372
王冀 246(3)、287
王蘋 487
王若虛 499
王世相 350
王世貞
35、152、423、424、442(2)
王著作集 487
46 王柏 237、465
王觀國 391
王恕 1、328
王相 333
47 王朝佐 448
王好問 210
48 王松年 98
王翰 506
53 王輔銘 74(2)
57 王邦直 18
58 王鏊 276、322
60 王冕 510
王思義 196

61 王晫 197、397
67 王明敖 59
王嗣槐 366
71 王阮 470
72 王氏談録 298
王質 412、490
77 王艮 129
王又華 91
王又樸 366
王巽叟 347
王用章 187
80 王公四六話 61
王介塘文畧 333
王令 480
王義山 516
王毓賢 457
81 王銍 61、469
83 王鎔 421
84 王錡 312
88 王鑑 5
王鎡 473
90 王尚文 265
王光庵集 204
王炎午 466
97 王惲 33
王灼 434

至

至正庚辛唱和詩 513
至正集 518

1010_7 五

00 五雜組 183
21 五經辨誤 115
五經心義 115
五經總類 115
五行類應 158
五經圖 16
五經異文 16
五經繹 16
五行類事 346
22 五峯集 515
23 五代名畫補遺 297
五代史會要 387
五代史志疑 428
24 五先生政蹟 254
28 五倫詩選 71
30 五宗考義 383
35 五禮考注 382
40 五十輔臣編年 404
60 五星紀要 95
五國故事 388
77 五服集證 383

1010_8 靈

37 靈洞山房集 85
40 靈臺秘苑 437
44 靈棋經 340

72 靈隱子 78

1011_1 霏
10 霏雪録 394

1011_3 琉
13 琉球録 169

1012_1 亓
80 亓公年譜 253

1014_1 聶
24 聶先 92
27 聶豹 86、120

1017_7 雪
30 雪窗文集 466
32 雪溪集 469
45 雪樓集 517

1020_0 丁
10 丁元吉 453
丁元薦 153、208
28 丁復 509
34 丁汝弼 311
37 丁洵仝 437
47 丁鶴年 507
60 丁昌遂 184

1021_0 兀
31 兀涯西漢事議 286

1021_1 元
00 元音統韻 138
元音 325
04 元詩體要 513
06 元韻譜 140
23 元秘書志 402
24 元牘紀 451
元結 291、462
30 元淮 504
37 元次山集 462
43 元城盡言録 465
元城語録解 466
44 元藝圃集 513
47 元好問 501
50 元史闡幽 423
90 元光漫集 205

1021_4 霍
42 霍韜 268

1022_7 兩
22 兩山墨談 426
31 兩河管見 269
兩河經畧 269
32 兩浙名賢録、外録 162
兩浙海防類考續編 36

34 兩漢筆記 249
兩漢博聞 436
兩漢雋言 56
兩漢刊誤補遺 25

1023_0 下
76 下陴紀談 281

1024_7 覆
01 覆瓿集 497

霞
23 霞外詩集 503
霞外雜俎 339
霞外麈談 394

夏
22 夏崇文 264
27 夏彝仲 368
30 夏宏 23
44 夏樹芳 61、68、452
50 夏東巖詩集 204
夏忠靖公集、遺事 216
夏忠靖公遺事 264
64 夏時正 273
71 夏原吉 216
76 夏馴 42
90 夏尚樸 204

1040_0 于
00 于奕正 403
30 于準 131
37 于湖集 489
40 于大吉 437
87 于欽 277
94 于慎行 152、187、449

1040_9 平
00 平立定三差説 97
平慶安 422
20 平番始末 264
30 平定交南録 261
平宋録 422
31 平江記事 439
42 平橋稿 218
平傜記 402
50 平攘録 148
平夷録 40
60 平蜀記 256
平吳凱旋録 261
68 平黔三記 257
77 平閩記 41

1043_0 天
00 天文精義賦 341
天文秘畧 400
天文諸占 341
天文主管 340

10 天下山河兩戒考 161
天下同文 71
天元玉歷祥異賦 340
12 天發神讖碑釋文 65
20 天傭子集 217
天香樓偶得 460
21 天順日録 31
23 天台集、前集别集、續集、續集别編 327
天台山志 52
天台續集 52
26 天皇鰲極鎮世 228
33 天心復要 302
34 天漢全占 341
60 天目山志 49
71 天厨禁臠 62
天原發微 413
72 天隱子稿 206
77 天學會通 93
天問天對解 293
88 天籟集 81

1060_0 百
22 百川學海 435
26 百泉子緒論 308
27 百名家詞鈔 92
43 百城烟水 171
44 百菊譜 434
53 百感録 311
77 百段錦 325

石
22 石山醫案 233
37 石初集 514
石洞遺芳 394
石湖集 469
石湖志畧、文畧 280
44 石鼓書院志 280
石鼓文、音釋、經文 303
石林建康集 483
45 石樓臆編 153
60 石墨鐫華 442
77 石門集 85
石門文字禪 498
石屏集 470
石屏新語 390
80 石介 478
石鐘山集 328
90 石光霽 375

西
00 西方子明堂灸經 349
10 西晉文紀 173
22 西崑酬倡集 476
西山日記 153
西岩集 471
28 西谿周易序説 354
30 西渡集 468

31 西江詩話 459
32 西巡類稿 332
34 西漢會要 25
西漢文紀 173
37 西湖八社詩 328
西湖百詠 475
西湖夢尋 459
西湖遊覽志、志餘 52
40 西樵山志 50
西樵野記 311
西臺漫 155
西塘集 480
44 西村集 86
西村省己録 311
西村詩集 204
47 西桐先生文集 212
48 西槎彙粹草 337
50 西事珥 46

酉

76 酉陽雜俎續集 290

1060_1 晉

12 晉列國指掌 26
50 晉史乘 417
74 晉陵先賢傳 163

吾

30 吾汶藁 466
77 吾邱衍 66

1060_3 雷

22 雷樂 362
35 雷禮 34(2)、263
60 雷思齊 235

1060_9 否

50 否泰録 260

1062_0 可

00 可齋雜記 188
可齋雜稿 494
21 可經堂集 208
25 可傳集 510
77 可閒老人集 507
86 可知編 184

1073_1 雲

22 雲峯集 518
雲仙雜記 406
44 雲薖淡墨 395
雲林集 504
雲林詩集 508
雲林詩集、集外詩 502
雲莊文集 491
48 雲松集 510
50 雲中紀變 264
76 雲陽集 520

77 雲間志畧 46
80 雲谷臥餘 191

1077_2　函
50 函書別集 367

1080_6　貢
21 貢師泰 203
34 貢汝成 11
40 貢奎 504
95 貢性之 510

賈
27 賈島 77
60 賈昌朝 114
賈思勰 161

1090_4　栗
00 栗應宏 336
40 栗太行山居集 336

1111_0　北
00 北齊文紀 174
07 北郭集(徐賁) 88
北郭集(許恕) 511
10 北平録 256
17 北磵詩集 474
北磵文集 467
21 北征事蹟 260
22 北山律式 469
北山文集 487
北山小集 484
30 北窗瑣語 313
北窗炙輠録 434
31 北河續紀 38
32 北溪集 494
43 北狩見聞録 400
北狩行録 400
46 北觀集 89

1111_1　玩
00 玩齋文集 203
60 玩易意見 1

1112_1　珩
14 珩璜新論 407

1118_6　項
10 項玉筍 164
26 項皋謨 129
項穆 64
38 項道民 64
44 項夢原 152

1120_7　琴
08 琴譜正傳 201
09 琴談 458
11 琴瑟譜 202

50 琴史 297
77 琴學心聲 202

1121_1 麗
62 麗則遺音 330

1123_2 張
00 張方平 477
張衮 211
張唐英 388
張文忠集 206
張應文 449
07 張詡 88
08 張敦頤 400
10 張爾岐 416
張夏 131、403
張雨 502
張玉孃 512
張元 227
張元忭 259
張元幹 488
張元禎 254
張雲鸞 115
11 張玭 285
12 張弘道 34
張水南集 211
13 張瑄 260
16 張理 235
張璁 305
17 張璐 233
張丑 456
張鼐 208
張習孔 191
張翼 443
張子遠 200
20 張位 24、154、207、215
張孚敬 39、206
張乖崖事文録 314
張統 333
21 張能鱗 50
張師顔 255、402
張師禹 399
張貞生 220
22 張鼎思 185
23 張岱 459
張獻翼 361(2)
24 張緒 277
張伎陵集 338
25 張純 314
28 張綸 322
30 張良 227
張適 88
張宏範 508
張憲 506
張宣公論孟解 13
張之象 25、69、192、323
33 張必剛 183
張溥 172
34 張洪 39、283

張汝霖 4
35 張迪 284
36 張淏 273
37 張次仲 107
張洞玄 352
張凝道 34
38 張道宗 168
40 張存紳 184
張大純 171
張大復 445、452
張大亨 373
張大齡 26、27
張九韶 181
張士治 86
張希元 228
張堯同 475
張墉 55、181
張有 20
張右史文集 480
43 張栻 13、354、385、491
44 張華 290
張萊 279
張夢錫 63
張芹 258
張世偉 208
張世則 35
張孝祥 489
張翥 505
47 張朝瑞 454
50 張耒 480
張泰階 456
張中達 325
51 張振先 52
57 張邦奇 286
58 張掄 296
60 張杲 230
張星 119
張果 351
張景 286
張昱 507
64 張時徹 289、326
張時泰 27
67 張鳴鳳 445、446
72 張氏醫通 233
張氏藏書 449
77 張鳳翔 338
張鳳翼 229
張鵬翮 136、190
張問達 105
80 張介賓 233
張鉉 275
張養浩 288
81 張敍 363、371
85 張鈇 304
88 張銓 145
90 張炎 92
張尚瑗 10
98 張敉 452
99 張燮 390

1168_6 碩

53 碩輔寶鑑要覽 146

1173_2 裴

00 裴庭裕 251

1180_1 冀

10 冀霖 50

43 冀越集記 307

1212_7 瑞

10 瑞石山紫陽道院集 329

1219_4 璪

57 璪探 190

1223_0 弘

44 弘藝録 217

弧

10 弧三角 96

80 弧矢算術 347

水

21 水經注碑目 313

33 水心集 491

50 水東日記 393

80 水鏡集 504

1240_1 延

24 延休堂漫録 302

1241_0 孔

00 孔齊 408、439

孔文仲 479

10 孔平仲 407、479

13 孔武仲 479

17 孔孟事蹟圖譜 16

孔子編年 244

孔子集語 14

孔子遺語 244

23 孔允植 44、45

25 孔傳 244

90 孔尚質 26

1243_0 孤

44 孤樹裒談 393

1249_3 孫

00 孫應鼇 102

07 孫毅菴奏議 333

10 孫一奎 231

孫可之集 461

12 孫瑀 87

17 孫承澤 8、373、390、427

21 孫能傳 36、158

23 孫允中 264

24 孫偉 337

28 孫作 84
孫復 478
30 孫之騄 106、141、198(3)、199、386、410
37 孫逢吉 36
38 孫道易 315
40 孫奇逢 247、458
孫克弘 454
孫樵 461
44 孫范 377
孫懋 333
孫夢觀 466
46 孫覿 80、330
53 孫甫 421
67 孫明復小集 478
77 孫覺 240
80 孫鑛 205
82 孫鍾瑞 246
90 孫尚書文集 80
94 孫慎行 3、32

1263_7　砭
44 砭蔡編 369

1314_0　武
00 武亢 340
14 武功徐先生文集 89
21 武經總要 417
24 武備志 160
26 武穆王集 487
32 武溪集 80
50 武夷新集 476

1315_0　職
00 職方外紀 162
30 職官分紀 36

1519_0　珠
17 珠璨 328

1529_0　殊
43 殊域周咨録 440

1540_0　建
00 建文書法儗 145
建康實録 26
建文朝野彙編 31
30 建寧人物傳 163
90 建炎時政紀 252
建炎維揚録 252
建炎復辟記 387
建炎以來朝野雜記 420

1562_7　礵
44 礵菴集 93

1610_4　聖
30 聖濟總録纂要 233

聖宋文選 70
46 聖駕臨雍録 245
77 聖賢儒史 133
聖學啓關臆説 121
聖學大成、補遺 246

1611_4 理
77 理學就正言 134
80 理氣考正論 229

1613_2 環
32 環溪詩話 392
50 環中黍尺 96
80 環谷集 521

1660_1 碧
27 碧鷄漫志 434

1710_7 孟
07 孟記 15
17 孟子解 385
孟子説 209
孟子説解 14
80 孟義訂測 386

盈
22 盈川集 462

1712_7 鄧
00 鄧文憲 18
鄧文原 500
10 鄧元錫 16、110、378、426
26 鄧伯言 84
鄧伯羔 361、444
28 鄧以讃 89
40 鄧來鸞 377
50 鄧忠臣 475
58 鄧牧 465
74 鄧尉山志 280
86 鄧錫璿 220

瑯
17 瑯琊代醉編 185

耶
25 耶律楚材 516

1714_7 瓊
23 瓊台類稿 82
44 瓊林雅韻 21

1720_7 了
00 了齋易説 356

1721_4 翟
40 翟校 74
47 翟均廉 105

1722_7 甬

50 甬東山人稿 336

1723_2 豫

00 豫章今古記 277

豫章文集 485

承

38 承啟堂稿 206

44 承華事畧 33

1732_7 鄢

60 鄢署雜鈔 167

1740_7 子

72 子劉子學言 127

1740_8 翠

28 翠微南征録 470

30 翠寒集 502

77 翠屏筆談 293

1742_7 邢

10 邢雲路 154

1750_7 尹

12 尹廷高 503

26 尹和靖集 485

31 尹河南集 477

35 尹洙 477

40 尹直 254、287、308

55 尹耕 265、283

90 尹焞 385、485

1760_1 砻

32 砻溪詩話 433

1760_7 君

71 君臣相遇録、別傳、遺事 34

1762_0 司

30 司空圖 462

71 司馬光 116、286(2)、431

1762_7 郡

62 郡縣釋名 450

邵

00 邵康節加一倍法 341

邵雍 116、350、467

10 邵正魁 426

21 邵經邦 217

30 邵寶 17、270、289

50 邵泰衢 32

1771_0 乙

50 乙未私志 261

1780_1 翼

77 翼學編 130

1814_0 政

07 政詢 288

26 政和五禮新儀 267

攻

46 攻媿集 79

1840_4 婺

77 婺賢文軌 73

1855_1 群

21 群經音辨 114

群經疑辨 386

22 群仙珠玉集 226

44 群芳清玩 447

50 群忠録 35

群書集事 55

群書集事淵海 179

群書考索前集、後集、續集 177

群書拾唾 181

群書纂粹 392

77 群賢小集 476

80 群公四六續集 325

群公小簡 325

1874_0 改

28 改併五音集韻 137

改併五音篇 19

1918_0 耿

17 耿子庸言 120

22 耿巖文選 220

30 耿定向 35、120、146

1918_6 瑣

50 瑣事剩録 451

2010_4 垂

02 垂訓樸語 119

44 垂世芳型 134

重

12 重刊巢氏諸病源候總論 231

2022_7 喬

44 喬懋敬 33

50 喬中和 140

2024_7 愛

60 愛日堂詩集 220

2026_1 信

76 信陽子卓録 136

2033_1 焦
04 焦竑 2、30
17 焦弱侯問答 124
40 焦希程 40

2040_0 千
10 千百年眼 151
40 千古功名鏡 293
80 千金堤志 281

2040_7 季
50 季本 7、16、17、417
77 季周傳 142

雙
31 雙江文集 86
32 雙溪集 489
雙溪雜記 257
46 雙槐歲抄 423

2041_4 雞
60 雞足山志 50

2042_7 禹
10 禹貢譜 106
禹貢詳畧 239
禹貢廣覽 368
禹貢合註 368
禹貢山川郡邑考 5

2060_4 舌
44 舌華録 201

2060_9 香
08 香譜 300
10 香雪林集 196
20 香乘 455

2061_4 雒
77 雒閩淵源録 131

2071_4 毛
04 毛詩古音考 370
毛詩解 415
24 毛先舒 91、397、406
26 毛伯温 332
30 毛憲 278
32 毛兆儒 165
60 毛晃 136
77 毛居正 115
毛鳳韶 45
80 毛曾 138

2090_4 采
10 采石瓜洲斃亮記 420

2110_0 上
76 上陽真人 224
上陽子 225

止

00 止齋論祖 432

2111_0 此

22 此山集 505

2121_0 仁

02 仁端録 231

2121_1 征

22 征蠻紀畧 265

2121_7 甂

21 甂甄洞續稿 87

虎

88 虎鈐經 444

盧

08 盧謙 16

14 盧琦 514

21 盧師陳 280

28 盧綸 77

30 盧户部集 77

盧之頣 232

32 盧溪集 484

45 盧柟 84

48 盧翰 101、102

伍

31 伍涵芬 193

虛

00 虛齋遺稿 206

2122_0 何

10 何三畏 46

17 何孟春 448

20 何喬新 86

25 何仲默 288

30 何良臣 159、210、453

何良俊 193、445

40 何去非 485

何塘 316

43 何博士備論 485

44 何夢桂 495

60 何景明 43

72 何氏語林 193

89 何鏜 274

2122_1 衡

72 衡岳志 49

衛

33 衛泳 68

行

36 行邊紀聞 54

80 行年録 458

衍

41 衍極 191

2122_7 儒

21 儒行集傳 13

44 儒林全傳 33

2123_4 虞

20 虞集 331、402、504

26 虞伯生詩續 331

30 虞淳熙 114

32 虞兆湰 460

37 虞初志 304

50 虞書箋 106

55 虞摶 350

2124_0 虔

40 虔臺續志 277

虔臺志 276

2124_1 處

44 處苗近事 272

2124_7 優

40 優古堂詩話 297

2125_3 歲

30 歲寒集 87

歲寒居答問 247

77 歲周第度合考 95

2128_6 須

32 須溪集畧 517

須溪記鈔 500

潁

33 潁濱詩集傳 370

2133_1 熊

00 熊方 25

20 熊禾 498

24 熊峻運 157

27 熊紀達 352

32 熊兆 242

37 熊過 376

40 熊太古 307

熊直 212

2140_6 卓

21 卓行録 151

2160_0 占

27 占候書 343

2180_6 貞

10 貞石堂集 212

50 貞素齋集 520

2190_4 柴

07 柴望 495
10 柴元彪 495
72 柴氏四隱集 495
74 柴隨亨 495

2191_0 秕

00 秕言 453

2191_1 經

17 經子難字 406
30 經濟文集 519
50 經史全書 17
經史正音切韻指南 20
經書音釋 16
67 經畧復國要論 148
78 經驗良方 349
80 經義模範 416
88 經籍異同 17

2196_1 縉

10 縉雲集 490

2210_4 崟

76 崟陽草堂集 209

2210_8 豐

22 豐川春秋原經 9
35 豐清敏公遺事 253
40 豐坊 376
44 豐草菴前集、文集、未焚稿、雜著、詩集、別集、四畧 213

2221_4 崔

35 崔清獻公言行録内外集 492
77 崔與之 492
84 崔銑 82

任

00 任慶雲 278
40 任士林 515

2222_7 僑

60 僑吳集 514

嵩

22 嵩山文集 489
76 嵩陽石刻集記 65

2223_4 嶽

44 嶽麓志 45

2224_7 後

22 後山集 482

33 後梁春秋 26
34 後漢史年表 25
44 後村全集 495
77 後周文紀 174

2224_8 巖
10 巖下放言 292

2227_0 仙
44 仙苑編珠 98

2238_6 嶺
38 嶺海異聞 390
40 嶺南二紀 165
嶺南客對 265
嶺南五朝詩選 72

2245_3 幾
21 幾何補編 96

2255_3 峩
77 峩眉山志 50
峩眉志畧 50

2265_3 畿
53 畿輔人物志 390

2271_1 崑
22 崑山雜詠 74
崑崙河源彙考 457
崑山人物志 48

2271_7 邕
32 邕州小集 468

2272_1 斷
76 斷腸集 474

2277_0 豳
77 豳風概、續 75

山
26 山牕餘稿 521
山泉 49
34 山法全書 99
40 山樵暇語 322
44 山村遺稿 516
山林清氣集 512
50 山書 427
山中白雲詞 92
山中集 89
55 山井鼎 17
77 山居新語 440
山居雜志 196
80 山谷文集、别集、外集、年譜、詞 481
90 山堂瑣語 309

幽
77 幽居録 298

2277_2 出
25 出使録 260

2290_0 剩
00 剩言 126

利
71 利馬竇 162

2290_1 祟
30 祟安縣志 279
40 祟古文訣 70

2290_4 巢
10 巢元方 231

棃
32 棃洲野乘 313

樂
00 樂府廣序 187
樂府雅詞、拾遺 92
樂府遺音 83
25 樂律纂要 417
44 樂菴遺書 128
50 樂史 42、418
60 樂圃餘稿 479
80 樂全集 477

2291_3 繼
40 繼志齋集、附録 89
44 繼世紀聞 259

2296_3 緇
00 緇衣集傳 13

2300_0 卜
34 卜法詳考 367
44 卜世昌 30

2320_0 外
53 外戚事鑒 266

2320_2 參
30 參寥子集 474
77 參同契發揮、釋疑 414
88 參籌秘書 159

2323_4 俟
44 俟菴集 519
86 俟知堂集 86

獻
28 獻徵録 30

2324_2 傳

22 傳鼎 11

傳山人集 333

30 傳察 484

34 傳汝舟 333

44 傳若金 500、509

傳世垚 22

50 傳忠肅集 484

77 傳與礪詩集 509

傳與礪文集、附録 500

2325_0 戲

17 戲瑕 426

伐

40 伐檀集 482

2344_0 弁

22 弁山小隱吟録 508

2350_0 牟

23 牟巘 496

2393_2 稼

44 稼村類稿 516

2420_0 射

44 射林 305

80 射義新書 110

90 射堂詩鈔 215

2421_0 壯

38 壯遊編 215

2421_1 先

30 先進遺風 35

52 先撥志始 425

2421_7 仇

12 仇廷模 22

34 仇遠 516

2422_1 倚

48 倚松老人集 473

2422_7 備

35 備遺録 258

2423_1 德

00 德音琴譜 67

60 德星堂集 221

2424_1 待

35 待清軒遺稿 473

2451_0 牡

77 牡丹史 197

2495_6 緯

67 緯畧類編 318

2497_0 紺

15 紺珠集 299

2498_6 續

00 續高士傳 424

續文選 69

續玄怪録 295

10 續百川學海 178

12 續列女傳 426

19 續瑣事 451

30 續宋編年資治通鑑 418

33 續演繁露 392

37 續資治通鑑長編 27

續資治通鑑綱目廣義 27

38 續澉水志 165

46 續觀感録 150

50 續表忠記 428

60 續吳都文粹、補遺 438

續吳先賢贊 389

續吳先賢讚 167

續吳中往哲記、補遺 48

77 續問辨牘 121

90 續小學 135

2500_0 牛

00 牛衷 116

2520_6 使

00 使交録 282

10 使琉球録(蕭崇業) 54

使琉球録(陳侃) 261

使西日記 264

56 使規 39

仲

28 仲徵 202

30 仲宏道 151

91 仲恒 91

2520_7 律

60 律吕別書 417

律吕古義 18

律吕解注 18

律吕正聲 18

律吕直解 18

2524_3 傳

20 傳信疑録 409

2590_0 朱

00 朱衮 217

朱應奎 130、141

04 朱謀㙔 359、371、422

朱謀垔 448

12 朱廷焕 167

14 朱珪 439

17 朱孟震 194、410
20 朱維陛 144
21 朱衡 125
朱師孔 215
朱熊 272
24 朱德潤 519
朱升 362
25 朱積 304
26 朱得之 125
27 朱紹 304
朱約佶 339
37 朱淑真 474
40 朱吉 90
朱嘉徵 187
朱克裕 305
朱希晦 510
朱希召 422
朱熹 117、380
朱右 81
43 朱朴 204
44 朱權
21、98、250、283、301、347
46 朱樟 469
47 朱鶴齡 5、106
48 朱松 484
50 朱申 239、240
朱泰禎 108
朱泰來 460
60 朱國禎 451
朱景玄 294
61 朱顯祖 135
64 朱睦㮮
8、240、257、262、267、386
67 朱鷺 145
71 朱長文 297、434(2)、479
80 朱公遷 239、370
88 朱簡 21
90 朱常澇 33

2591_7 純

10 純正蒙求 438
26 純白齋類稿 521

2599_6 練

00 練音集補 74

2600_0 白

10 白石樵真稿 212
白雲稿 81
白雲集(陳昂) 217
白雲集(釋實存) 512
白雲樵唱詩 335
12 白珽 504
30 白房集、續集 217
白房雜述 217
40 白真人集 498
42 白樸 81
44 白猿經風雨占候説 343
67 白鷺洲書院志 45

自

00 自廣齋集 208

48 自警篇 291

2610_4 皇

10 皇王大紀 248

皇霸文紀 173

皇元風雅 325

皇元聖武親征記 29

30 皇宋事實類苑 421

皇宋書録 401

41 皇極經世節要 243

皇極經世解起數訣 18

47 皇朝典章 268

皇朝功臣封爵考 262

皇朝詔制 268

皇朝三元考 34

53 皇甫持正集 461

皇甫録 261、281、440

皇甫汸 308

皇甫湜 461

67 皇明表忠記 146

皇明傳信録 256

皇明詞林人物考 149

皇明大政纂要 147

皇明定保録 30

皇明紀畧 261

皇明兩朝疏抄 325

皇明書 426

皇明書畫史 313

皇明通紀述遺 30

皇明相業軍功考 148

皇明象胥録 169

皇明小史 145

皇明詔令 31

皇明政要 29

皇明珠玉 326

2620_0 伯

71 伯牙琴 465

2620_7 粵

26 粵程雜記 169

77 粵閩紀畧 166

2622_7 偶

41 偶桓 513

2623_2 泉

40 泉南雜記 46

2624_1 得

10 得一參五 224

2629_4 保

26 保和官服圖説 305

43 保越録 402

80 保八 413

2641_3 魏

00 魏裔介 72、132
魏方泰 458
10 魏一鰲 219
17 魏了翁 17、235、381、492
22 魏偁 289
26 魏伯陽 225
魏峴 402
28 魏徵 417
31 魏濬 46、102
40 魏校 82、333
61 魏顯國 32、33、266
67 魏野 467
87 魏鄭公諫録 417

2643_0 吴

00 吴文正公集 80
吴應箕 128
01 吴龍翰 496
07 吴韶 276
10 吴頁南 157
吴元滿 19、22
12 吴廷華 381
吴廷舉 332
17 吴郡圖經續記 434
吴郡志 437
21 吴幵 297
吴仁傑 25
吴師道 47、519
22 吴繼士 443
吴山 37
24 吴縝 26
26 吴自牧 433
28 吴儆 490
30 吴沆 392
吴騫 51
吴永 178
吴之俊 393
吴之振 70
31 吴潛 493
32 吴澄 6、12、80、382
吴兆 214
35 吴禮部文集 519
38 吴道南 147
吴海 521
吴啓昆 364
40 吴大有 293
吴枋 296
43 吴棫 20
吴越紀餘 427
44 吴夢暘 215
吴孝章 146
吴桂森 360
吴若 401
47 吴都文粹 437
吴均 20
50 吴肅公 132
吴聿 295
吴中故實 426

吳中金石新編 316
吳中舊事 439
吳中水利通志 165
吳中往哲記 48
60 吳國倫 87
吳景奎 510
64 吳時來 37
71 吳頤元 307
72 吳氏墨記 307
77 吳隆元 105、363
吳興掌故 398
吳與弼 87
84 吳鎮 509
86 吳錦鑾 228
吳錫疇 472
97 吳炯 129

2690_0 和
24 和嵘 287
37 和凝 287

2691_4 程
00 程文德 216
程文恭公遺稿 216
02 程端學 241、374
10 程元初 142
程玉潤 3
12 程廷祚 415
13 程珌 492
17 程君房 66
23 程允基 458
27 程俱 469、484
30 程良孺 180
程良玉 399
34 程達 130
程汝繼 360
37 程迥 355
38 程道生 110
40 程大昌 43、392
程大純 134
程嘉遂 215
程希堯 408
60 程曈 119
67 程明善 92
程明哲 11
72 程氏外書 117
程氏春秋 374
程氏墨史 66
程氏墨苑 66
80 程義 66
81 程鉅夫 517
88 程敏政 119、251、441

2692_2 穆
23 穆參軍集 477
27 穆修 477
40 穆希文 185、197
77 穆尼閣 93

2694_0 稗

20 稗乘 175

38 稗海 392

50 稗史彙編 389

2694_1 釋

00 釋方澤 218

釋文瑩(見文瑩)

釋玄奘 430

釋彦琪 339

10 釋元覺 339

20 釋皎然 412

21 釋行均 299、405

24 釋德祥 81

釋德靜 512

30 釋實存 512

釋宗渤 336

38 釋道璨 498

釋道潛 474

40 釋大圭 522

釋大汕 171

釋大訢 81

釋壽寧 75

49 釋妙声 512

50 釋惠洪 62、498

57 釋契嵩 498

60 釋圓至 522

77 釋居簡 467、474

80 釋普文 77

釋無盡(見無盡)

95 釋性制 51

2710_7 盤

32 盤洲文集 488

2711_7 龜

22 龜巢稿 521

龜山集 480

32 龜溪集 483

2712_7 歸

31 歸潛志 255

60 歸愚集 488

77 歸閑述夢 306

2713_2 黎

38 黎遂球 216

2713_6 蟹

67 蟹畧 435

2720_7 多

03 多識編 107

21 多能鄙事 68

2721_0 徂

24 徂徠集 478

佩

10 佩玉齋類稿 521

40 佩韋齋集 496

佩韋齋輯聞 435

2721_2 危

50 危素 500、508

67 危昭德 486

2721_7 倪

14 倪瓚 502

28 倪復 243、370

34 倪濤 366

2722_0 勿

44 勿菴曆算書記 400

51 勿軒集 498

2722_2 修

20 修辭鑑衡 461

修辭指南 57

2723_2 象

22 象山年譜 254

象山文集、外集、語録 79

24 象緯彙編 341

44 象林 93

像

27 像象述 360

2723_3 佟

63 佟賦偉 171

2723_4 侯

22 侯繼國 158

25 侯鯖録 295

27 侯甸 311

40 侯克中 511

2724_0 將

44 將苑 344

77 將門秘法陰符經 343

2725_2 解

32 解割圜之根 97

2725_7 伊

37 伊洛淵源續録 119

2726_1 詹

37 詹初 493

60 詹景鳳 177

2726_2 貂

19 貂璫史鑑 35

2730_3 冬

10 冬至考 96
28 冬谿集 218
38 冬遊記 307

2731_2 鮑

00 鮑應鼇 425
10 鮑雲龍 413
22 鮑山 447
50 鮑泰 302
97 鮑恂 362

2732_7 烏

00 烏衣香牒 203

2733_2 忽

60 忽思慧 300

2733_7 急

03 急就篇 405

2740_0 身

60 身易寔義 103

2742_7 鷄

74 鷄肋集 481

鄒

10 鄒元標 207(2)
17 鄒聚所文集、外集 211
鄒子存真集 207
26 鄒得涵 211
30 鄒守益 82
鄒守愚 86
35 鄒迪光 211
38 鄒道元 176
44 鄒荻翁集 204
47 鄒期楨 5
48 鄒枚 204
50 鄒忠介公奏疏 207
鄒忠允 372

2748_1 疑

43 疑獄集 287
疑獄箋 153

2760_0 名

22 名山勝概記 162
名山諸勝一覽記 49
27 名疑 60
42 名媛彙詩 77
46 名相贊 287
65 名蹟録 439
71 名臣事畧 439
名臣言行録 397
77 名醫類案 456
80 名公涵藻 77
名義考 183

88 名筆私鈔 316

2760_3 魯

00 魯齋書疑 237
魯齋心法 118
魯齋遺集(王柏) 465
魯齋遺集(許衡) 517
20 魯重民 182
21 魯貞 332
61 魯點 50

2762_0 句

37 句漏集 335
55 句曲外史集、外集、補遺 502
77 句股述 400

2762_7 鄱

76 鄱陽集 468

2771_2 包

44 包孝肅奏議 464
57 包拯 464

2772_0 勾

77 勾股闡微 96
勾股矩測解原 95
勾股引蒙 94

2772_7 鄉

24 鄉射禮儀節 110
鄉射禮集要 11

島

50 島夷志畧 284

2780_6 負

63 負暄野録 292

2790_4 彙

44 彙苑詳註 176

2791_7 紀

08 紀效新書 160
40 紀古滇説 168
44 紀夢要覽 311
77 紀聞類編 446
87 紀録彙編 427
88 紀纂淵海 291
90 紀善録 303

2792_0 網

22 網山月漁集 492

綱

60 綱目分註拾遺 143
綱目愚管 249

2792_2 緑

10 緑雪亭雜言 409

2793_2 緣

27 緣督集 490

繆

40 繆希雍 229

2796_2 紹

77 紹陶録 490

紹興十八年同年録 429

2824_0 徵

10 徵吾録 30

傲

51 傲軒吟稿 506

2824_7 復

00 復齋日記 308

40 復古編 20

70 復辟録 404

2825_3 儀

35 儀禮節解 11

儀禮經傳通解集注 380

儀禮經傳通解續 381

儀禮圖 110

儀禮要義 381

儀禮章句 381

儀禮鄭註句讀 416

2826_8 俗

01 俗語 318

2829_4 徐

00 徐鹿卿 493

徐文惠公集 493

徐文靖 161、200

徐彦純 349

08 徐謙 231

10 徐石麒 208、403

徐天麟 25、266

徐霞客遊記 450

12 徐璣 471

21 徐倬 220

徐經孫 493

徐師曾 12

22 徐仙翰藻 322

23 徐獻忠 324、398、449

徐允禄 212

26 徐伯繼 38

徐伯齡 302

徐自明 28

27 徐象梅 162

30 徐賓 35

徐宏祖 450

31 徐禎卿 256
34 徐達左 117、511
35 徐清正公集 493
36 徐渭 63、399、442
38 徐道符 223
徐汾 428
40 徐賁 88
徐有貞 89
徐嘉泰 49
徐在漢 365
41 徐樞 390
44 徐兢 53、284
徐夢莘 28
60 徐昂發 195、220
徐昌祚 166、189
64 徐時行 392
67 徐昭慶 380、382
徐照 471
73 徐駿 383、439
徐問 123
徐用檢 126
徐學聚 425
徐學謨 31
徐用宣 349
78 徐鑒 116
80 徐善 237
徐公文集 476
徐鉉 476
81 徐鍇 405
84 徐釚 200
90 徐常吉 179
94 徐㶿 424、456

2835_1　鮮

10 鮮于樞 408

2854_0　牧

44 牧萊脞語、二稿 500
88 牧鑑 149

2874_0　收

90 收賞硯譜 66

2896_6　繪

50 繪事備考 457

2998_0　秋

22 秋崖詩稿 472
秋崖文藁 465
47 秋聲集 506
48 秋檠録 196

3010_1　空

77 空同子瞽説 191

3010_4　塞

01 塞語 283

3010_6　宣

24 宣德鼎彝譜 443

3010_7 宜

00 宜齋野乘 296

3011_3 流

40 流塘集 493

3011_4 淮

38 淮海易談 102

76 淮陽集 508

3011_7 瀛

28 瀛艖談苑 318

3012_7 滴

10 滴露軒藏稿 205

3013_0 汴

00 汴京遺蹟志 424

3016_1 涪

74 涪陵記善録 163

3020_1 寧

41 寧極齋稿 497

3021_2 宛

74 宛陵集 467

3021_4 寇

30 寇準 467

50 寇忠愍公詩集 467

3021_7 扈

28 扈從詩 506

3022_7 房

14 房琪 75

宵

25 宵練匣 125

3023_2 家

35 家禮辨定 384

永

40 永嘉八面鋒 466

永嘉先哲録 448

3029_4 雜

03 雜誡 307

3030_2 適

95 適情録 352

3030_3 寒

44 寒村集 91

3033_6 憲

00 憲章録 389

44 憲世編 129

3034_2 守

32 守溪長語 322

3040_1 宇

00 宇文懋昭 29、255

3040_4 安

40 安南即事 170

44 安楚録 40

安世鳳 449

67 安晚堂集 470

70 安雅堂集 518

76 安陽集 477

3040_7 字

22 字孿 23

26 字觸 200

44 字考 23

77 字學訂譌 140

字學指南 141

80 字義總畧 141

88 字鑑 137

3042_7 寓

60 寓圃雜記 312

88 寓簡 432

3060_0 富

22 富山遺稿 515

3060_1 謇

00 謇齋瑣綴録 308

3060_4 客

00 客亭類稿 498

客座贅語 461

3060_5 宙

80 宙合編 180

3060_6 宫

77 宫閨小名録 151

3060_8 容

74 容膝居雜録 195

3071_4 宅

00 宅京記 427

3073_2 寰

30 寰宇分合志 390

40 寰有詮 99

3077_7 官

20 官爵志 403
22 官制備考 36

3080_1 定
30 定穴立向要訣 229
定宇文集 89

蹇
77 蹇駒 420

3080_6 寳
02 寳刻叢編 62
10 寳晉英光集 482
28 寳繪録 456
34 寳祐四年登科記 438
60 寳日堂初集 208

賓
37 賓退録 436
44 賓村集 220

竇
00 竇文照 188、446
17 竇子偁 19
17 竇子紀聞類編 188
34 竇漢卿 230

實
30 實賓録 321

3090_1 宗
16 宗聖志 45
36 宗澤 481
50 宗忠簡公集 481

3090_4 宋
00 宋應昌 148
宋慶長 44
宋文紀 173
02 宋端儀 318
04 宋詩鈔 70
07 宋詡 194
08 宋論 287
10 宋西事案 419
宋元 502(2)
宋元詩會 457
宋元史發微 287
12 宋登春 89
22 宋綬 267
23 宋狀元録 422
26 宋自遜 487
27 宋紀受終考 251
30 宋濂 274
宋宰輔編年録 28
35 宋遺民録 441
40 宋布衣集 89
宋大事記講義 419
宋十五家詩選 71
44 宋藝圃集 476

47 宋朝名畫録 297
50 宋史筆斷 430
宋史闡幽 423
宋史存 426
宋忠簡公遺事 421
60 宋四大家外紀 424
71 宋長白 459
72 宋氏樹畜部 194
宋氏燕閒部 194
宋氏養生部 194
宋氏尊生部 194
77 宋學商求 121
宋賢事彙 34
80 宋公傳 513
88 宋敏求 295
99 宋犖 172

3092_7 竊

94 竊憤録 28

3111_0 江

10 江一麟 269
14 江瓘 456
30 江永 9、111
34 江淹 290
37 江湖長翁集 491
40 江南野史 27
44 江蘩 429
50 江表志 388
70 江防考 37
77 江月松風集 507
90 江少虞 421

3111_1 涇

67 涇野先生文集 82

3111_4 汪

00 汪文盛 337
汪應辰 487
汪應蛟 184
10 汪三益 159
汪天槃 67
11 汪砢玉 39
18 汪璲 104
20 汪爲熙 167
34 汪浩然 202
40 汪克寬 375、521
汪士漢 178
汪士鋐 411
汪士賢 196
42 汪機 233
43 汪越 171
44 汪莘 493
汪藻 483
97 汪焕章 284

3111_6 洹

07 洹詞 82

3112_0 河

10 河工集 220
21 河上楮談 410
河上楮談、續談 194
37 河洛真數 243
38 河汾諸老詩 75
50 河東集 464

3112_1 涉

50 涉史隨筆 388

3112_7 馮

10 馮可賓 178
22 馮山 79
26 馮保 16
28 馮復京 372
30 馮安岳詩 79
44 馮夢龍 377
馮贄 406
50 馮忠恕 163
64 馮時行 490

3114_9 滹

40 滹南文集 499

3116_0 酒

41 酒概 200
50 酒史 442

3116_1 潛

00 潛齋文集 495
21 潛虚 116
50 潛書 199

3116_8 濬

10 濬元 183

3128_6 顧

00 顧充 141
顧諒 311
顧言 123
顧應祥 94、144、282、347
02 顧端文劄記 127
03 顧斌 160
10 顧正誼 83
14 顧瑛 502、513
25 顧仲清 65
30 顧憲成 127
顧宗瑋 415
34 顧禧 473
36 顧況 463
37 顧祖禹 42
40 顧士璉 164
47 顧起綸 72、335、337
顧起元 188
53 顧成憲 154
72 顧氏詩史 83
顧氏易解 359

顧氏雜録 460
80 顧曾唯 359
88 顧簡 213
90 顧炎武 427

3130_6 逌
08 逌旃璅言 442

迺
77 迺賢 502

3190_4 渠
76 渠陽讀書雜抄 17

3210_0 測
60 測圖海鏡分類釋術 94
測圓海鏡 340

3211_8 澄
90 澄懷録 407

3212_1 浙
10 浙西六家詞 93

3213_0 冰
22 冰川詩式 62
60 冰署筆談 190

3213_4 溪
90 溪堂麗宿 317

3214_7 叢
01 叢語 129

浮
27 浮物 317
32 浮溪文粹 483

3216_9 潘
00 潘音 473
20 潘季馴 269(2)
26 潘自牧 291
30 潘良貴 80
潘之淙 443
潘之恒 51
31 潘灝 124
34 潘汝 90
潘湞 383
38 潘滋 327
40 潘士達 113
潘士藻 2
44 潘恭定公集 90
60 潘昂霄 61
63 潘默成公集 80

3219_4 灤
00 灤京百詠 506

3230_1 逃
21 逃虚子詩集 334

3230_2 近
22 近峯聞畧 440
90 近光集 506

3230_6 遁
60 遁甲吉方直指 347

3230_9 遜
60 遜國忠記 146

3300_0 心
21 心經附註 119
60 心易 4
77 心學録 246

3311_1 浣
12 浣水續談 410

3312_7 浦
01 浦龍淵 104、365
31 浦江志畧 45
40 浦南金 57
76 浦陽人物志 274

3316_0 治
31 治河總考 269
治河通考 37
治河奏績書 428
43 治城客論 312
44 治世餘聞録 259

3318_6 演
22 演山文集 481
80 演禽通纂 352
演禽圖訣 342
演禽心法 344

3330_3 邃
40 邃古記 422

3390_4 梁
00 梁文紀 174
20 梁維樞 396
24 梁儲 216
28 梁谿漫志 435
30 梁寅 85、239
32 梁溪文集 483
40 梁克家 43
42 梁橋 62
44 梁夢龍 287
60 梁園風雅 454
80 梁善長 73

3400_0 斗
40 斗南詩集 336

3410_0 對

22 對制談經 383

3411_2 沈

10 沈下賢集 78

沈亞之 78

11 沈珩 220

沈棐 374

12 沈廷勱 103

沈廷璐 171

15 沈珠 128

17 沈司成集 205

26 沈伯咸 247

沈自南 188

28 沈作賓 272

沈作喆 432

30 沈守正 15

32 沈泓 101

34 沈遼 479

沈沈 200

35 沈津 280、316

沈遘 479

40 沈壽民 127、218

沈堯中 181

沈志禮 53

44 沈夢熊 147、148

沈懋孝 205

沈萬鈳 372

52 沈括 479

60 沈昌基 104

沈易 71

67 沈明臣 337

71 沈長卿 190

72 沈氏蘧説 190

沈氏學弢 181

沈彤 11

77 沈與求 483

沈與文 315

88 沈節甫 427

92 沈愷 306

池

50 池本理 351

3411_8 湛

23 湛然居士集 516

32 湛淵集 504

44 湛若水 382

3413_1 法

30 法家裒集 310

3413_4 漢

00 漢唐秘史 250

26 漢魏百三名家 172

45 漢隸分韻 23

3414_0 汝

40 汝南圃史 189

3414_7 淩
20 淩稚隆 377
34 淩濛初 371(2)
35 淩迪知 56、77、157、192
80 淩義渠 409

3416_4 渚
22 渚山堂詞話 309
渚山堂詩話 309

3418_1 洪
13 洪武聖政記 29
15 洪珠 375
32 洪洲類稿 90
洪适 488
34 洪邁 56、70
38 洪啟初 360
77 洪覺 422
88 洪範圖解 368
90 洪炎 468
洪焱祖 511

滇
67 滇畧 168

3424_1 禱
10 禱雨録 408

3426_4 褚
26 褚伯秀 298
32 褚澄 348
72 褚氏遺書 348

3430_9 遼
27 遼紀 36
40 遼志 255
80 遼金大臣年表 28
90 遼小史 387

3512_7 清
31 清江碧嶂集 505
清江二家詩 337
32 清溪弄兵録 252
34 清波别志 391
44 清苑齋集 471
77 清風亭稿 209
90 清賞録 443

3513_0 決
79 決勝綱目 158

3516_6 漕
18 漕政舉要 270
31 漕河奏議 270
37 漕運志 270

3519_6 涑

12 涑水紀聞 431

3520_6 神
55 神農本草經疏 229

3521_8 禮
07 禮部集 211
禮部韻畧 136
禮記主約 109
禮記彙編 381
禮記集説辨疑 416
禮記日録 109
禮記説義 381
禮記通解 12
禮記新裁 109
禮記意評 108
禮記纂注 12
08 禮説 382
22 禮樂通考 111
24 禮緯含文嘉 399
50 禮書綱目 111

3526_0 袖
18 袖珍小兒方 349

3530_0 連
76 連陽八排風土記 169

3530_8 遺
22 遺山集 501

3610_0 湘
22 湘山野録、續録 298
96 湘煙録 409

3611_0 況
27 況叔祺 57

3611_7 温
14 温璜 212
21 温處海防圖畧 37
25 温純 312
80 温公徽言 286

3612_7 湯
27 湯紹祖 69

3614_7 漫
40 漫塘文集 492
77 漫叟拾遺 291

3621_0 視
44 視草餘録 153
77 視履類編 129

祝
00 祝文彦 134
23 祝允明 317、423(2)

26 祝穆 42、177
33 祝泌 17、18
44 祝萃 206
64 祝時亨 328

3625_6 禪
30 禪寄筆談、續談 195

3630_2 還
22 還山遺稿 515

3711_4 濯
26 濯纓亭筆記 441

3712_0 潤
32 潤洲先賢録 47

湖
36 湖湘五畧 170

溯
36 溯洄集 72

3712_7 湧
40 湧幢小品 451

鴻
44 鴻苞 179

3715_6 渾
44 渾蓋通憲圖説 94、222

3716_0 洺
12 洺水集 492

3716_1 澹
30 澹寫因指 4

3716_4 潞
12 潞水客談 38

洛
76 洛陽九老祖龍學文集 479

3719_4 深
10 深雪偶談 295

3721_0 祖
80 祖無擇 479

3721_4 冠
60 冠圖 306

3723_2 冢
30 冢宰文集 333

3723_4 禊

41 禊帖綜聞 459

3730_1 逸
01 逸語 244
50 逸事辨證 204

3730_2 過
00 過庭詩話 303
過庭訓 398

通
10 通元五星論 351
21 通占大象曆星經 342
35 通漕類編 37
50 通書大全 99
通書捷徑 347

3730_4 運
88 運籌綱目 158

3730_8 選
04 選詩補註、補遺、續編 301

3750_6 軍
21 軍占雜集 344
44 軍權 159

3780_6 資
67 資暇集 395

3811_9 溢
12 溢水集 499

3812_7 汾
21 汾上續談 410

3813_4 渼
74 渼陂集 87
渼陂續集 87

3814_0 澉
12 澉水志 165

3814_7 游
20 游季勳 269
30 游宦餘談 194、410
40 游九言 492
47 游鶴堂墨藪 64
90 游光敬 227

3815_7 海
21 海上占候 342
22 海巢集 507
23 海外紀事 171
31 海涵萬象録 314
37 海運詳考 271
海運誌 271

38 海道經 283
40 海内奇觀 315
50 海表奇觀 53
60 海昌外志 164
海國聞見録 170
70 海防圖論 284
78 海鹽圖經 44
87 海録碎事 55

3816_7 滄
33 滄浪小志 172
滄浪吟 471
滄浪櫂歌 331
38 滄海遺珠集 328
56 滄螺集 84

3819_4 滁
32 滁州誌 278

3824_0 啟
20 啟雋類函 76

3825_1 祥
60 祥異賦 343

3830_6 道
20 道統圖 130
40 道南三先生遺書 245
道南源委録 125
道南正學編 135
道南書院録 398
44 道林先生諸集 122
60 道園遺稿 504
77 道學正宗 123

3912_7 消
77 消閒録 247

4000_0 十
00 十六國年表 26
10 十二論 288
23 十代風水地理 352
24 十先生奥論前集、後集、續集 324
40 十七史詳節 24

4001_1 左
17 左翼 10
20 左禹錫 435
25 左傳附註 242
左傳分國紀事 377
左傳人名辨異 415
左傳統箋 10
左傳折衷 10
30 左宗郢 53
40 左克明 71
67 左署 10
72 左氏兵畧 113

左氏始末 376
90 左粹類纂 376

4001_7 九
00 九章録要 221
21 九經考異 416
九經三傳沿革例 416
44 九華詩集 472
47 九朝談纂 257
60 九圜史 94

4003_0 大
00 大唐傳載 251
大唐西域記 430
大唐詔令 267
17 大司空遺稿 212
22 大樂嘉成 155
27 大象觀 360
30 大定易數 350
35 大禮集議 268
37 大滌函書 455
50 大事紀、通釋、解題 248
大事紀續編 248
60 大易法象通贊 357
大易鉤玄 362
67 大明官志 154
大明集禮 268
大明通寶義 310
70 大雅集 512
77 大學叢説 385
大學古今本通考 114
大學稽中傳 12
大學説 209
大學中庸讀 13
80 大金國志 29

太
10 太平寰宇記 42
太平金鏡策 334
太平治迹統類前集 27
17 太乙成書 346
太乙全鏡 222
太乙統宗寶鑑 93
太乙專征賦 344
26 太白樓集 327
太白陰經 344
40 太古遺音 201
41 太極圖分解 243
太極圖説 366
50 太史華句 56
太史史例 25
76 太陽太陰通軌 444
80 太倉稊米集 489
太公兵法 341

4003_8 夾
37 夾漈遺稿 488

4004_7 友
10 友石先生詩集 83
友石山人遺稿 506
44 友林乙藁 470

4010_0 土
27 土魯番哈密事蹟 265
30 土官底簿 54

4010_4 圭
00 圭齋集 514
40 圭塘欸乃 504
圭塘小稿、别集、續集、外集 518

臺
38 臺海使槎録 170

4010_6 查
00 查應光 58

4010_7 直
08 直説通畧 249

壺
10 壺天玉露 150
22 壺山四六 487

4012_7 坊
07 坊記集傳 13

4016_1 培
60 培壘居雜録 192

4020_0 才
26 才鬼記 449

4021_1 堯
22 堯山堂偶雋 450
堯山堂外紀 424

4021_4 在
51 在軒集 504

4022_7 布
10 布粟集 320

南
00 南齊文紀 173
南雍志 45
07 南部新書 25、419
南詔事畧 282
11 南北史續世説 417
21 南行集 89
南征録 260
22 南畿志 44
25 南使集 41
30 南窗紀談 321

南渡録　28
南濠詩話　301
南宋名臣言行録　254
南宋書增削定本　427
南宋院畫録　410
南漳子　198
31 南遷録　255、402
32 南溪詩話　320
37 南湖集　510
38 南滁會景編　278
40 南内記　260
南臺舊聞　156
43 南城召對録　263
44 南村詩集　502
47 南朝史精語　56
50 南泰紀畧　265
南夷書　283
南中志　282
51 南軒集　491
南軒易説　354
76 南陽集　479
95 南燼紀聞　401

内

00 内府古器評　296
77 内閣行實　263
内閣奏稿　207
88 内簡尺牘、拾遺　330

希

77 希賢録　132

4024_7 存

28 存復齋集　519
60 存愚録　314
70 存雅堂遺稿　497
77 存學編　133
98 存悔齋稿　516

皮

60 皮日休　463

4030_0 寸

80 寸金穴法　228
寸金易鑑　351

4033_1 赤

12 赤水玄珠　231
43 赤城會通記　273
赤城新志　273
赤城志　273
赤城集(顧起綸)　337
赤城集(林表民)　431

志

00 志齋醫論　349
38 志道集　473

4033_6　熹

00 熹廟拾遺　405

4040_1　幸

10 幸元龍　493

4040_7　李

00 李廉　241
李讓　279
李文鳳　282
李文公集　462
李文秀　262
李文仲　137
李言恭　452
李應昇　207
03 李誠　268
05 李靖　221
07 李詡　454
10 李石　356、374
李天麟　40
11 李北海集　463
李彌遜　483
12 李登　23
李廷機　34
李廷忠　466
李延平集　203
14 李琪　240
17 李璵　447
李豫亨　304
李子金　226
李子愿　254
21 李經綸　12
李衛公集、别集、外集　463
李衛公望江南歌　221
22 李繼本　81
李樂　394、452
李山人詩集　335
李邕　463
23 李俊民　499
24 李德裕　463
李先芳　108
李幼武　397
25 李紳　329
李生寅　335
26 李伯璵　324
27 李翺　462
李侗　203、245
李綱　252、483
李絳　461
李紹文　393
李繩遠　179
28 李復言　295
李徵　205
30 李淳風　399
李濟翁　395
李濂　317、338、350、424
李實　260
李永昌　215

李之儀 481
李之藻 94、99、222
31 李濬 291
33 李心傳 420
李治 340
35 李清菴 399
37 李過 354
李祁 520
李深之集 461
李淑通 346
李遐叔文集 412
38 李瀚 430
40 李存 519
李燾 27、418(2)
李克家 159
李來章 169
李培 248
李士龍 138
李士實 286
李士瞻 519
43 李朴 253
李栻 387
44 李蓘 476、513
李蘅 190
李華 412
李堪 224
李孝美 65、293
李孝先 515
47 李根 23
50 李本固 3
李東陽 301
李貴 254
60 李果 232
李景 349
李昴英 494
李日華 36、76、157、181
63 李默 163
64 李時 263
70 李璧 314
71 李壂 43
72 李屖 417
李劉 486
李氏居室記 317
李氏類纂 179
77 李鳳雛 378
李開先 315、364
李同芳 129
李賢 309
80 李公柱 124
李曾伯 494
90 李光地 104
92 李愷 272

支

00 支離子集 474

4046_5 嘉

05 嘉靖維揚志 278
嘉靖以來輔臣傳 35

20 嘉禾百詠 475
34 嘉祐雜志 252

4050_6 韋
00 韋齋集 484
24 韋續 62
97 韋焕 243

4051_4 難
30 難字直音 138

4060_0 古
00 古文集成甲集、乙集、丙集、丁集、戊集、己集、庚集、辛集、壬集、癸集 69
古文苑 293
古言 305
古音駢字 406
01 古譚吏隱主人 53
02 古刻叢抄 395
04 古詩類苑 69
20 古雋 187
古穰雜録 309
21 古虞文録 326
22 古樂府 71
27 古象通 102
34 古法書苑 442
40 古杭雜記詩集 73
43 古越書 451
48 古梅道藁 496
50 古史餘論 285
古畫苑 442
古事比 176
60 古易彙編 3
古易考原 359
66 古器具名 200
古器銘釋 199
80 古今兵鑑 157
古今禪藻集 77
古今詞論 91
古今鹾畧 39
古今風謡 71
古今記林 178
古今廉鑑 33
古今律曆考 154
古今評録 185
古今石刻碑目 454
古今識鑒 303
古今釋疑 186
古今説海 180
古今歲時雜詠 437
古今文房登庸録 199
古今彝語 184
古今寓言 77
古今原始 425
古今源流至論别集 172
古今源流至論前集、後集、續集 172

古今宗藩懿行考 33
88 古算衍畧 97

4060_9 杏
00 杏庭摘稿 511

4062_1 奇
38 奇遊漫紀 82
45 奇姓通 61
77 奇門遁甲賦 345
奇門説要 346
奇門要畧 346

4064_1 壽
06 壽親養老新書 68

4071_0 七
10 七元六甲書 343
18 七政細草補注 95
21 七經孟子考文補遺 17
60 七星劉詩文稿抄 214
七星巖志 51

4073_2 袁
00 袁應兆 155
袁袠 334
08 袁説友 72
21 袁仁 369
23 袁俊翁 15
40 袁士元 506
42 袁彬 260
44 袁華 75、510
50 袁忠徹 303
60 袁易 503
99 袁燮 254

4080_1 真
08 真詮 407
22 真山民集 472
24 真德秀 244
44 真桂芳 472
65 真蹟日録 456
72 真臘風土記 284

4080_6 賣
44 賣菜言 461

4090_0 木
48 木增 395

4090_3 索
60 索易臆説 364

4090_8 來
20 來集之 176
31 來濬 452

4091_6 檀

17 檀弓叢訓 12
檀弓通 382
檀弓原 382
77 檀几叢書 397

4092_7 樵

40 檇李往哲初編 164
檇李往哲續編 164

4093_1 樵

10 樵雲獨唱 507

4122_7 獅

22 獅山掌録 393

4141_6 姬

24 姬侍類偶 406

4192_0 柯

17 柯珮 342

4196_1 梧

32 梧溪集 507

4199_1 標

61 標題蒙求 430

4212_2 彭

07 彭韶 288
10 彭百川 27
18 彭致中 202
21 彭比部集 215
34 彭汝礪 468
57 彭輅 215
60 彭勗 369
64 彭曉 225
彭時 188
88 彭簪 49

4223_0 狐

80 狐首經 227

4240_0 荆

32 荆溪唱和詩 328
荆溪林下偶談 321
77 荆門耆舊紀畧 168

4241_3 姚

00 姚廣孝 334
姚文蔚 361
姚應仁 13、382
11 姚張斌 193
20 姚舜牧 217
30 姚宏緒 74
37 姚咨 7
40 姚士粦 26
53 姚成菴文集 217
77 姚際恒 396

90 姚光祚 186
姚堂 47

4252_1　靳
50 靳史 58
53 靳輔 428

4257_7　韜
90 韜光庵記遊詩 220

4292_1　析
80 析義待正 396

4292_7　橋
77 橋門聽雨詩 329

4301_0　尤
17 尤玘 431
27 尤侗 151
64 尤時熙 125

4304_2　博
77 博學彙書 176

4355_0　載
38 載道集 136

4373_2　裘
15 裘璉 52
17 裘君弘 459

4375_0　裁
88 裁纂類函 55

4380_5　越
22 越嶠書 282
44 越草 337

4385_0　戴
00 戴豪 334
戴庭槐 2
10 戴天恩 4
戴天章 364
17 戴君恩 126
20 戴鯨 326
21 戴經 122
戴虞皋 360
27 戴侗 19
28 戴復古 390、470
37 戴冠 416、441
50 戴表元 331、500、503
61 戴顒 334
90 戴少望 345

4410_4　董
08 董説 213
25 董傳策 82
28 董從吾集 86

31 董澐 86
38 董遵 327
42 董斯張 58
43 董越 281、282
47 董穀 165
50 董史 401
67 董嗣杲 475
80 董弅 323
96 董煟 272

莝

87 莝録 321

4411_2 地

16 地理傳心全集 99
地理人天共寶 226
地理圖經合注 222
地理玉函纂要 228
地理總括 98

范

00 范應虚 329
10 范王孫 107
16 范理 288
17 范承勳 50
21 范處義 239
24 范德機集 331
37 范祖禹 79
40 范椁 331
范太史文集 79
53 范成大 279、437、469
67 范明泰 424
87 范欽 196

4412_7 蒲

25 蒲積中 437
30 蒲室集 81
38 蒲道源 518

4414_2 薄

38 薄游草 209

4414_7 鼓

67 鼓吹續編 304

4416_4 落

44 落落齋遺集 207

4418_1 填

07 填詞名解 91
填詞圖譜、續集 91

4420_7 考

00 考亭淵源録 393
02 考證服飾篇 157
10 考工記通 380
考工記纂注 11
30 考定竹書 141

40 考古辭宗 57
考古圖 63

夢

21 夢占類考 229
33 夢粱録 433
46 夢觀集 522

4421_0 尅

56 尅擇備要 222

4421_2 苑

37 苑洛志樂 18

4421_4 花

44 花草粹編 92
50 花史 202

薩

10 薩天錫集、外集 501
47 薩都剌 501

莊

05 莊靖集 499
15 莊臻鳳 202
17 莊子義海纂微 298
31 莊渠遺書 82
77 莊履豐 214

4421_7 蘆

22 蘆川歸來集 488

4422_2 茅

10 茅元儀 160、450
12 茅瑞徵 106、169、191
35 茅溱 21
45 茅坤 88、210

4422_7 芳

44 芳蘭軒集 471

蘭

00 蘭亭集 83
蘭亭考 437
蘭亭續考 437
10 蘭雪集 512
26 蘭臯集 472
30 蘭室秘藏 232

莆

76 莆陽文獻 279

芮

71 芮長恤 143

蕭

22 蕭崇業 54
蕭山水利、續刻、三刻 38

34 蕭漢中 357
60 蕭國寶 503

4423_2 蒙
22 蒙川遺藁 495
26 蒙泉雜言 318

4424_7 蔣
10 蔣一葵 424、450
20 蔣信 122
27 蔣伊 150
28 蔣以化 155
46 蔣如平 75
67 蔣鳴玉 109、112
90 蔣堂 477

4425_3 藏
50 藏春集 504

4428_6 蘋
22 蘋川集 206

4430_3 蘧
00 蘧廬詩 219
60 蘧園集 213

4430_4 蓮
72 蓮鬚閣集 216

蓬
30 蓬窓日録 446
蓬窗類記 308
44 蓬萊觀海亭集 327

4433_1 燕
22 燕山叢録 166、189
77 燕居荅述 122
90 燕堂詩稿 473

4439_4 蘇
10 蘇天爵 255、439
20 蘇舜欽 478
24 蘇贊成 281
26 蘇伯衡 191
蘇魏公文集 478
31 蘇濬 361
34 蘇祐 310、442
40 蘇志皋 91
53 蘇軾 353、367
58 蘇轍 280、370、373
60 蘇易簡 57、407
77 蘇學士文集 478
81 蘇頌 478
88 蘇籀 489
90 蘇米譚史廣 189

4440_0 艾
21 艾儒畧 162

40 艾南英 217
51 艾軒文集 490

4440_6 草
00 草廬輯粹 246
30 草窗集 335
40 草木子 441
44 草莽私乘 422

4440_7 孝
21 孝經集講 242
孝經集靈 114
孝經集傳 13

4442_7 萬
27 萬物數 116
40 萬古法程 155
萬壽仙書 223
42 萬斯同 25、38、457
44 萬樹 203
47 萬柳溪邊舊話 431
60 萬里海防 443
80 萬首唐人絶句 70
90 萬卷菁華前集、後集、續集 318

4443_0 莫
17 莫君陳 310

樊
26 樊得仁 281
27 樊紹述集注 198

4444_1 葬
21 葬經今文 228
50 葬書古本 227

4445_6 韓
14 韓琦 477
20 韓維 479
21 韓經 84
25 韓純玉 219
26 韓魏公傳 426
28 韓作棟 51
38 韓道昭 19、137
44 韓萬鍾 341
47 韓柳年譜 48
57 韓邦奇 2、18(2)、236、239、311、368
71 韓原道 426
77 韓駒 468

4446_0 姑
22 姑山遺集 218
32 姑溪集、後集 481
40 茹古畧集 180
44 姑蘇志 276
姑蘇名賢小紀 48

4450_4 華

00 華亭百詠 475
22 華嶽全集 49
24 華幼武 515
27 華叔陽 211
32 華兆登 413
72 華岳 470
76 華陽國志 43
華陽集 463

4450_6 革

27 革象新書 440
78 革除編年 259
革除遺事(符驗) 258
革除遺事(黄佐) 258
革除遺忠録 258
革除逸史 257

4452_1 蘄

87 蘄録 395

4460_1 昔

38 昔遊集 329

耆

44 耆舊續聞 307、434

4460_2 苕

10 苕西問答 135
32 苕溪集 484

4460_8 蓉

40 蓉塘詩話 395

4462_7 荀

12 荀廷詔 144

4471_1 老

17 老子篆 23

4471_4 耄

80 耄年録 210

4471_7 世

00 世廟識餘録 31
08 世譜增定 249
24 世緯 334
50 世史積疑 286

4472_2 鬱

32 鬱洲遺稿 216

4472_7 葛

00 葛立方 488
10 葛震 429
22 葛仙翁肘後備急方 348
28 葛徵奇 210
34 葛洪 348、388

44 葛萬里 460
葛芝 195
71 葛長庚 498
90 葛光禄集 210

4473_1　藝

44 藝菊志 457
藝林考證稱號 188
藝林纍 393
藝林剩語 154
47 藝彀 444

4474_1　薛

00 薛應旂 24、123、389、393
17 薛子庸語 123
23 薛俊 285
51 薛據 14
77 薛鳳翔 197
90 薛尚功 63

4477_0　甘

10 甘雨 45
26 甘白集 88
28 甘復 521

廿

10 廿一史識餘、補遺 55

4477_7　舊

00 舊京詞林志 149、390

4480_1　楚

07 楚記 277
40 楚臺記事 40
50 楚史檮杌 417
77 楚風補 163
楚騷綺語 192
楚騷協韻 323
88 楚範 323

4480_6　黄

00 黄帝奇門遁甲圖 345
黄庚 503
黄庶 482
黄庭堅 481、482
黄文獻公筆記 301
黄文獻公集 518
02 黄端伯 363
08 黄謙 199
10 黄百家 95
黄正憲 7
12 黄登 72
18 黄玠 508
黄瑜 423
23 黄獻 201
24 黄佐 45、86、258、279
黄勉齋集 464
25 黄仲元 465

26 黄自如 338
27 黄叔璥 156、170
黄魯曾 48
28 黄徹 433
30 黄淮 88
黄容 151
31 黄潛 301、508、518
32 黄滔 78
33 黄溥 310
34 黄汝和 222
黄汝良 190
37 黄潤玉 274、314
黄運兩河考議 38
38 黄道周
3、4、8、12、13(2)、453
黄海 51
40 黄吉士 140
黄希旦 474
41 黄標 180
44 黄蒲陽集 78
黄芹 236
46 黄楊集、補遺 515
48 黄乾行 109
黄榦 381、464
60 黄四如集 465
64 黄暐 308
77 黄履翁 172
黄門集 206
80 黄介庵集 88
黄金 84
黄公度 488
黄公紹 504
84 黄鎮成 506
90 黄光昇 30
黄裳 481
94 黄慎 226、227

4490_1 蔡

00 蔡方炳 133
蔡襄 478
07 蔡毅中 107
10 蔡元定 228
21 蔡虚齋文集 210
27 蔡絛 419
30 蔡永華 49
蔡宗兖 400
32 蔡淵 355
34 蔡汝賢 390
35 蔡清 210
50 蔡忠惠公集、別記 478
72 蔡氏律同 400
80 蔡善繼 448
85 蔡錬 327

4490_4 茶

21 茶經 442
44 茶董 68
50 茶史 68
71 茶馬類考 272

葉

12 葉廷珪 55

17 葉翼 274

葉子奇 441

20 葉秉敬 23、139

22 葉山 236

27 葉紹翁 420

葉紹顒 204

葉向高 191

30 葉良佩 334

葉適 491

38 葉海峯文 334

44 葉封 65

葉夢得 292、483

葉夢熊 158

50 葉泰 99

53 葉盛 393

61 葉顒 507

77 葉隆禮 255、419

80 葉八白易傳 236

葉金 278

88 葉鈴 135

4491_0 杜

15 杜臻 166

17 杜瓊 303

31 杜涇 383

35 杜清獻公集 493

44 杜樊川集 462

50 杜本 505

58 杜牧 462

77 杜開 292

88 杜範 493

4491_2 枕

50 枕中秘 68

4491_4 桂

38 桂海虞衡志 279

44 桂萼 272

48 桂故 446

72 桂隱文集、詩集 520

79 桂勝 445

權

00 權文公詩文集 411

24 權德與 411

4492_7 葯

30 葯房樵唱 510

菊

44 菊坡叢話 408

藕

77 藕居士詩話 452

4494_7 枝

01　枝語　199
22　枝山野記　423

蔙

60　蔙園雜記　443

4499_0　林

00　林亦之　492
　林應亮　209、214
　林應龍　352
　林應訓　165
04　林塾　259
10　林正大　324
23　林外野言　510
26　林泉高致　296
　林泉隨筆　322
30　林之奇　489
32　林兆珂　107、180
37　林鴻　85
　林祖述　445
40　林希逸　494
　林有麟　67(2)
46　林如楚　214
50　林春澤　214
　林表民　327、431
77　林駉　172
　林屋民風　458
　林屋山人稿　508
87　林欲楫　4
90　林光朝　490
　林尚葵　23

4541_0　姓

20　姓觹　60
31　姓源珠璣　60
71　姓匯　60
72　姓氏譜纂　157

4594_4　樓

41　樓楷　347
60　樓昉　70
88　樓鑰　79

4621_0　觀

18　觀政集　338
24　觀化集　339
27　觀象玩占　399
44　觀林詩話　295

4622_7　獨

12　獨孤及　78
16　獨醒雜誌　431

4641_3　媿

44　媿林漫録　128

4643_4　娱

50　娱書堂詩話　291

4680_6 賀

38 賀祥 32
77 賀隆 244
84 賀鑄 468

4690_0 柏

00 柏齋三書 316

4692_7 楊

00 楊方達 364
楊廉 210
楊文定公詩集 335
楊文靖公年譜 403
楊彦齡 309
楊雍建 219(2)
02 楊端 338
10 楊一清 260
楊爾曾 315
12 楊廷和 153
楊廷筠 162
楊瑀 440
13 楊瑄 404
17 楊翮 521
20 楊爵 360
楊維德 345
楊維楨 330
楊億 476(2)
22 楊循吉 48、387(2)、426
23 楊允孚 506
24 楊德周 399
25 楊傑 479
26 楊伯嵒 55
楊侃 436
27 楊奂 515
楊名 324
28 楊復 110
楊伶民 60
楊儀 59、326
33 楊溥 335
37 楊冠卿 498
40 楊希仁 270
楊太史家藏集 216
41 楊桓 19
楊梧 381
44 楊黄門奏疏 219
楊萬里 293、356、490
47 楊起元 216
55 楊捷 41
58 楊掄 201
60 楊昱 149
64 楊時 245、480
楊時喬 160、362
66 楊瞿崍 3
72 楊氏六帖補 55
楊氏易傳 356
74 楊陸榮 428
77 楊學可 404
80 楊慈湖易傳 354
楊公筆録 309

楊公遠 474
88 楊�松 228
楊簡 354
90 楊光先 229
楊惟休 31
94 楊慎 12、63、71、139、184、187、303(4)、313、394、406(2)、409、441(2)
97 楊炯 462
99 楊榮 443

4722_7 鶴

22 鶴山集 492
鶴山雅言 396
30 鶴灘稿 213
44 鶴林類集 456

郁

00 郁衮 258
37 郁逢慶 460
38 郁遵 513

4732_7 郝

40 郝杰 452
48 郝敬 2、5、7、11、12、14、362、379

4740_1 聲

00 聲音文字通 301

4742_0 朝

28 朝鮮賦 282
朝鮮雜志 281
朝鮮志 281
朝鮮史畧 429

4762_0 胡

00 胡廣 304
胡庭 105
胡文焕 200、223
胡文穆公雜著 304
胡彦 272
胡應麟 62、185
10 胡天游 506
胡五峯集 488
胡震 357
胡震亨 44
12 胡瑗 353
17 胡子易演、繫詞 3
20 胡舜陟 244
21 胡經 3
胡虛白 336
24 胡侍 315
26 胡儼 441
28 胡作柄 168
30 胡宏 248、488
34 胡汝寧 51
37 胡次焱 496
胡澹菴文集 487

40 胡士行 237
胡太初 391
44 胡其久 142
胡世安 459
胡世寧 333
48 胡松 76、278
58 胡掄 111
67 胡鳴玉 410
胡煦 366、367(2)
74 胡助 521
77 胡居仁 118
胡同 105
88 胡銓 487
91 胡炳文 438、518

4762_7 都
10 都天流年圖説 222
26 都穆 64、264、301、422
43 都城紀勝 299
77 都卬 307
80 都公譚纂 422
都俞 22

4791_0 楓
22 楓山語録 247

4792_0 柳
00 柳亭詩話 459
14 柳瑛 276
40 柳塘外集 498
44 柳黄同聲集 508
77 柳貫 508
柳開 464

桐
22 桐山老農集 332
27 桐嶼詩集 81

4792_2 杼
22 杼山詩文集 412

4792_7 橘
22 橘山四六 466

郴
31 郴江百詠 475

4794_7 穀
22 穀山筆麈 449
33 穀梁折衷 10

4796_4 格
00 格齋三松集 486
18 格致鏡原 58
40 格古要論 453

4814_0 救
44 救荒活民補遺書 272

救荒活民書 272
77 救民忠告 288

4816_6 增

01 增訂論語外篇 113
27 增修東萊書説 237
增修埤雅廣要 116
增修復古編 20
33 增補武林舊事 167

4841_7 乾

45 乾坤清氣 513

4842_7 翰

44 翰林記 36
翰苑叢抄 299
翰苑新書前集、後集、又、續集、别集 54
翰苑須知 154

4844_0 教

80 教養全書 58

4860_1 警

01 警語類抄 130

4864_0 敬

27 敬鄉録 47

4893_2 松

00 松亭晤語 453
10 松雪齋集、外集 517
26 松牕雜録 291
27 松鄉集 515
31 松源經説 386
41 松垣集 493
72 松隱文集 485
77 松風餘韻 74

4895_7 梅

00 梅文鼎 97、400
08 梅鷟 4、238、359
22 梅鼎祚 76、173(6)、174(5)、449
梅山續稿 491
梅巖集 496
25 梅純 261
26 梅自實 229
30 梅之熉 112
40 梅堯臣 467
44 梅花草堂集 445
梅花道人遺墨 509
梅花字字香 509
80 梅谷集 214

4896_6 檜

00 檜亭集 509

4980_2 趙

00 趙彦復 454
03 趙斌 222
08 趙謙 301
10 趙天麟 334
趙元祉 30
11 趙弼 314
12 趙廷瑞 278
14 趙璜 306
17 趙孟頫 517
19 趙璘 142
20 趙秉文 499
21 趙崡 442
趙師秀 471
趙偕 519
24 趙德麟 295
30 趙寶峯集 519
趙寧 45
趙汸 374
趙宧光 94、455
趙宗 357
33 趙必瑑 497
34 趙汝楳 355
37 趙迎 352
40 趙古則 19、118
趙吉士 428
趙志皋 85
44 趙世對 359
趙世顯 453
趙萬年 420
47 趙鶴 326
趙均 64
48 趙敬 440
51 趙振芳 365
64 趙時庚 292
67 趙明誠 292
77 趙居信 250
趙鳳翀 58
趙與可 393
趙與時 436
趙與虤 291
趙與裕 395
80 趙公豫 473
趙善璙 291
83 趙釴 425
91 趙恒 241

5000_6 中

00 中庸説 209
中庸合注 12
22 中山集 463
32 中州文表 455
中州人物考 458
44 中麓畫品 315
47 中都志 276
中朝故事 418
60 中吳紀聞 432
77 中興館閣録、續録 420

史

06 史韻 151
07 史記疑問 32
10 史要編 287
11 史彌寧 470
史弼 245
17 史取 32
26 史伯璿 438
34 史浩 330
50 史書纂畧 143
67 史鶚 245
84 史鑄 434
88 史鑑 86
92 史剡 286

申

64 申時行 213

吏

72 吏隱録 316

車

10 車璽 269
40 車垓 383
44 車若水 300
72 車氏内外服制通釋 383

5000_7 事

00 事文標異 396
事文類聚前集、後集、新集、别集、續集、外集、遺集 177
事言要玄 187
07 事詞類奇 179
23 事編 32
27 事物初畧 177
事物紀原(佚名) 176
事物紀原(胡儼) 441
43 事始 318

5001_4 推

43 推求師意 233
88 推篷寤語 304

5003_2 夷

00 夷齊考疑 142
夷齊録 285
26 夷白齋稿、外集 514

5010_6 畫

07 畫記補遺 318
27 畫嚮 215
34 畫法年紀 65
40 畫志 315
50 畫史會要 448
88 畫簾緒論 391

5010_7 盡

50 盡忠録、補録 485

5013_2 泰
26 泰泉集 86
60 泰昌日録 31

5013_6 蠹
00 蠹齋鉛刀編 490

5014_8 蛟
27 蛟峰集 495

5022_7 青
10 青霆經 227
22 青山集 480
27 青烏經 227
44 青蓮舫琴雅 67
50 青囊經 226
60 青羅曆 342
71 青原山志畧 50
76 青陽集 519

肅
20 肅雝集 512

5023_0 本
44 本草乘雅 232
90 本堂先生文集 80

5033_3 惠
40 惠士奇 378、382
45 惠棟 365
76 惠陽山水紀勝 51

5033_6 忠
12 忠烈編 264
21 忠貞文齋公文集 85
23 忠獻韓魏王别録 253

5040_4 婁
00 婁諒 29

5050_3 奉
10 奉天靖難記 31
25 奉使高麗記 284
奉使集 41

5060_1 書
00 書文音義便考 138
05 書訣 320
07 書記洞詮 76
08 書詳解 367
21 書經直指 237
書經提要 369
書經旨畧 368
25 書傳通釋 369
34 書法會編 63
書法離鈎 443

書法雅言 64
40 書帷别記 5
44 書林外集 506
50 書畫題跋記、續 460
書史會要、補遺 448
62 書影 459
80 書義矜式 238
書義卓躍 238

5060_3 春

10 春雨堂隨筆 322
29 春秋比事 374
春秋闡義 6
春秋程傳補 8
春秋傳注 378
春秋地理考實 9
春秋地名辨異 415
春秋鉤玄 375
春秋貫玉 376
春秋圭約 112
春秋衡庫 377
春秋胡傳附録纂疏 375
春秋或問 241
春秋集傳微旨 6
春秋集傳纂例 6
春秋集解（應撝謙） 9
春秋集解（蘇轍） 373
春秋集要 111
春秋紀傳 378
春秋金鎖匙 374
春秋經傳辨疑 7
春秋經解 240
春秋孔義 8
春秋揆 8
春秋類編 242
春秋麟寶 8
春秋録疑 241
春秋明志録 376
春秋年考 416
春秋闕疑 415
春秋實録 377
春秋世學 376
春秋事義全考 112
春秋事義慎考 113
春秋説 378
春秋説志 375
春秋私考 7
春秋四傳通辭 112
春秋通 378
春秋圖説 378
春秋王霸列國世紀 240
春秋五禮例宗 373
春秋讞義 6
春秋翼附 7
春秋因是 112
春秋直解 7
春秋職官考畧 415
春秋諸傳辨疑 8、240
春秋諸傳會通 241

春秋諸國統紀 373
春秋諸名臣傳譜 7
春秋纂言 6
春秋左傳類解(劉績) 241
春秋左傳類解(洪珠) 375
春秋左傳評註測義 377
春秋左傳詳節句解 240
春秋左傳事類年表 415
67 春明退朝録 295
春煦軒集 210
77 春駒小譜 203
春卿遺稿 477

5073_2 表

07 表記集傳 13

5080_6 責

24 責備餘談 290

5090_3 素

60 素園存稿 214
素園石譜 67

5090_4 秦

38 秦淪 242、286
40 秦柱 40
72 秦氏女訓 156
80 秦鏞 103

5090_6 東

00 東方朔占書 343
東方先生類語 144
東廓文集 82
10 東石講學録 246
東西洋考 390
26 東皋録 512
東臯雜記 320
30 東家雜記 244
東宮備覽 401
31 東源讀史 154
32 東溪集 487
東溪漫語 306
34 東漢會要 266
東漢文紀 173
38 東遊集(黄金) 84
東遊集(邱雲霄) 89
40 東南防守 436
東南防守利便 401
東塘詩集 332
41 東垣珍珠囊 349
43 東越正學録 247
44 東萊集 470
東萊先生左氏博議 9
東林列傳 429
東林書院志 166
東坡書傳 367

東坡易傳 353
46 東觀奏記 251
50 東夷圖志 390
60 東園客談 315
東園詩集續編 335
67 東墅詩集 335
72 東所文集 88
80 東谷贅言 302

5114_6 蟫
50 蟫史 197
95 蟫精雋 302

5203_4 揆
60 揆日候星紀要 95

5204_7 撥
19 撥砂經 98

授
21 授經圖 386

5206_4 括
44 括蒼彙紀 274

5206_9 播
44 播芳大全 397

5207_2 拙
00 拙齋文集 489

5210_4 塹
44 塹堵測量 96

5225_7 靜
00 靜齋筆記 439
靜齋至正真記 408
30 靜安八詠 75
50 靜春堂詩集 503
60 靜思集 507

5260_2 哲
71 哲匠金桴 409

5300_0 戈
30 戈永齡 444

5302_7 輔
00 輔廣 369

5310_7 盛
28 盛儀 278
46 盛如梓 440
64 盛時泰 451
67 盛明百家詩 326

5320_0 成
12 成廷珪 509

17 成勇 247
24 成化杭州府志 273
30 成憲録 256
47 成都文類 72

戚
10 戚元佐 164
22 戚繼光 159、160
40 戚雄 73

咸
30 咸賓録 424

5333_0 感
00 感應類從志 290

5340_0 戎
50 戎事類占 159

戒
44 戒菴漫筆 454

5408_1 拱
26 拱和詩集 508

5415_3 蠛
54 蠛蠓集 84

5504_3 轉
30 轉注古音畧 303

5560_6 曹
00 曹文炳 317
曹文貞詩集 331
28 曹復亨 331
31 曹江孝女廟志 53
32 曹溪通志 53
40 曹志 508
64 曹勛 485
67 曹昭 67、451
71 曹臣 201
77 曹學佺 6、102、427、455
80 曹無極 223
96 曹煜 306

5580_1 典
12 典引輯要 184
48 典故紀聞 391

5580_6 費
00 費文通公集 218
費文憲公集 217
費袞 435
30 費寀 218
費宏 217
38 費道用 72
77 費闇 245

5602_7 捐

00 捐齋備忘録 261

揭

00 揭文安公文粹 501

揭文安文集 518

22 揭傒斯 501、518

揚

32 揚州瓊華集 338

5703_2 掾

55 掾曹名臣録 263

5708_1 擬

77 擬學小記 125

5743_0 契

77 契丹國志 419

5750_2 擊

40 擊壤集 467

5790_3 繫

20 繫辭精義 354

5798_6 賴

28 賴以邠 91

30 賴良 512

40 賴古堂藏書 186

5803_1 撫

68 撫黔奏議 219

5806_1 拾

35 拾遺書 259

5811_6 蜕

00 蜕庵集、補遺 505

5824_0 敖

44 敖英 302、337、409

5894_0 敕

08 敕諭録 39

6010_0 日

31 日涉編 181

50 日本朝貢考畧 284

日本考畧 285

日本圖纂 285

日本考 452

6010_1 目

99 目營小輯 425

6010_4 墨

08 墨譜 65

墨譜法式 293

34 墨池編 434

墨池璅録 63

墨林快事 449

墨藪 62

星

21 星占 223

71 星曆釋疑 445

80 星禽舟指 351

6010_7 疊

22 疊山集 495

6011_1 罪

86 罪知録 423

6011_3 晁

08 晁説之 481

33 晁補之 481

35 晁冲之 468

80 晁公遡 489

6012_7 蜀

34 蜀漢本末 250

44 蜀檮杌 388

50 蜀中廣記 427

蜀中名勝記 455

60 蜀國春秋 144

6015_3 國

17 國琛集 35

30 國憲家猷 144

37 國初禮賢録 256

國初事蹟 255

47 國朝練音初集 74

國朝典彙 425

國朝列卿記 34

國朝列卿年表 34

50 國史記聞 145

國史考異 405

70 國雅 72

6021_0 見

77 見聞隨録 311

見聞雜記 394、452

四

00 四六標準 486

四六叢珠彙選 59

四六類編 76

06 四譯館考 429

38 四遊稿 215

40 四友齋叢説 445

47 四朝聞見録 420

四聲等子 299

50 四書管見 384

四書講義 15

四書節疑 385

	四書經疑貫通	242
	四書説叢	15
	四書問目	384
	四書疑節	15
67	四明風雅	326
	四明它山水利備覽	402
	四明文獻集	495
	四明文獻録	274

6022_7 易

00	易序圖説	103
	易序叢書	355
08	易論	237
	易説	413
10	易疏	363
17	易翼述信	366
21	易經辨疑	105
	易經大旨	359
	易經兒説	361
	易經釋義	104
	易經述	365
	易經説意	363
	易經通論	102
	易經小傳	363
	易占經緯	236
23	易外別傳	358
25	易傳辨異	105
27	易疑	105
	易象抄	414
	易象鉤解	362
	易象正	4
	易修墨守	2
30	易憲	101
	易宮	363
	易窺	3
33	易祓	356
40	易大象説録	366
	易十三傳	1
44	易芥	360
	易林疑説	3
53	易或	365
58	易數鈎深圖	235
	易數鈎隱圖	355
60	易圖識漏	236
	易冒	399
70	易臆	414
71	易原	365
77	易貫	363
	易學本原啓蒙意見	2
	易學管見	360
	易學疏	103
	易學圖説會通	364
80	易鏡	364
88	易簽通變	235
	易筌	2
90	易尚占	399

吊

23 吊伐録 421

6033_0 思
00 思玄集 87
10 思元齋均藻 139
77 思賢録 253
24 思勉齋集 212

6040_0 田
10 田雯 46、411
11 田頊 336
21 田秬山稿 336
34 田汝成 36、52、54、265
44 田藝衡 183
50 田表聖奏議集 330
77 田間詩學 415
田間易學 414
86 田錫 330
90 田惟祜 154

6040_4 晏
15 晏殊 291、391
80 晏公類要 291、391

6043_0 因
02 因話録 142

6050_0 甲
17 甲子會記 24

6060_0 昌
60 昌國州圖志 279

回
00 回文類聚 60
60 回回曆法 347

吕
03 吕誠 511
20 吕維祺 210
21 吕毖 177
吕衡州集 463
吕顓 249
25 吕純如 181
31 吕祉 436
33 吕梁洪志 47
吕治平 115
36 吕温 463
37 吕祖謙 9、24、248、354、389、398、413
40 吕大臨 63
45 吕坤 120、151、155
吕柟 1、4、82、375
48 吕敬夫集 511
50 吕本中 117、470
吕中 419
64 吕時 336
72 吕氏筆奕 442
吕氏摘金歌 351

80 吕曾見　442

90 吕懷　18

6060_4　圖

50 圖書編　175

6071_1　昆

74 昆陵集　78

昆陵人品記　278

6073_2　畏

60 畏壘山人詩集　220

畏壘筆記　195

6080_1　異

27 異物彙苑　182

異魚圖贊、補　441

43 異域圖志　283

異域志　283

6090_4　杲

00 杲齋周易圖釋　236

困

00 困辨録　120

77 困學齋雜録　408

86 困知記　120

6090_6　景

21 景行録　245

31 景迂生集　481

60 景日昣　192

6091_4　羅

00 羅亨信　211

11 羅珏　98

20 羅爲賡　135

28 羅從彦　245、485

32 羅近溪集　88

34 羅汝芳　88、122、310

羅洪先　307

38 羅滄洲集　473

47 羅鶴　305

60 羅國器　50

羅日褧　424

67 羅鶚　243

羅鄂州詩文集　330

71 羅願　330、432

77 羅鳳　302

80 羅公升　473

87 羅欽順　120

6136_0　點

44 點蒼山人　257

6240_0　别

61 别號録　460

6333_4 默

00 默齋遺稿 492

90 默堂集 488

6355_0 戰

60 戰國人才言行録 286

6402_7 晞

72 晞髮集 497

6404_1 時

27 時物典彙 181

37 時瀾 237

6406_1 嗜

37 嗜退庵語存 193

6500_6 呻

68 呻吟語 120

6502_7 晴

22 晴川蟹録、後蟹録 410

嘯

88 嘯餘譜 92

90 嘯堂集古録 294

6621_4 瞿

24 瞿佑 83

43 瞿式耜 128

6624_8 嚴

00 嚴文靖公集 90

04 嚴訥 90

10 嚴震 196

17 嚴羽 471

27 嚴粲 370

28 嚴從簡 440

38 嚴啟隆 378

40 嚴有穀 193

47 嚴穀 166

60 嚴果 206

72 嚴氏詩緝 370

74 嚴陵集 323

6650_6 單

30 單宇 408

6682_7 賜

77 賜閒堂集 213

6702_0 明

00 明辨類函 177

10 明貢舉考 454

13 明職 155

20 明季逆案 404

21 明仁宗 332

23 明代河渠考 38

24 明德先生文集 210
71 明臣謚考 425
72 明氏實録 404

6702_7 鳴
47 鳴鶴餘音 202
53 鳴盛集 85

6704_7 暇
44 暇老齋雜記 450

6706_2 昭
23 昭代名臣志鈔 146
昭代典則 30
78 昭鑒録 266

6708_2 吹
82 吹劍録 406
吹劍録外集 318

6710_4 墅
09 墅談 315

6712_2 野
30 野客叢書 432
44 野菜博録 447
47 野趣有聲畫 474

6716_4 路
50 路史 399

6782_7 鄍
40 鄍臺志 277

6801_1 昨
11 昨非庵日纂 195

6801_9 唫
90 唫堂博笑集 317

6802_7 吟
30 吟窗雜録 61

6804_6 噂
64 噂噻集 502

6806_1 哈
87 哈銘 260

6832_7 黔
50 黔書 411

7021_4 雅
22 雅樂考 243
28 雅俗稽言 184

7023_6 臆
00 臆言 135

7121_1 歷

23 歷代兵制 267

歷代黨鑑 35

歷代畫家姓氏韻編 65

歷代建元考 24

歷代將鑑博義 345

歷代名臣芳躅 33

歷代史表 25

歷代通畧 143

歷代相臣傳 32

歷代相業軍功考 147

歷代小史 387

歷代吟譜 435

歷代制度詳説 398

歷代忠義録 287

歷代鐘鼎彝器款識法帖 63

47 歷朝翰墨選註 316

阮

10 阮元聲 73

77 阮閲 433、475

7121_4 雁

22 雁山志 51

7122_7 厲

67 厲鶚 410

7123_4 厭

37 厭次瑣談 302

7124_7 厚

01 厚語 131

7126_9 曆

77 曆學疑問補 95

曆學駢枝 95

曆學問答 97

曆學疑問 97

7129_6 原

43 原始秘書 301

7131_1 驪

15 驪珠隨録 59

7132_7 馬

00 馬文升 263

02 馬端肅公三記 263

10 馬元儀 232

馬石田文集 517

馬元 53

15 馬臻 503

16 馬理 236

18 馬政記 160

20 馬維銘 143

21 馬師津梁 232

25 馬純 434
26 馬總 290
37 馬祖常 517
39 馬沙亦黑 347
67 馬明衡 238
馬明卿 49

7171_1 匪
00 匪齋 461

7171_7 臣
88 臣鑑録 150

7173_2 長
12 長水文鈔 205
27 長物志 444
31 長江集 77
長河志籍考 46
44 長蘆志 39

7178_6 頤
22 頤山詩話 321
44 頤菴集 470

7210_0 劉
00 劉文靖公遺事 255
劉文靖公集 516
劉應時 470
04 劉詵 520
09 劉麟 211
10 劉一清 28
劉一止 484
劉元卿 360
劉璋 313
17 劉子節要 132
劉子翬 489
20 劉秉忠 98、504
劉維謙 6
劉禹錫 463(2)
22 劉胤昌 179
24 劉先生邇言 247
25 劉績 241、383、394
劉仲脩山陰集 520
27 劉侗 403
28 劉給事集 483
劉牧 355
30 劉安節 464
劉安上 483
劉安世 465、466
劉賓客外集 463
劉定之 236、260、276
劉寅 346
劉永之 520
劉宰 492
劉宗厚 349
劉宗周 127、208
31 劉源長 68
33 劉黻 495
劉溥 335

35 劉清惠公集 211
37 劉鴻 214
劉祁 255
劉過 492
38 劉道醇 297(2)
劉啟明 344
40 劉克莊 495
劉左史集 464
42 劉斯原 114
44 劉芳譽 37
劉基 68、223、256、343、400
劉世偉 302、303
48 劉教 306
50 劉青藜 460
劉肅 418
51 劉振 29
60 劉昌 455
劉思温 317
劉因 516
67 劉鶚 515
71 劉辰 255
劉辰翁 329、500、517
72 劉氏類山 179
77 劉鳳 167、389
劉履 301
劉學箕 494
80 劉弇 481
88 劉攽 323
劉鑑 20
劉節 69
90 劉炎 247
91 劉炳 384
98 劉敞 479
劉爚 384、491

7221_2 卮
44 卮林 193

7222_1 所
30 所安遺集 505
40 所南文集、一百二十圖詩 496

7223_7 隱
22 隱山鄙事 226

7274_0 氏
08 氏族博考 157
氏族箋釋 157

7277_2 岳
11 岳珂 389(2)、416、435、472(2)
12 岳飛 487
76 岳陽紀勝彙編 52
77 岳熙載 341

7280_6 質

44 質菴文集 89

7420_0 肘

22 肘後神經 347

尉

37 尉遲偓 418

7421_4 陸

12 陸廷燦 457

20 陸采 312

陸位時 103

22 陸侹 287

24 陸化熙 425

25 陸績 353

27 陸粲 242

30 陸淳 6(2)

陸容 443

37 陸次雲 396

陸深 322

40 陸九淵 79

陸友仁 439

陸右丞蹈海録 453

51 陸振奇 360

71 陸隴其 134

72 陸氏易解 353

83 陸鈛 257、312

85 陸鍵 106

7422_7 隋

00 隋文紀 174

7423_8 陜

10 陜西鎮考 281

7424_7 陵

76 陵陽集(韓駒) 468

陵陽集(牟巘) 496

7520_0 陣

07 陣記 453

7529_6 陳

00 陳亮 250

陳高 520

陳康伯 486

陳文紀 174

陳文蔚 497

陳文正公集 486

陳言揚 400

陳應行 61、435

陳應潤 358

01 陳訏 58、71、94

04 陳謨 401

陳詵 365

08 陳旅 518

10 陳石亭雜録 306

陳霆 309(3)、

388、426
陳于鼎 8
陳玉堪 218
陳元龍 220
陳元允 175
12 陳廷璉 325
14 陳瓘 356、431
17 陳琛 247
陳翼飛 180
陳子昂 411
陳子上存稿 520
20 陳孚 170、509
陳禹謨 17、113、182、446
21 陳經 367
陳仁子 446、500
陳師 195
陳師道 482
陳虞岳 409
22 陳鼎 429
陳繼儒 189、212、446
陳岩 472
23 陳傅良 267、432、466
24 陳仕賢 349
陳緯 316
25 陳仲微 28
26 陳侃 261
陳伯玉文集 411
27 陳紹儒 212
陳鵠 307、434
陳絳 393
28 陳倫炯 170
30 陳淳 494
陳定宇文集 514
陳之伸 424
32 陳沂 275、276、306
陳淵 488
34 陳洪謨 259(2)
陳造 491
37 陳深 497
38 陳祥道 14、384
40 陳克 401
陳克齋集 497
陳樵 505
陳士芳 112
陳士元 14、15、16、60(3)、114、362
陳堯道 245
陳直 68
41 陳堦 181
陳槱 292
42 陳櫟 143、514
44 陳葆光 407
陳芳生 153
陳基 514
陳藎謨 93(2)、138
陳懋仁 24、46、395、452
陳懋學 187
陳其德 119
陳耆卿 273

陳世賓 77
陳贇 475
陳著 80
48 陳敬 300
50 陳中州 124
陳東 485
陳泰 505
陳泰來 368
55 陳摶 226、243、343
57 陳邦俊 161
陳邦彦 203
60 陳昂 217
陳景沂 433
陳日華 299
陳思 61、62、476
61 陳顯微 225
67 陳鳴鶴 403
70 陳雅言 238
72 陳剛中集 509
陳騤 420、432
77 陳際泰 363
陳與郊 182、206(2)
陳與義 469
80 陳全之 446
陳曾 372
81 陳鉅 309
88 陳策 22
陳第 5、370
91 陳焯 457
97 陳耀文 92、448

7621_4　臞
22 臞仙神隱 98
51 臞軒四六 486

7622_7　陽
67 陽明年譜 204
陽明要書 204

7710_4　閨
88 閨範 151

7712_7　邱
10 邱雲霄 89
12 邱延翰 228
31 邱濬 82
74 邱陵學山 393
90 邱光庭 290

7713_6　閩
40 閩南唐雅 72
50 閩中考 403

7721_0　風
30 風憲忠告 288
70 風雅遺音 324
風雅逸篇 394

7721_4　隆
10 隆平集 27

7721_6 覺

11 覺非集 211
39 覺迷蠡測 190

7722_0 陶

11 陶弼 468
25 陶朱新録 434
30 陶弘景 339
陶宗儀
331、395、422、448、502
72 陶隱居重定甘巫石氏星經 339

同

00 同文備考 310
同文館倡和詩 475
45 同姓名録(余寅) 444
同姓名録(王庭燦) 457
50 同書 459

月

31 月河所聞集 310
37 月洞吟 473
月湖淨藁、遺稿、續稿、四稿、五稿、六稿 210
77 月屋漫稿 503
80 月令明義 12

周

00 周亮工
67、186、200、201、459(2)
周文華 189
周文玘 294
周玄初 456
周應賓 149、388、416
周應治 394
07 周詔 280
10 周霆震 514
周一敬 103
11 周弼 473
17 周羽冲 388
18 周致中 283
20 周孚 490
21 周紫芝 489
26 周伯琦 19、20、506
28 周綸 153
30 周官禄田考 11
周宏道 55
周密 407
周守忠 406
周宇 447
周之士 64
周宗建 14、207
32 周祈 183
33 周必大 489
周述 335
34 周達觀 284
周洪謨 386
周汝登 247

35 周禮古本訂註 380
周禮集説 379
周禮句解 239
周禮墨守 11
周禮述注 379
周禮説 380
周禮圖説 240
周禮完解 379
周禮注疏删翼 380
40 周嘉胄 455
周來王奏議 207
周南瑞 71
周奭 243
周在浚 65
44 周夢暘 454
周權 505
60 周思兼 123
周易辨 365
周易辨録 360
周易參同契 225
周易參同契分章注 225
周易參同契通真義 225
周易闡理 360
周易傳義補疑 101
周易蛾術 366
周易古本(孫慎行) 3
周易古本(華兆登) 413
周易古今文全書 362
周易古經 362
周易古占法 355
周易觀象 104
周易函書約注 366
周易彙解衷翼 364
周易集傳 358
周易經傳訓解 355
周易口義 353
周易旁註 362
周易旁註會通 361
周易勺解 4
周易述 365
周易説翼 1
周易通 104
周易圖説 358
周易象通 359
周易學蓍貞 359
周易衍義 357
周易爻變易緼明 358
周易要義(魏了翁) 235
周易要義 353
周易原旨 413
周易贊義、繫辭 236
周易折衷 357
周易正解 2、362
周易中説 101
周易宗義 360
周易總義 356
66 周嬰 193
67 周暉 451
80 周鑣 146
周益公集 489

97 周煇 389、401

7722_2 膠
44 膠萊新河議畧 270

7722_7 閒
77 閒居叢稿 518
閒居録 66

脚
80 脚氣集 300

7724_1 屏
22 屏山集 489

7724_7 殿
77 殿閣詞林記 262

履
00 履齋遺集 493

7726_4 居
32 居業次編 205
居業録 118
77 居學餘情 124
88 居竹軒集 509

屠
00 屠文漪 221
27 屠叔方 31
50 屠本畯 180
63 屠畯 323
77 屠隆 175、179、316

7726_7 眉
22 眉山詩集 468
眉山文集 464
80 眉公秘笈正集、續集、普集、彙集、廣集 446

7728_2 欣
90 欣賞編 191

7733_6 騷
67 騷畧 61

7736_4 駱
30 駱賓王 78

7740_0 閔
00 閔文振 182
10 閔元衢 208
34 閔遠慶 39

7740_1 聞
37 聞過齋集 521
60 聞見類纂小史 289
71 聞雁齋筆談 452

80 聞人詮 44

7740_7 學

00 學文堂集 218
30 學案 128
38 學道紀言、補餘附言 123
40 學古適用篇 181
44 學林 391
50 學史 289
60 學易堂五筆 129
學易舉隅 2
72 學脈正編 124
88 學範 118

7744_0 丹

32 丹淵集 480
50 丹書 225
87 丹鉛總録、續録、餘録、摘録 303

7744_1 開

01 開顔録 294
31 開江書 164

7744_7 段

40 段克己 499
53 段成己 499
段成式 290
60 段昌武 369
72 段氏毛詩集解 369

7748_2 闕

60 闕里廣志 44
闕里志 44

7760_1 醫

08 醫説 230
50 醫史 350
77 醫開 350
醫學正傳 350

7760_2 留

50 留青日記 183

7760_4 閣

08 閣諭録 260

7760_7 問

00 問辨牘 121
40 問奇集 24

7771_7 鼂

07 鼂記 118

巴

10 巴西集 500

7772_0 印

80 印人傳 67

7773_2 艮
00 艮齋詩集 511

7774_7 民
50 民事録 272

7777_7 閻
12 閻廷謨 38

7778_2 歐
76 歐陽東鳳 163
歐陽鐸 214
歐陽恭簡公集 214
歐陽澈 485
歐陽忞 433
歐陽行周文集、附録 411
歐陽修撰集 485
歐陽詹 411
88 歐餘漫録 208

7780_1 巽
00 巽齋四六 486

具
44 具茨集 468

輿
44 輿地碑記目 436
輿地廣記 433

7780_6 賢
03 賢識録 257

7780_9 爨
10 爨下語 200

7782_7 鄖
22 鄖峯漫録 330

7790_4 閑
30 閑家編 134
38 閑道録 127
77 閑闢録 119

桑
44 桑世昌 437
98 桑悦 87

7823_1 陰
88 陰符經 345

7834_1 駢
40 駢志 182

7923_2 滕
10 滕王閣集 327

24 滕峽紀畧 265

8000_0 人

23 人代記要考證 144

八

77 八閩政議 271

8010_4 全

30 全室外集 336
32 全浙兵制 158
44 全芳備祖前集、後集 433
60 全吳水畧 276
74 全陜政要 271
77 全閩詩話 458

8010_7 益

86 益智編 158

8010_9 金

10 金石備考 452
金石古文(謝會人、謝從寧) 23
金石古文(楊慎) 441
金石例 61
金石林時地考 64
金石録 292
金石史 64
金石文 449
金石續録 460
12 金瑶 379
16 金碧古文龍虎經 225
20 金維寧 134
23 金佗粹編 389
金佗續編 389
30 金雜禮 156
金漳蘭譜 292
31 金江 274
34 金汝諧 33
40 金志 255
金賁亨 398
金臺集 502
44 金華詩粹 73
金華賢達傳 274
金華文統 326
金華雜識 399
金蘭集、續集 513
金薤琳琅 64
60 金罍子 393
74 金陵古今圖考 276
金陵世紀 275
金陵志 275
金陵百詠 475
金陵勝覽詩 337
金陵瑣事 451
77 金丹大要 224
90 金小史 387

8012_7 翦

79 翦勝野聞 256

翁

44 翁葆光 225

90 翁卷 471

8020_7 今

44 今世説 197

60 今易詮 361

8022_1 俞

00 俞文豹 406

19 俞琰 225、358、407、414、508

23 俞允文 74

24 俞德鄰 435、496

30 俞安期 76

俞憲 326

48 俞松 437

61 俞顯卿 69

前

30 前定録 448

8022_7 分

30 分宜清玩籍 67

90 分省人物考 398

8023_7 兼

67 兼明書 290

8025_1 舞

40 舞志 452

8025_3 羲

50 羲畫憤參 103

8033_1 無

20 無爲集 479

21 無能子 321

50 無盡 52

8033_2 念

40 念臺奏疏 208

8034_6 尊

16 尊聖集 245

17 尊孟辨 385

27 尊鄉録節要 47

40 尊堯集 431

52 尊拙堂文集、附録 208

8040_4 姜

24 姜特立 491

27 姜紹書 456

30 姜寶 101、112

32 姜兆錫 108、113

40 姜南 395
姜希轍 10
50 姜中貞 224
72 姜氏祕史 31

8042_7 禽
33 禽心易見 351

8043_0 美
44 美芹十論 421

8044_1 并
00 并音連聲字學集要 138

8050_0 年
61 年號韻編 24

8055_3 義
22 義豐集 470
27 義烏人物志 274

8060_1 合
88 合纂類語 182

普
30 普濟方 348
73 普陀山志 52
77 普門醫品 232

首
53 首輔傳 423

8060_5 善
21 善行録 289
善行續録 289

8060_6 會
01 會語續録 122
23 會稽懷古詩 337
會稽續志 273
會稽志 272

曾
00 曾文昭公集 491
10 曾王孫 92
17 曾鞏 27
27 曾佩 316
38 曾肇 491
41 曾極 475
50 曾丰 490
80 曾公類説 174
曾公亮 417
曾益 10
88 曾敏行 431
94 曾慥 92、174

8073_2 公
27 公侯簿 262

60 公是集 479
80 公羊折衷 10

8090_4 余
05 余靖 80
22 余繼登 391
23 余允文 385
30 余寅 261、444
余永麟 313
38 余祚徵 85
58 余敷中 8
77 余闕 519

8111_7 鉅
00 鉅鹿東觀集 467

8114_6 鐔
35 鐔津文集 498

8211_4 鍾
07 鍾韶 386
22 鍾鼎逸事 262
25 鍾律通考 243
32 鍾淵映 24
44 鍾芳 111、338
96 鍾惺 108、415

8280_0 劍
76 劍陽名儒録 314

8315_0 鍼
27 鍼灸玉龍經 348

鐵
60 鐵圍山叢談 419

8315_3 錢
10 錢一本 118、414
14 錢琦 186、408
17 錢子測語 186
20 錢維善 507
31 錢福 213
32 錢澄之 414、415
33 錢溥 282
40 錢士升 146、427
錢塘遺事 28
錢希白 419
錢希言 426
44 錢蓘 131
錢世昭 295
錢薇 206
47 錢穀 438
50 錢春 158、170
錢肅潤 135
錢貴 427
60 錢昜 251
64 錢時 249、384
71 錢陞 150
72 錢氏私誌 295

80 錢義方　358

8377_7　館

77 館閣漫録　259

8418_1　鎮

10 鎮平世系紀　262

8471_1　饒

88 饒節　473

8612_7　錦

25 錦繡萬花谷前集、後集、續集、别集　54

44 錦帶補註　292

8640_0　知

23 知稼翁集　488

8712_0　鈞

30 鈞瀛子　318

銅

80 銅人鍼灸經　349

82 銅劍讚　290

8742_7　鄭

00 鄭方坤　458

鄭賡唐　361

鄭文昂　77

鄭文寶　388

鄭文康　218

鄭應旂　259

02 鄭端允　192

10 鄭玉　415

鄭元祐　514

13 鄭瑄　195

21 鄭虎臣　437

23 鄭允端　512

24 鄭俠　480

27 鄭紀　335

30 鄭宣　249

34 鄭汝諧　384、385

35 鄭清之　470

37 鄭洛書　333

38 鄭滁孫　357

40 鄭圭　414

鄭樵　488

鄭友元　363

44 鄭若曾　168、285、443

46 鄭柏　274

47 鄭杓　191

60 鄭思肖　496

鄭思齋文　333

64 鄭曉　15、30、305

67 鄭鄤　209

鄭明選　453

70 鄭璧　157

72 鄭岳　279

鄭剛中 487
77 鄭居中 267
鄭開陽雜著 168
84 鄭鎮孫 249

8762_2 舒
00 舒文靖集 79
10 舒天民 300
19 舒璘 79
26 舒纓 313
27 舒梟 366
51 舒頔 520

8778_2 飲
78 飲膳正要 300
80 飲食須知 460

8810_8 筮
88 筮篋理數日抄 342

8812_7 筠
32 筠溪家藏集 338
筠溪牧潛集 522

8815_3 籤
60 籤易 102

8822_0 竹
00 竹齋集、續集 510
10 竹下寤言 313
20 竹香齋類書 181
32 竹溪文集 483
竹溪鬳齋十一藁 494
竹洲文集 490
44 竹莊詩話 320
91 竹爐新詠 322

8822_7 簡
00 簡齋集 469
88 簡籍遺詞 310

8823_2 篆
00 篆文纂要全宗 22

8824_3 符
78 符驗 258

8850_7 筆
00 筆玄要旨 63
筆塵 187
07 筆記 134
32 筆叢 185
38 筆道通會 64
88 筆算 96
95 筆精 456

8851_2 範
60 範圍數 352

8864_1　籌

88 籌算　96

8872_7　節

20 節愛汪府君詩集　337

8877_7　管

30 管窺外篇　438

40 管志道　121、190、386

43 管城碩記　200

8879_4　餘

27 餘冬序録　448

42 餘姚海堤集　274

9000_0　小

00 小畜集　476

01 小語　193

30 小字録　61

77 小學書圖　117

9001_4　惟

30 惟實集　515

9003_2　懷

50 懷忠録　259

44 懷麓堂詩話　301

9020_0　少

00 少廣拾遺　96

22 少峯草堂集　209

44 少林古今録　317

9021_1　光

72 光岳英華　331

9022_7　常

09 常談考誤　454

11 常璩　282

90 常棠　165

尚

08 尚論持平　396

50 尚書辨解　5

尚書傳翼　106

尚書大傳　106

尚書考異　238

尚書揆一　5

尚書埤傳　106

尚書譜　4

尚書日記　368

尚書疏衍　5

尚書説要　4

尚書詳解　237

尚書疑義　238

尚書註考　368

9080_0　火

60 火星本法 95
66 火器圖 160

9090_4 棠
37 棠湖詩稿 472

米
44 米芾 294、482

9101_6 恒
51 恒軒詩集 84
72 恒岳志 49

9106_1 悟
40 悟真篇註疏 225

9148_6 類
02 類證普濟本事方 230
21 類經圖翼、附翼 233
56 類輯練兵諸事 159
70 類雅 59
88 類纂古文字考 22

9280_0 剡
31 剡源集 331、500
剡源詩集 503

9383_3 燃
77 燃犀集 318

9408_1 慎
44 慎蒙(見山泉)

9408_6 憤
74 憤助編 133

9501_0 性
10 性靈稿 215

9502_7 情
20 情采編 180

9592_7 精
44 精華録 482

9601_3 愧
97 愧郯録 435

9680_0 烟
10 烟霞小説 196

9705_6 惲
60 惲日初 132

9725_6 輝
22 輝山存稿 503

9884_0 燉
96 燉煌新録 252

9942_7 勞
44 勞堪 59

9960_6 營
34 營造法式 268